U0961984

社会管理体制的优化与创新

基于契约伦理行为的视角

滕姗姗◎著

课题组成员

滕姗姗　戴　鑫　李华君　陈　静
张婉宁　窦聪颖　曾留馨　李胜兰
庆雪萌　吴　献　宋梦宇　赵　照
吴剑平　张红方　李　月　王守文

知识产权出版社
全国百佳图书出版单位

图书在版编目（CIP）数据

社会管理体制的优化与创新：基于契约伦理行为的视角/滕姗姗著. —北京：知识产权出版社，2017.6

ISBN 978-7-5130-4878-1

Ⅰ.①社… Ⅱ.①滕… Ⅲ.①社会管理—管理体制—研究—中国 Ⅳ.①D63

中国版本图书馆 CIP 数据核字(2017)第 093807 号

内容提要

本书从多契约主体合作的视角系统研究了契约伦理行为互动对我国社会管理体制优化与创新的效果和作用，对契约伦理失范行为形成和扩散的原因及其相互影响机制进行了深度剖析，描述了社会管理体制现状与契约伦理困境，阐释了社会管理主体的道德哲学和伦理选择，探究了我国社会管理和公共服务领域内契约伦理行为的类型和表现形式，并结合相关案例为我国社会管理的契约伦理优化与体制创新提供了完善策略。

责任编辑：李　瑾　　　　**责任出版**：刘译文

社会管理体制的优化与创新：基于契约伦理行为的视角

滕姗姗　著

出版发行：知识产权出版社有限责任公司　　**网　址**：http://www.ipph.cn
社　址：北京市海淀区西外太平庄 55 号　　**邮　编**：100081
责编电话：010-82000860 转 8392　　**责编邮箱**：lijin.cn@163.com
发行电话：010-82000860 转 8101/8102　　**发行传真**：010-82000893/82005070/82000270
印　刷：三河市国英印务有限公司　　**经　销**：各大网上书店、新华书店及相关专业书店
开　本：787mm×1092mm　1/16　　**印　张**：14
版　次：2017 年 6 月第 1 版　　**印　次**：2017 年 6 月第 1 次印刷
字　数：240 千字　　**定　价**：46.00 元

ISBN 978-7-5130-4878-1

出版权专有　侵权必究

如有印装质量问题，本社负责调换。

前　言

契约作为一种有关社会的综合性理论①，涉及政治、经济与生活的各个领域。从其价值理性出发，契约包含了人本主义价值原则；而从其工具理性出发，契约又蕴含了时代赋予的革命精神，并转化为人们践行的合理化依据②，指导人们致力于物质文明与精神文明的发展。契约伦理作为人们在处理这些契约关系过程中所坚持的行为准则与伦理规范，渗透在社会管理与互动的进程之中，并将多元社会管理主体间契约订立与执行的道德取舍视为伦理价值体系的一部分。

在政治生活中，社会契约论为政治的合法性提供了重要证明。霍布斯、卢梭、康德等人所主张的“古典契约论”，强调了人们处于自然状态当中，享有自然权利追求与维护利益。而为了彼此利益不至于发生冲突，于是所有人共同缔结契约，让渡部分自然权利于公共机构，由此国家与政府得以诞生。随着社会的发展，罗尔斯等人提出了“新契约论”，强调契约对于“纯粹程序正义”的追求，其中“公正”与“平等”是契约的核心要义，为国家与政府的诞生提供了合理的政治推理。

在社会管理的政治领域，契约伦理体现为社会管理主体对自由与平等的追求。首先，契约伦理是对社会管理主体与客体自由的保障。“人生而自由却无往不在枷锁之中”③，自由是人类的天赋人权，而没有约束的自由往往会造成冲突，契约伦理保障了社会管理主体的自由不受到任何侵犯。其次，契约伦理是对平等的追求。契约溯源于个体对自然平等的追求，因此尊重每个主体的基本权利，在社会管理领域中，所有社会主体均有参与社会管理的同等权利。在现实生活中，权力过分集中、参政渠道狭窄、政治信息闭塞等现象实质上反映了社会管理主体在政治领域中对契约伦理的违背，虽然绝对平等可能永远无法实现，但也至少要保证对于公正程序的基本坚持。

在经济生活中，契约关系则是现代市场经济的必要保证与必然要求。从某种意义上说，市场经济就是契约经济，处于市场经济中的各个主体需要通过交易与竞争完成对物质甚至道德的交换，而契约则是规范交易主体行为、促进交易顺利进行的

① 于海．西方社会思想史［M］．上海：复旦大学出版社，1993：86.

② 王岩．契约理念：历史与现实的反思——兼论全球化时代的契约文明［J］．哲学研究，2004（4）：79—85.

③ 卢梭．社会契约论［M］．何兆武，译．北京：商务印书馆，1982：8.

有利保障。随着社会主义市场经济的不断成熟，我国已经逐步迈入“契约社会”，契约规范着利益主体之间交易过程中的竞争与合作，也引导着利益主体对契约伦理的自主认知与自觉遵从。

在社会管理的经济领域，契约伦理体现为社会管理主体对效率与公平的追求。“效率”与“公平”的问题一直以来都是经济领域的争论焦点与竞争领域的斯芬克斯之谜。部分学者认为“只有实现效率提高才能创造社会富裕，反对通过再分配形式实现社会财富的公平”（Lord Robbins，1997[①]；Friedrich August von Hayek，1976[②]；Milton Friedman，1982[③]）；而部分学者则认为“公平绝对不能让位于效率，只有绝对平等才可能实现社会福利的最优配置”（John Bordley Rawls，1971[④]）。契约伦理实际上为“效率”与“公平”的兼顾提出了相应的解释机制。经济发展需要契约保障契约双方的基本利益与合作效率，也需要契约伦理保障契约过程、规则乃至结果的公正。契约与契约伦理共同促进着社会经济的健康发展与社会财富的合理分配。在现实生活中，社会管理责任的互相推诿、社会管理回报的竞相争夺、对契约他方利益的肆意侵占等，都反映了社会管理主体间在经济领域对契约伦理的违背与藐视。

在社会生活中，契约关系则作为一种特殊关系逐渐渗透到人类文明的发展中，是现代社会发展的重要标志[⑤]。契约中对于“自由”“平等”“效率”等的追求，实际上构成了一种契约文明与道德哲学。在社会生活中，无论是来自法律法规所保障的正式契约、公序良俗所约束的非正式契约、社会关系所构成的关系契约或是期望信任所牵制的心理契约，都在实际上构成了一种以“契约”为核心的文明。在这种文明的引导下，个体最终能够获得人性的自由与解放，而社会也能够实现和谐与进步。

在社会管理的社会交往领域，契约伦理表现为对文明与和谐的追求。“主体性的弘扬、政治理性的确立、契约实践的产生以及人类复杂性契约关系的形成等，契约思想这些合理内核与当代升华共同构筑了人类契约文明的崭新形式。”[⑥] 契约伦理中关于自由与平等、公平与效率等的追求为人类的政治文明与经济文明提供了保障，

---

① 罗宾斯. 过去和现在的政治经济学：对经济政策中主要理论的考察［M］. 陈尚霖，王春育，译. 北京：商务印书馆，1997：111.

② Hayek F A. Law，Legslation and Liberty：The Mirage of Social Justice［M］. University of Chicago Press，1976.

③ 米尔顿·弗里德曼，罗斯·弗里德曼. 自由选择［M］. 胡骑，席学媛，安强，译. 北京：商务印书馆，1982.

④ Rawls J. A Theory of Justice［M］. Cambridge，Mass：Harvard university press，1971：60.

⑤ 王岩. 契约理念：历史与现实的反思——兼论全球化时代的契约文明［J］. 哲学研究，2004（4）：79－85.

⑥ 王岩. 契约理念：历史与现实的反思——兼论全球化时代的契约文明［J］. 哲学研究，2004（4）：79－85.

也形成了人类社会的契约文明。除此之外，契约伦理对于社会管理主体的规范与要求，则可督促社会管理主体间展开友好交往与合作，共同致力于实现社会主义和谐社会。在现实生活中，社会管理主体无视契约他方信任，背叛契约伦理与合作关系；甚至利用他者信任，侵占他人利益，都表现出了社会管理主体间在交往领域对契约伦理的背叛。

伴随着全球经济市场的动荡与我国社会体制的转型，风险社会的危机问题愈演愈烈。2016年，我国人民币持续贬值，全年对美汇率贬值近6.83%，经济发展面临巨大风险；2016年3月，大学生魏则西通过百度推广搜索到莆田系医院以治疗其病症，后因治疗不当死亡，并牵扯出包括百度竞价排名机制与莆田系医院相关的系列问题；4月，在北京望京798和颐酒店，一女孩遭遇陌生男人尾随、殴打，并险些被带走；5月，中国人民大学研究生雷洋离家后离奇身亡，警方出示证据的种种疑点及其身上的伤痕引发网民猜疑与热议……

在此背景下，本书从伦理学、经济学、管理学、社会学以及新闻传播学等多学科视角，选择政府、企业、社会组织以及社会公众四大主体为研究切入点，综合运用社会管理理论、契约伦理理论等相关理论对社会管理主体间的契约伦理及其行为进行系统分析，并以对话为基础，从道德、博弈与关系三大角度构建社会管理体制，实现社会管理主体间关系和谐与社会管理有序进行。

目　录

1 绪 论

社会管理是目前社会体制改革与市场经济转型背景下，组织、协调社会不同领域与发展各个环节，规范、纠正社会伦理问题与市场失灵状态的有效手段。随着社会管理的推进，社会管理主体不再局限于政府，而是拓展至企业、社会组织甚至社会公众。社会管理主体的多元化在扩大了社会管理领域的同时，也带来了更为复杂的契约伦理问题，而相关研究大多仍然停留于理论研究，缺乏实践引导。本章主要讨论社会管理的社会现状及管理主体对契约伦理的执行背景，界定本书研究中的相关概念，说明具体研究方法在课题中的应用，阐释整体的研究脉络和创新之处，从而为后续研究提供支撑。

1.1 问题的提出及研究意义

1.1.1 研究背景

近年来，受有效需求普遍不足、大宗商品价格大幅下滑、全球贸易持续低迷、金融市场频繁震荡等不利因素的叠加影响，世界经济形势不容乐观。距国际金融危机爆发已近 8 年，但全球经济复苏依然缓慢而脆弱，国际市场需求疲软、信心不振的局面没有明显改善，目前全球经济已陷入低需求、低增长、低就业之间的恶性循环，而且短期内难以摆脱这一困境。全球经济增长偏低、劳动生产率止步不前的现状迫切需要加大政策支持以促进经济增长，但财政政策空间已大为缩窄。据国际货币基金组织统计，2015 年，发达经济体政府负债率（政府债务总额占 GDP 的比重）高达 104.8%，较金融危机前的 2007 年提高 33.4 个百分点；新兴经济体和发展中国家政府负债率为 45.1%，较 2007 年提高 7.8 个百分点[①]。

在全球经济持续低迷的背景下，社会风险正在不断积聚，引发了进一步的危机。根据世界经济论坛发布的《2016 年全球风险报告》，较之于上

---

① 中商产业研究院.2016 年世界经济贸易形势情况分析［EB/OL］.（2016—05—20）. http：//www.askci.com/news/finance/20160520/14473118462.shtml.

一年的情况，2016 年全球各种风险的发生概率都呈现出了上升的趋势。其中，影响力最大的风险莫过于为了减缓气候变化而采取的社会应对措施不当；而发生概率最高的风险则是大规模的非自愿移民①。此外，水资源危机、财政问题、价格泡沫、网络攻击、失业或就业问题以及国家间冲突这几项在发生概率和影响力两个维度上均高于平均水平。综合各种因素，2016 年的全球风险仍然体现在经济和社会两个层面上。并且，越来越多的事实证据也指出，各类风险如价格泡沫、财政问题、国家安全等之间存在着紧密的联系，其联合影响力将达到难以想象的程度。

目前，我国正处于社会转型期，各种社会问题层出不穷，致使社会面临失序的危险。国际和国内学术界对此现象给予了高度关注，认为当代中国是一个社会运动崛起的时代，各种社会问题从各个领域衍生出来，以至于任何一个社会群体对危机事件的发生都已习以为常。在金融投资领域，据不完全统计，截至 2016 年 4 月，就有约 400 个 P2P 平台跑路或停业，导致大量投资者蒙受了惨重的损失，如 2015 年年底被查处的 e 租宝就曾非法集资 500 多亿元，被骗投的受害者遍布 31 个省、自治区、直辖市。在医疗卫生领域，医患冲突问题依然严重，北京积水潭医院烧伤科医生宁方刚在医院被人咬伤，广州医科大学第三附属医院住院部值班护士被患者刺伤，广东省人民医院陈医生被砍伤致死……多起恶性伤医事件发生无疑反映了医患关系的紧张程度。在社会治安领域，国家公职人员的治安手法受到了公众的普遍质疑，2016 年 5 月，中国人民大学硕士研究生雷洋离家后身亡，后北京昌平警方通报称，警方查处足疗店过程中将“涉嫌嫖娼”的雷某控制并带回审查，此间雷某突然身体不适经抢救无效身亡，而案件的种种疑点引发了民众在网络上对警察执法的热议。在就业领域，为化解产能过剩所颁布的政策导致以钢铁、煤炭为主的行业遭受了重大的冲击，黑龙江龙煤集团、湖北武钢集团大量裁员事件都引发了一定程度的群体性事件，而且，经济形势的低迷也造成了一定的就业压力……总而言之，这些社会事件都反映出了目前社会管理过程中，政府、企业、社会组织、公众之间存在的关系矛盾。

社会风险虽是伴随着社会运行进程的常态，但综观上述社会事件所涉及的人群范围，金融投资领域的崩盘以及传统煤炭钢铁行业的裁员等事件大都牵扯数十万甚至更多人，其社会影响力和关注度普遍都很高；而弑医

---

① 解读《2016 年全球风险报告》：今年全球会有哪些风险［EB/OL］.（2016—10—05）. http://www.qugood.com/article/4609.html.

案、雷洋案虽然只涉及少数人，但借助网络平台的传播，其社会关注度与影响力也相当高。原因在于医患问题、社会安全问题本身都与社会大众的生活息息相关，因此公众参与度和话题关注度均较高，此类社会事件若无法得到妥善的处理，则很可能借助网络新媒体迅速传播，形成无法估量的社会风险，这同时也加大了对社会实践区域性治理的难度。但归根结底，这些事件都与社会管理的不当密不可分，也从侧面反映出了社会管理主体之间存在着关系矛盾，或者说是社会管理主体未能够明确自己在社会契约中应当承担的契约责任，从而导致契约伦理的困境。

综观市场经济下的社会契约执行现状，不难发现普遍存在的伦理失范现象。政府、企业、社会组织、社会公众作为社会管理过程中的重要主体，其对于社会契约的遵守和执行直接关系到社会的运转。因此，如何有效地缓解社会契约伦理失范现象、加强社会契约伦理建设，是推动社会管理发展的当务之急。在社会主义初级阶段和社会主义市场经济转型这个矛盾交织的时期，建构与社会发展相适应的社会契约伦理机制，是推动社会健康和可持续发展的现实要求。

目前国内外学界关于社会契约伦理的研究大多集中于探讨社会契约的来源、契约伦理思想的分析、市场经济下的契约伦理建构对策等。朱书刚（2004）认为当代中国建立和完善社会主义市场经济体制的过程就是契约社会与契约伦理的建构过程①。强昌文（2006）从契约伦理的外部环境、主体性条件和动力机制出发，分析了中国传统文化对契约伦理的抑制作用和西方传统文化对契约伦理的促进作用②。王露璐、朱亮（2009）通过分析契约思想在中西方的历史源流及伦理蕴涵，指出契约伦理是市场经济运作的伦理基础，对协调契约主体间的利益关系、维护社会秩序具有十分重要的现实意义③。由此可见，对于社会契约伦理的研究，大多数学者都是从伦理学或社会学的角度切入进行理论分流、历史梳理，或针对具体社会事件进行分析，而几乎没有学者对社会管理主体间的契约伦理进行研究。

因此，本书以“社会管理主体间的契约伦理行为”作为研究重点，针

---

① 朱书刚．论契约社会与契约伦理在西方的生成和在当代中国的建构［J］．马克思主义与现实，2004（6）：48－52.

② 强昌文．契约伦理中西境遇与权利差异［J］．政法论坛：中国政法大学学报，2006，24（6）：44－57.

③ 王露璐，朱亮．契约伦理：历史源流与现实价值［J］．江苏大学学报（社会科学版），2009，11（6）：8－11.

对社会管理主体间的契约伦理失范问题进行理论研究和实践分析，旨在探讨社会契约伦理的现状及伦理失范的原因，分别从伦理学、经济学、社会学、公共管理学等角度对社会契约伦理建设提出策略与建议。

1.1.2 研究意义

从理论上讲，对于社会管理主体间契约伦理的研究与探讨，促进了社会管理与社会治理理论、社会契约与契约伦理理论、伦理与公共伦理、社会责任理论与利益相关者管理理论等相关理论的完善与延伸。由此，关于社会管理主体间契约伦理行为的研究，对相关理论的深入发展具有一定的理论意义，具体如下。

第一，有利于拓展社会管理相关研究。有效的社会管理是解决目前社会风险危机与体制漏洞的重要手段，而随着社会改革与市场经济的不断推进，社会管理主体呈现出多元化发展的趋势，社会管理主体间的互动关系也逐渐成为重要的影响因素。然而目前我国关于社会管理的研究主要集中于对社会管理内涵及机制本身的探讨，缺乏对社会管理主体的界定与社会管理实践的分析。因此本书选取社会管理主体间的契约伦理作为切入角度展开相关研究。

第二，有利于丰富契约伦理理论的相关研究。目前，学界关于契约伦理的研究成果主要是探讨契约伦理的理论内涵与历史源流，或是从政治角度、经济角度或道德角度研究其于不同社会领域的不同功能，而鲜有学者对契约伦理在社会管理层面的意义展开探讨。契约关系本质上是社会交往关系，体现着社会主体之间的交往与互动，以及由此达成的合作与共识，因此本书就此展开研究以强化社会管理主体之间契约伦理的作用与意义。

第三，有利于伦理学、公共伦理理论、社会契约论等相关理论的丰富和完善。对于社会管理主体间的契约伦理展开研究，首先能够进一步丰富伦理的定义，并清晰伦理学中的契约观念；其次能够明确社会管理领域中公共伦理的内涵、主客体以及基本原则与规范。与此同时，还能对社会契约论的溯源、内涵、理论与实践进行进一步的研究与讨论。因此，本书能够对相关理论进行研究思路拓展和内容丰富。

从实际上讲，目前我国正处于社会发展转型期，各类社会契约伦理问题层出不穷，亟待解决。2008 年 10 月，蔡铭超以 3149 万欧元的价格在佳士得成功竞得圆明园鼠首和兔首铜像，然而在竞得两尊兽首之后，蔡铭超竟以民族主义之名多次对外表示将拒绝付款，虽其出发点看似高尚，却严重损害了我国在国际竞拍场上的信誉。2010 年 8 月，国美股权之争在业界掀起轩然大波，陈晓与黄光裕通过各种手段和途径进行股权争夺，严重违背了商业契约。2008 年，鹏鹞环保以 1.8 亿元入主西宁市第一污水处理厂项目，然而合同签订后西宁方面一直拖延支付相关费用；2013 年，经过与西宁方多次的申诉和协商失败，鹏鹞环保最终向中国国际经济贸易仲裁委员会提请仲裁。面对这些契约伦理失范问题，我国尚未形成成熟的社会管理机制，对于契约伦理的规范需要依靠政府、企业、社会组织、公众等多方面的共同努力，因此展开相关研究具有十分重要的现实意义。

第一，从党政建设的角度来说，契约是政府在处理与社会组织、企业和公众关系时必须遵守的道德和法律准则。由于法律对政府没有足够约束力，政府违约往往对自身损害较小，但长此以往会使政府失去公信力和领导力，从而影响政府的稳定性。契约伦理与平等原则和民主精神是同生共长的关系，因此，研究社会主体间的契约伦理，有利于政府更好地提供公共产品与公共服务，处理好与其他管理主体间的关系。

第二，从经济发展的角度来说，契约伦理是市场经济秩序的伦理基础。现代市场经济的核心是商品生产和交换，以此为主要内容形成契约经济，而契约中反映出来的伦理观念就是现代社会伦理观念的集中体现①。信守契约本身，践行契约伦理，不仅关系到缔约双方的个体利益，还关系到一个小环境或者大范围的市场经济秩序甚至社会秩序。

第三，从社会文化的角度来说，尽管契约伦理的形成和发展是社会进化的产物，但自觉地建构其理论体系，并且理性地分析其内在运行机制是十分必要的。中国是以血缘家族关系为重的亲缘社会，天然缺乏契约伦理的成长土壤，虽然法律在一定程度上起到了约束作用，但从道德、文化的层面来说，契约精神仍相当匮乏。因此，研究社会管理主体间的契约伦理也是改善社会的伦理道德氛围的当务之急。

1.2 研究综述及相关概念界定

对于社会管理主体的明确以及契约伦理内涵的界定，是进行社会管理主体间契约伦理行为研究的基础。本节将对社会管理内涵与社会管理主体

① 郭长军．契约伦理是市场经济秩序的伦理基础［J］．集团经济研究，2006（12X）：286.

进行界定，同时对契约伦理的演变与发展进行简述，清晰两组概念之间的相互联系，为本书的后续研究奠定基础。

1.2.1 社会管理及其主体

有效的社会管理是保障社会健康发展的基础，政府、社会组织、企业、公民等作为社会管理的重要主体，在维护社会正义、调和共同利益、保护文化与传统的丰富性、公民思想与行动的自由度以及社会主义和谐社会的建设中，发挥着非常重要的作用。

1.2.1.1 社会与社会管理

社会是由家庭、群体、社区等组织起来的具有多种功能的复杂系统，它有着经济、政治、文化等多层次的内涵。社会管理是指对社会这个复杂系统实施指导、规划、组织、协调等活动，以保证社会和谐有序地发展。

（1）社会的概念界定

在中国古代，“社”与“会”本是两个各有所指的概念：“社”指祭神的地方，“会”为聚集之意，“社会”二字反映了古代祭祀时的人民集聚。后来，“社”被引申为志同道合者进行某种集体活动的共同场所，如“诗社”“文社”等；有时也指中国古代的地区单位，如“二十五家为社”。“会”即聚会、集会。“社会”一词始见于《旧唐书·玄宗上》（本纪第八），书中记载：“礼部奏请千秋节休假三日，及村间社会”。宋代程伊川《二程全书》中也有“乡民为社会”的记载。这里的“社会”通常指代村民集会的意思，已经包含了古典社会学家如滕尼斯、齐美尔、马克思等人关于“社会”的内涵和规定的萌芽。近代中国学者严复将 society 译为“群”——“社会者，有法之群也”，也就是说，社会并不是一群人的简单聚合，而是其中有一定的联系纽带，这个联系纽带就是“法”，即一定的社会规则（斯宾塞，1982）①。

在西方，“社会”一词源于拉丁语中的“socius”，其意为伙伴、朋友或交往。在威廉姆斯（Williams，1976）的论述中，society 在 14 世纪才首次出现在英语中，它所具有的两个主要意思即“相当数量的人生活于其中的制度和关系的体系，以及这种制度和关系在其中得以形成的条件”②。16 世纪末，“civil society”作为亚里士多德“国家共同体”的英译词得到迅

① 斯宾塞．群学肄言［M］．严复，译．北京：商务印书馆，1982：1.

② Williams R. Keywords：A vocabulary of culture and society［J］．Science and Society，1977，3（2）：20.

速普及。在《法律要义》中，霍布斯阐述了和自然状态（战争状态）相对立的国家即“市民社会”（civil society）是为了共同的和平、防务及利益，通过契约构建共同权力，作为共同人格而联合起来的多数人构建的联合体①。可以看到，在霍布斯的社会理论中，“社会”是作为一种和个人相对立的、具有公共性的共同体而出现的。而在《文明社会史论》中，弗格森认为“对人类而言，社会似乎显得和个人一样古老，语言的使用和手足的使用一样普遍”②，他的论述具有明确的人类学色彩——社会就是共同体，是人类存在的本质形式。可以看出，随着历史的变迁，“society”一词由最初的“城邦共同体”演变为近代主要指建立在商品经济和追求个人私利基础上的“文明社会”。德国古典社会学家黑格尔认为，社会是由神秘莫测、独立存在的“绝对精神”发展到一定阶段的“外在物”。马克思指出，“社会关系的总和构成所谓社会”③，“社会是人们交互作用的产物”④。科塞（Kesci，1990）则认为，社会是由个人的社会关系构成的关系网所组成的⑤。

（2）社会管理的概念界定

在学界，社会管理长期被置于公共行政学、公共管理学、政治学和社会学等研究领域之下，其概念内涵缺乏统一的认识。通过梳理相关文献，本书发现，学界对于社会管理的理解主要集中在以下三方面。

一是突出社会管理的政府主导性。《中国大百科全书》给出如下定义：社会管理即在市场经济条件下政府和社会组织为促进社会系统协调运转，对社会系统的组成部分、社会生活的不同领域以及社会发展的各个环节进行组织、协调、服务、监督和控制的过程⑥，社会学家郑杭生（2006）也赞成这一定义⑦。而学者丁元竹（2008）提出，社会管理是在一定共同价值的基础上，人们处理社会事务和提供社会公共服务的过程⑧。而上述界

---

① 霍布斯．法律要义：自然法与民约法［M］．张书友，译．北京：中国法制出版社，2010：51.

② 弗格森．文明社会史论［M］．林本椿，王绍祥，译．沈阳：辽宁教育出版社，2010：6.

③ 马克思，恩格斯．马克思恩格斯选集（第1卷）［M］．北京：人民出版社，1995：363.

④ 马克思，恩格斯．马克思恩格斯选集（第4卷）［M］．北京：人民出版社，1972：320.

⑤ 科塞．社会学导论［M］．杨心恒，译．天津：南开大学出版社，1990.

⑥ 中国大百科全书《社会学》编辑委员会．中国大百科全书·社会学卷［M］．北京：中国大百科全书出版社，1991：301－302.

⑦ 郑杭生．社会学视野中的社会建设与社会管理［J］．中国人民大学学报，2006，20（2）：1－10.

⑧ 丁元竹．中国社会管理的理论建构［J］．学术月刊，2008（2）：26－36.

定均忽略了市场因素、企业和个体、个人等在社会管理中的地位和作用。

二是从社会学视角进行理解。陆文荣（2011）认为从社会学角度来看，社会管理是政府、市场和社会组织为了满足人类各种需求、维持社会秩序、促进社会进步而通力合作，进而对社会生活系统的各个组成部分进行组织和协调的过程①。李程伟（2005）认为社会管理存在广义与狭义之分。广义的社会管理是指对整个社会的管理，包括政治、经济、思想文化和社会生活等子系统在内。狭义的社会管理则主要指对政治、经济、思想文化各个社会子系统的单独或局部管理，此时的“社会”在社会学中常用“社会生活”或“社会生活子系统”来代替②。但是，这种广义、狭义之分并未界定清楚两类定义的使用范围和背景，也未指出社会管理的主体、手段、目的及具体内容。

三是将“社会管理”转化为“社会治理”。一些从事行政管理和公共管理研究的学者，如马志刚、刘健生（1993）则在对新加坡的研究中，把公共行政制度、社会福利政策、教育改革、公共运输与交通政策、妓女、吸毒、黑社会等社会问题治理，集中称为“社会管理”③。张康之（2003）在主要讨论公共管理时用“社会治理”作为标题和核心概念④。顾建键、马西恒（2006）以社会转型、社区治理等概念工具展示各国解决社会冲突、建设和谐社会的努力⑤。姜晓萍（2014）认为社会治理是多元治理主体以实现和维护群众权利为核心，治理各种社会问题，推动社会有序和谐发展的过程⑥。

综上所述，本书提出关于社会管理的定义——社会管理即在市场经济条件下政府、社会组织、企业及社会公众为促进社会系统各部分的协调运转，对社会生活的不同领域以及社会发展的各个环节进行组织、协调、服务、监督和控制的过程。社会管理以合作精神与现代公共规则的确立为价值取向。

---

① 陆文荣．社会管理：作为实践和概念［J］．社会科学管理与评论，2011（2）：17—25．

② 李程伟．社会管理体制创新：公共管理学视角的解读［J］．中国行政管理，2005（5）：39—41．

③ 马志刚，刘健生．新加坡的社会管理［M］．北京：群众出版社，1993．

④ 张康之．社会治理中的价值［J］．国家行政学院学报，2003（5）：20—23．

⑤ 顾建键，马西恒．转型中的社会治理：和谐社会构建与城市社会发展研究［M］．上海：上海交通大学出版社，2006．

⑥ 姜晓萍．国家治理现代化进程中的社会治理体制创新［J］．中国行政管理，2014（2）：24—28．

1.2.1.2 社会管理的主体和客体

要充分理解“社会管理”的内涵，必须弄清楚“谁来管理”“如何管理”“管理什么”三个基本问题——社会管理主体、社会管理主体的角色定位以及社会管理客体。

（1）社会管理主体

社会管理主体即社会管理活动发起者和执行者，不仅包括在各类社会管理活动中承担管控职责的政府，还包括履行社会管理职能的其他社会组织及个人。在现代社会，政府、企业、社会组织以及社会公众是社会管理主体的核心构成，它们共同参与管理社会的进程，并相互之间进行通力合作，实现利益共享、信息协调、责任共担。

社会管理的主体是由共同管理社会的成员所构成的统一的组织，它包括：①管理人员，合格且称职的管理人员是社会管理其他主体动力的来源；②管理机构，具有一定形式和结构的管理机构才能成为管理人员发挥效用的场所；③管理职责，主要指社会管理工作中的决策、指挥、协调、执行、监督等职责；④管理制度，完善的管理制度对管理人员、管理机构、管理职责都有明确的规定，是社会秩序的根本保证。

（2）社会管理主体的角色定位

政府。政府的职能和在社会中所扮演的角色正因行政体制改革的深入而发生着深刻的变化，主要体现为从微观社会细节管理向宏观社会格局管理的转变，以及由自身直接管理向借助其他组织或平台间接管理的转变。当前，我国正处于经济和社会转型时期，市场经济尚未完全形成，各种社会关系和社会活动不断增多，利益矛盾与冲突日益复杂化，社会管理体制面临着收入分配不均、社会弱势群体的权益保护、群体性的抗争上访、生态环境的恶化等严重问题，这些严峻的形势都需要政府在其管理职能上进行加强和深入，以使社会矛盾得到化解、社会公正得到维护、社会秩序得到稳定。这是新形势下政府的角色定位。

企业。企业在社会管理中的职能主要是从事生产、供给、流通等经济活动，以提供满足社会需求的产品或服务为形式，以获利为主要目的，进行自主经营，同时肩负着社会责任。企业是市场经济中的重要角色，通过市场的调节机制，与竞争伙伴和合作伙伴共同完成社会所赋予的职责，并带动整个国民经济的发展。从社会管理的角度来看，企业的作用主要体现在两个方面：一是作为一种营利性组织生产并提供能够满足社会公众需求的产品或服务，同时遵守市场规则和法律规定；二是作为社会的一分子在生产经营的同时也要履行企业的社会责任，在环境保护、员工福利、社区建设、经济发展等方面发挥企业的作用。

社会组织。社会组织是指为了实现特定目标而有意识地组合起来的社会群体，包括民间组织、虚拟社会、基层社会等，如学校、医院、社会团体等，其基本定位体现为两个方面：一是作为社会管理主体对政府职能的补充作用，面对日益复杂的社会需求和多元化的社会角色，政府所能覆盖的范围有限，而社会组织是一股不容忽视的社会力量，它能够转移政府的部分职能，以更为贴近和切实的角度服务大众；二是作为社会管理的监督者和被监督者扮演着社会契约的协调者，在维护公众的权利和利益的同时也接受公众、政府和企业对它的监督，从而达到不同领域的良性互动。

社会公众。严格意义上说，公众既是社会管理的主体，也是社会管理的客体。首先，在社会管理的过程中，公众有权向政府及其他公共政策的制定者和实施者在符合法律制度规范的前提下表达自己的利益诉求，这是公众参与社会管理的初级方式；其次，公众可以积极主动地参与公共政策的制定，以维护自身利益，这是公众参与社会管理的中级方式；最后，公众通过民主选举的方式来管理村务和社区事务，真正实现社会管理主体的地位，属于公众参与社会管理的高级方式。

（3）社会管理的客体

社会管理客体是相对社会管理主体而言的，是指社会管理的对象。有学者认为，是否参与管理的决策过程是将一定社会群体区分为管理客体和管理主体的标准。从普通社会学的观点来看，管理主体与管理客体之间并不存在严格的界限，社会管理活动的接受者在另一情境下也可能是社会管理活动的决策者。关于社会管理客体的构成，代表性的观点有：整个社会或社会大系统①；社会政策所作用的领域②；社会生活、社会结构、社会制度、社会事业和社会观念等③；各类社会公共事务④；社会生活、社会事

---

① 马尔科夫．社会管理学［M］．俞仲文，译．上海：同济大学出版社，1988：72.

② 李程伟．社会管理体制创新：公共管理学视角的解读［J］．中国行政管理，2005（5）：39—41.

③ 郑杭生．中国人民大学中国社会发展研究报告2006［M］．北京：中国人民大学出版社，2006：255.

④ 应松年．社会管理创新引论［J］．法学论坛，2010，25（6）：5—9.

务、社会组织等[①]。由于社会管理客体不是本书重点考察的对象，在此不多加阐述。

1.2.2 社会管理与契约伦理

从“身份社会”走向“契约社会”，契约伦理被西方主流思想认为是社会发展与文明进步的产物。所谓契约社会，即指以市场经济为基础的、以契约关系为纽带的法治社会（强昌文，2006）[②]，契约伦理则是契约社会中的基本伦理准则。在当前社会主义市场经济建设背景下，将契约伦理与社会管理有效结合的制度创新，是完善社会管理机制的关键。

1.2.2.1 契约伦理的起源与发展

西方契约文化的发展最早可追溯到古希腊文明的世俗源头和基督教的宗教源头（强昌文，2006）[③]。伊壁鸠鲁以契约解释法的起源，成了近代社会契约论的先驱（王露璐，朱亮，2009）[④]，此后，苏格拉底、霍布斯、洛克、卢梭、康德等人或基于理性准则，或基于道德情感提出了其关于社会契约的认知态度与价值判断。其中，以霍布斯、洛克与卢梭三人为代表，认为国家及其所调控的社会秩序是人们订立契约的产物（朱书刚，2004）[⑤]，同时分别提出了君主专制体、君主立宪体和民主共和体作为保障社会有效运行的政治体制。由此开始，契约逐渐在西方政治、经济、法律等领域确立了非常重要的地位，而契约伦理作为保障契约实现的伦理基础，逐渐融入了西方公民的日常生活。

我国同样早在古代就已出现了契约关系，如战国时期诸侯国之间的政治盟约、春秋时期的土地契约、隋唐时期的买卖合同、宋元时期的房屋地契及家庭生活中的遗嘱、婚契等。契约关系在政治、经济与道德层面指导与约束着人民的行为规范。虽然契约关系普遍存在于中国社会中，却始终未能像西方一样演绎出体系化的契约精神与契约文化，导致契约伦理也一

---

① 王勇．试论社会管理的客体构成［J］．中国商界，2009（11）：353－355.

② 强昌文．契约伦理中西境遇与权利差异［J］．政法论坛：中国政法大学学报，2006，24（6）：44－57.

③ 强昌文．契约伦理中西境遇与权利差异［J］．政法论坛：中国政法大学学报，2006，24（6）：44－57.

④ 王露璐，朱亮．契约伦理：历史源流与现实价值［J］．江苏大学学报（社会科学版），2009，11（6）：8－11.

⑤ 朱书刚．论契约社会与契约伦理在西方的生成和在当代中国的建构［J］．马克思主义与现实，2004（6）：48－52.

直处于边缘状态，作为一种辅助性工具存在于社会伦理体系之中。中西方关于契约的起源时间大致相仿，却得到了大相径庭的发展结果，这与中西社会的文化背景存在着非常紧密的联系。

首先，契约关系与血缘关系——在西方，以雅典为代表的国家出现正式打破血缘家庭关系，使得公民个体与城邦群体成为各种交往活动的基本单位，面对独立自主、自由平等的个体，契约伦理形成以体现公民意志、约束公民行为；而在中国，亲缘是维系人们生活交往的纽带，身份、地位、等级、权力和习惯则是人们的尊崇与追求（强昌文，2006）①，契约伦理在牢固的血缘家族关系中难以得到发展。其次，个体主义与整体主义——在西方文化传统中，公民一直非常注重个体自由与自我发展，社会与国家实际上是个人为了能够更好地保障自己的权利与利益，让渡部分自由而组成的人为机构，因此实际上是公民间签订契约的产物，契约伦理则维持这一产物的正常运作；而与之相反，中国文化是整体主义盛行的文化，个人、家庭与国家无法分割，个人依附于群体存在的同时承担着群体赋予他的身份、义务与责任。再次，利己主义与利他主义——利益是契约伦理形成与发展的动力，而契约伦理则保证交易得以进行与维系，西方人对利益的追求只以符合基本伦理道德作为底线，而在中国传统伦理思想中，无条件的崇高道德才是人们所应有的追求。综上所述，中国与西方契约伦理形成的社会条件、主体因素与动力机制都存在巨大差异，这些差异也间接导致了目前中西方在政治体制、经济模式与法律体系等方面的不同。

而目前，我国正致力于建设社会主义市场经济，契约关系作为市场经济活动得以有序进行的基础，必须得到相应的重视。契约伦理作为契约关系的关键环节，对于契约关系的建立、维护与发展具有重要意义，也需要得到进一步研究与挖掘。

1.2.2.2 契约伦理的内涵与特征

何怀宏（1993）梳理了西方历史上关于契约的四种概念——作为经济法律概念，主要体现于罗马法；作为宗教神学概念，主要体现在《圣经》中；作为社会政治概念，主要见之于中世纪末的反暴君派理论家和近代霍布斯、洛克及卢梭等人的代表作；而作为道德哲学概念则主要体现于康德

① 强昌文．契约伦理中西境遇与权利差异［J］．政法论坛：中国政法大学学报，2006，24（6）：44—57.

和罗尔斯[1]。本书将契约纳入社会管理的概念，研究其在社会管理主体间和社会管理过程中的重要意义。

就社会管理层面而言，所谓契约，实际上是源于合作而形成的一种社会交往规范（王浩斌，王飞南，2007）[2]，其本质是一种理性的功利谋划，这种谋划既与本己有关又与他人联系。简而言之，“契约”就是“独立、自由、平等的个体通过协商确立共识，达成兼顾性或互惠性交易，并接受由此而来的必要约束，一般来说具有功利主义色彩的契约伦理秉持两个基本预设”（张凤阳，2002）[3]。

而关于契约伦理的内涵界定，学者晏辉（2002）提出契约伦理是指人们在订立、执行及毁约中所表现出来的伦理性质和执行契约中所需要的伦理基础[4]，契约伦理不仅是市场经济正常运作的保证，也是人们伦理观念的表达，包含三点特征：许诺，指契约双方通过向对方许下承担相应责任和义务的诺言，以期建立双方之间的信赖关系；信赖，指契约双方彼此信赖和期待对方的许诺，以及对于契约关系能够实现价值最大化的坚持；义务，指对于诺言的遵守和执行；三者共同构成了契约伦理生成与发展的基础。与此同时，朱书刚（2004）则认为，契约是商品经济发展到一定阶段的产物，契约关系是商品经济社会的基本关系，基于市场经济构造而成的契约化社会即为契约社会，而与之相适应的社会制度伦理，则是契约伦理[5]。

强昌文（2007）则提出，契约伦理并不是契约与伦理的简单加总，而是以契约精神为核心扩张而成的社会性的关系性理念，并成为人们行动的基本准则和处理社会关系的基本原则。而契约伦理的特征则包括：过程透明，契约伦理强调人们的行动准则与处理社会管理的基本原则形成是彼此长期沟通与契合的结果，即在信息基本对称的情境下形成；自觉皈依，这种伦理不是在外力强迫的影响下形成，而是人们自觉的皈依；开放体系，

---

① 何怀宏．契约伦理与社会正义［M］．北京：中国人民大学出版社，1993：12.

② 王浩斌，王飞南．制度正义：社会主义和谐社会的契约伦理精神［J］．大连大学学报，2007，27（4）：91－94.

③ 张凤阳．契约伦理与诚信缺失［J］．南京大学学报（哲学·人文科学·社会科学），2002，39（6）：33－39.

④ 晏辉．契约伦理及其实现［J］．道德与文明，2002（6）：30－33.

⑤ 朱书刚．论契约社会与契约伦理在西方的生成和在当代中国的建构［J］．马克思主义与现实，2004（6）：48－52.

指契约伦理来自人民真实意愿的表达；内在立场，即人们对于契约伦理持内在立场；公共理性，契约伦理是以人类社会的公共理性为基础的，有广泛的社会性与普遍性；以及关系结构，契约伦理不止是一种经济交换规则，也是一种结构性社会关系[①]。

此外，方建国（2012）也提出契约包含的三大伦理原则："合意"原则，契约建立在"共同意志"基础之上，缔约双方乃至多方需达成共识；"平等"原则，契约主体之间属于平等关系，以保证自由意志的表达；"诚信"原则，契约是一种承诺和责任，缔约者通过订立契约对自身和他方施加约束，以保障交易顺利进行[②]。

基于以上分析，本书认为契约伦理的内涵：在社会交往中，独立、自由、平等的个体通过协商而达成具有互惠性和义务性的契约关系，而契约伦理则是指这些个体在契约关系处理过程中所坚持的行为准则与伦理规范。

1.2.2.3 社会管理主体间的契约伦理

《中共中央关于全面推进依法治国若干重大问题的决定》指出，"社会主义市场经济本质上是法治经济"，"必须以保护产权、维护契约、统一市场、平等交换、公平竞争、有效监管为基本导向，完善社会主义市场经济法律制度"[③]。随着我国市场经济与社会法治的不断发展与完善，目前我国已经从单一的"关系型社会"逐步迈入"契约型社会"。社会管理主体间的契约关系，即是政府、企业、社会组织、公民个人等独立主体通过协商达成共识，或约定俗成的社会规范而形成的，负有义务责任，且对社会福利具有提升作用的合作关系。社会管理主体间的契约伦理，则要求不同的社会管理主体之间始终坚持符合伦理道德的契约关系，互相配合、互相支持，通过有效联动实现社会整体福利的提升。

当前，我国社会管理的体制、资源、水平与格局的边界已然从过去单纯的"大政府、小社会"扩展到了"小政府、大社会"，社会管理主体的多元化发展在提升了社会管理深度与广度的同时，也导致了管理主体间矛盾的激化以及对权力监督难度的增加。其中，由政府、企业、社会组织、社会公众等组成的社会管理主体之间的竞争互动（Competitive Interaction）所导

---

① 强昌文．契约伦理与权利：一种理想性的诠释［M］．济南：山东人民出版社，2007.

② 方建国．不完全竞争、契约与伦理学［M］．北京：经济科学出版社，2012：126－127.

③ 谢来位．法治社会是契约社会［J］．冶金企业文化，2015（3）：53.

致的契约伦理失范表现，是目前社会管理过程中存在的严峻问题。

在道德哲学层面，具体表现为社会管理决策者“利己主义”与“利他主义”之间的矛盾。在社会管理开展过程中，政府领导、企业管理者、社会组织负责人乃至公民个人都扮演着重要的角色，其对于“利己主义”与“利他主义”的原有认知与伦理选择，造就了其对道德原则、法律法规以及管理策略的不同心理取向，同时深刻地影响着其对于社会契约伦理与社会管理原则的忠诚与违背。

在市场经济层面，具体表现为社会管理主体获得“社会福利”与支付“管理成本”的矛盾。社会管理主体必将支付一定“管理费用”以保证社会管理活动正常开展与管理组织自身的基本运营，而社会管理所能得到的回报往往无法在短期内直接转化为社会管理主体的利润来源。与此同时，信息不对称、契约不完善、主题不道德等因素还在加剧着社会管理主体间的收支矛盾。简而言之，“社会福利”与“管理成本”的矛盾影响社会管理主体对于契约行为的履行。

而在社会互动层面，具体表现为社会管理主体间的关系属性与契约伦理的矛盾。相较于西方国家而言，中国是东方文化中典型的关系型社会，虽然契约关系占据了一定的比重，但以家庭亲缘关系和熟人关系为主的交往模式仍然占据主导地位。这种现象造成了一系列的社会管理问题，如缺乏信用、违背法律、暗箱操作等，而且不同的社会管理主体间拥有不同的社会关系，也加剧了契约问题处理的难度。因此，有必要分析关系与契约在不同社会管理主体间的作用机制，以改善目前滥用社会关系的现象，加强社会管理主体的契约精神。

一般来说，社会管理主体在开展社会管理活动的过程中可能会面临以上三类基本矛盾，这三类基本矛盾揭示了社会管理领域不同管理主体之间契约伦理失范行为大量出现的根本原因，也为本书指明了研究方向。

1.3 研究方法

关于社会管理格局与管理体系的研究对于经济改革与社会转型时期的中国发展而言至关重要，而社会管理主体之间的契约伦理作为保证社会管理有序进行的根本基础之一，已然成为管理学领域中重要的研究议题。本书主要借助：①文献研究法，梳理、归纳与社会管理主体间的契约伦理行为相关的概念与定义；②案例分析法，明确社会管理主体间契约伦理行为的类型划分、表现形式，同时对几类典型契约伦理失范行为进行简述与分析。通过文献研究与案例分析，以对社会管理格局与社会管理主体间的契约伦理进行深入探究。

1.3.1 文献研究法

文献研究法主要是指通过搜集、鉴别、整理和分析各类现存的相关文献资料，以形成对某一主题相对科学认识的研究方法，是理论建构与概念界定的重要基础。本书主要借助各类期刊、书籍以及互联网资料、会议资料等，搜集与筛选其中与伦理与公共伦理、社会治理与社会管理、社会契约与契约伦理、社会责任与利益相关者管理等相关的资料展开具体分析，以对社会管理主体间的契约伦理行为这一主题进行详细研究与深入理解。

针对核心概念。社会管理、契约伦理两组概念是与本研究主题联系最为紧密的核心概念。本书主要从社会管理的概念、发展、主体鉴别等方面展开文献整理与分析，明确社会管理的内涵与主体界定；与此同时，通过对契约伦理的相关资料进行理解与分析，以清晰契约于社会管理中扮演的重要角色及目前存在的伦理问题，并以此为据，深入探究社会管理主体间契约伦理行为的类别与表现、成因与互动。

针对相关概念。本书主要探讨了与社会管理主体间的契约伦理行为相关的四组相关概念：其一，伦理与伦理学，以明确伦理的起源、内涵以及伦理学中的契约观念；其二，公共伦理对于社会管理而言的价值与意义；其三，社会治理与社会管理，以区分治理与管理之间的区别，突出社会管理的重要性与发展性；其四，社会契约论，以清晰契约的来源、类型与发展，以及契约作为社会管理主体间有效合作的重要纽带。

针对延伸概念。本书在对社会管理主体间契约伦理行为的互动机理、具体实践以及创新机制研究的过程中也引入了一些其他学科领域的概念。如道德哲学与契约人假设、市场竞争与博弈论、社会互动与网络结构、电子政务与网络舆情、公共对话与共同体建构等。延伸文献的阅读与研究，能够有效拓展研究的深度与广度，为本书奠定了深厚的理论基础，开拓了广泛的研究方向。

1.3.2 案例分析法

案例分析法，主要指通过对具体案例展开分析，借助理论判断准则，对某一主题进行研究。本书通过对社会管理主体间契约伦理行为的相关案例进行详细分析，一方面清晰地呈现出契约伦理行为的类型划分、行为特点及基本现状，另一方面则深刻凸显出其对于社会发展而言的重要意义，有利于明确该研究议题展开分析的重要性。

本书在类型划分与现状表现部分，针对具体的类型与表现提出相关的案例分析，以强化清晰度与逻辑性；与此同时，本书在实践部分借助大量的案例陈述与分析，对社会管理当中的一些热点领域，如网络舆情、危机管理等具体领域展开翔实研究，深入阐述与描绘社会管理主体间的契约伦理行为的失范与困境，提出改善现状和应对困局的优化思路。

本书一方面通过积累大量文献资料进行深入研读与深刻理解，力图从理论层面建构研究基础，从整体层面把握研究对象，明确研究主题的内涵界定、类型划分与表现形式；另一方面通过对国内外的不同类别、不同属性的社会管理主体间的契约伦理行为进行对比分析，以不断增强研究的逻辑性与结论的推广性。通过理论推导与实证研究相结合、归纳演绎与定量评价互补充，不断提升本书的科学价值与现实意义。

1.4 研究内容与框架

1.4.1 研究内容

本书以“社会管理主体间的契约伦理行为”为研究对象，综合运用文献研究法、案例分析法，并结合国内外社会管理与契约等相关理论与现实背景，从道德哲学、经济学、社会学、公共管理学等多个视角对社会管理主体间契约伦理行为的内涵、现状、影响、成因、实践、战略与策略做出详细而充分的论述。在相关理论研究与文献综述的基础上，本书首先阐述了社会管理与契约伦理的内涵、现状，紧接着对社会管理主体间契约伦理的类型和困境表现进行了阐述，继而对主体间契约伦理行为的正负效应进行了分析，并从微观道德哲学、中观经济博弈和宏观社会互动三个层面系统分析了契约非伦理行为内在成因与互动机制。与此同时，本书还研究了社会管理主体间契约伦理实践的两个典型内容，分别为多数暴政视角下的网络舆情和混沌情境下的危机管理。最后建构了以“对话”为基础的契约伦理战略体系，并针对企业非伦理决策的三个成因提出了相应的治理对策。

本书共分为十章，其主要内容依次为：

第 1 章绪论。本章阐述了本书的一些关键性的研究问题，包括社会管理主体间契约伦理的研究背景与研究意义、研究综述与相关概念界定、研究问题与研究方法、研究内容与研究框架，以及研究创新点。

第 2 章社会管理主体间契约伦理研究相关理论综述。社会管理过程所涉及的主体多元、关系复杂，因此探讨其契约伦理问题需要广泛而深厚的理论基础。本章选取了其中较为核心并且与本书联系相对紧密的相关理论展开综述。其中，伦理理论与公共伦理理论阐述了伦理及公共伦理的基本内涵与理论基础；社会管理理论明确了社会管理的起源与发展、基本内容与基本原则；社会契约论则探讨了社会契约的内涵、范式与形态。

第 3 章社会管理体制现状与契约伦理困境分析。目前我国正处于社会的技术转型期，各种利益冲突和矛盾不断聚集并凸显出来。尽管我国缺乏契约伦理的传统，但厘清当前的社会管理现实困境仍是十分必要的。本章首先介绍了中西方的社会管理格局与契约伦理现状，然后对社会管理主体间的契约伦理进行了类型划分，包括责任利益双赢型、责任利益共损型、主体利益偏向型、社会责任偏向型，最后对政府、企业、社会组织和社会公众的契约伦理困境表现分别进行了论述。

第 4 章社会管理主体间契约伦理行为影响分析。政府、社会组织、企业、公众作为社会管理主体，在利益共享、信息协调、责任共担的基础上共同参与社会管理，他们对社会契约的遵守和执行直接关系到社会的运转，相反，其对契约的违背也会造成严重的社会影响。政府作为社会管理主体的核心对于契约伦理道德的遵守至关重要，因此本章着重探讨以政府为主导的契约伦理行为，分析政府与社会组织、政府与企业、政府与社会公众间契约伦理行为的正效应与负效应。

第 5 章社会管理主体的道德哲学与伦理选择。在商品经济社会形态下，纵观社会契约执行现状，不难发现社会管理主体间契约伦理失范行为愈发普遍。本章从以不同人性论角度为出发点的道德考量和伦理抉择为社会管理主体的伦理失范行为做出解读，分析不同主体所面临的权利困境、角色困境、利益困境及其成因，并通过对契约关系中忠诚契约人和虚伪契约人的形成机理的讨论，进一步追溯影响主体自身道德哲学和伦理抉择的制约因素，从而构建影响社会管理主体契约伦理决策的模型。

第 6 章社会管理市场中的契约博弈分析。社会管理主体在开展社会管理的过程中，面临着获得“社会回报”与支付“管理成本”的矛盾。社会管理的收支结构实际上构成了一个社会管理市场，而“契约”在一定程度上规范与约束了主体对社会管理参与的选择以及对社会管理收支的竞争。

本章首先分析了社会管理主体间契约伦理实现的基础与契约伦理背叛的表现，其次借助博弈论对社会管理市场中的两类契约形式，即约定契约与心理契约进行分析，探讨社会管理主体在约定契约责任与心理契约伦理博弈过程中的不同决策及其原因，并以此为据构建了契约博弈矩阵。

第 7 章社会管理中社会网络主体间的契约关系。在中国特有的“关系”情境下，社会管理主体间契约合作被赋予了复杂的关系嵌入性，倡导自由平等、诚信履约的契约伦理价值观受到了来自社会网络中关系压力的挑战。本章基于关系契约理论，分析了正式契约与关系契约在社会契约中的协同作用，进而以政府为社会管理主体中的主导，对政府向社会组织购买公共服务、政府和社会资本合作、税收契约三种契约模式进行了深入细致的探讨，在此基础上得出了关系契约中的关系强度和信誉评价对社会管理主体间契约伦理决策的影响机制。

第 8 章社会管理中的网络舆情与网络暴政事件分析。互联网的开放性和快捷性使网络信息繁复冗杂，鉴于我国庞大的网民基数，网络舆情在社会管理中的重要性愈发凸显。一方面，网络促进了新型民主的发展；另一方面，网络监管确实又导致了网络暴政问题的产生，使得社会矛盾激化、社会谣言滋生，对政府的社会管理造成诸多干扰。本章从多数暴政的视角出发，着重探讨网络失序下的舆论暴政现象，并根据对近五年来我国网络暴政基本情况的分析，为社会管理主体间的契约伦理建构提供应对之策。

第 9 章社会管理中的危机混沌情境与协同治理。目前我国社会面临着类型多样、因素复杂的公共危机。本章从社会管理中的危机管理切入，从混沌情境视角重新认识危机，理解危机的非线性特征与复杂情境；从多元主体协同治理视角重新认识危机管理，明确危机管理的多元主体协同治理基本格局，了解危机管理多元主体之间的利益诉求和契约关系；在混沌情境与危机管理 3R 模型的社会环境与理论基础之上，结合我国危机管理主体目前面临的困境，为危机管理主体间契约伦理的建构提出建议。

第 10 章社会管理主体间的契约伦理优化与体制创新。基于微观层面的道德哲学、中观层面的经济博弈与宏观层面的社会互动，社会管理主体的契约决策呈现出不同的伦理偏向。本章旨在以对话为基础，探讨如何实现契约伦理工具理性与价值理性的有机统一，提出契约伦理建构的基本要求，并通过“自利经济人”与“道德经济人”的转变、“约定契约”与“心理契约”的合作、“信誉评价”与“关系强度”的约束，以实现社会管理主体间契约伦理的建构与社会管理效率的提升。

1.4.2 研究框架

本书的研究框架可分为五个部分。其中，第一部分包含第 1、2 章，为理论篇；第二部分为第 3、4 章，为现状及影响篇；第三部分包含第 5、6、7 章，为成因与互动篇；第四部分包括第 8、9 章，为实践篇；第五部分为第 10 章，为建构篇，如图 1-1 所示。

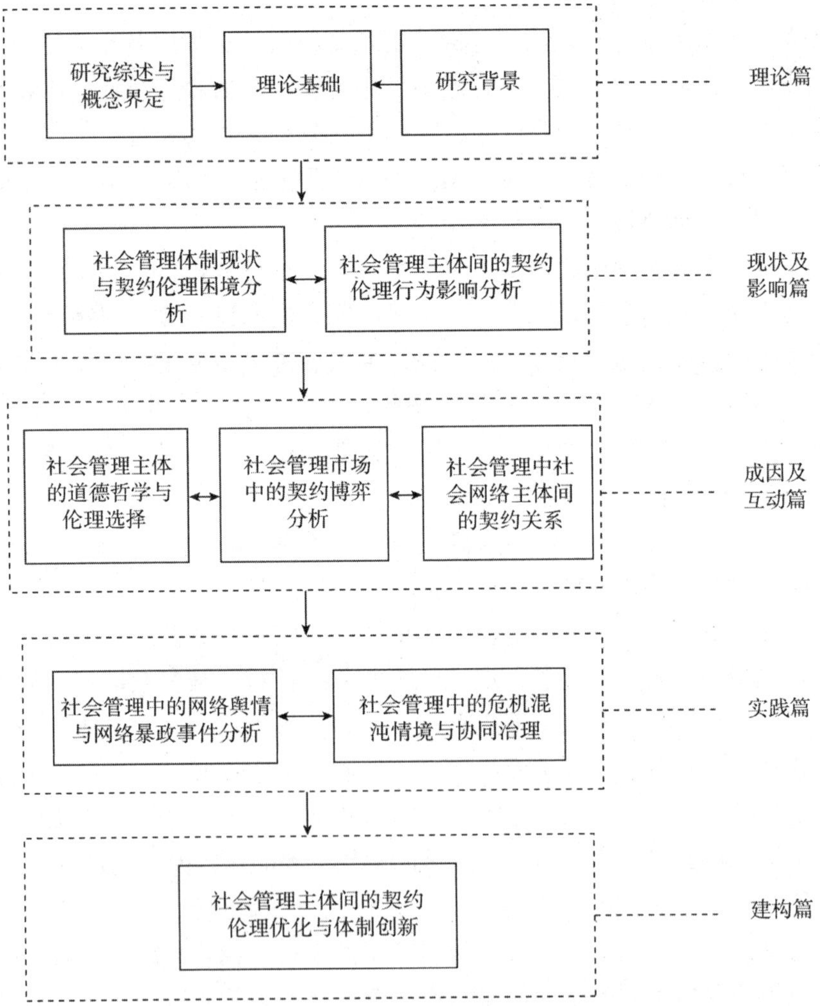

图 1-1 研究框架

1.5 研究创新点

本节主要从研究对象、研究内容与研究方法的创新，以及研究的主要建树和突出特色两大方面综合阐述本书的创新之处。

1.5.1 研究对象、内容与方法创新

其一，在研究对象上。本书主要针对社会管理主体间的契约伦理问题展开研究，目前国内外学者关于契约伦理的研究并不常见，本书将不仅对契约伦理本身展开研究，同时将其引入社会管理领域，对社会管理主体间的契约伦理赋予内涵与价值，填补了契约伦理研究领域的空白，同时也能够避免在理论研究以及社会管理实践中，由于对契约伦理的模糊认识所导致的研究失误及管理失范。

其二，在研究内容上。本书基于对社会管理理论、社会契约与契约伦理、伦理与公共伦理等相关理论的梳理，对社会管理主体间契约伦理的基本现状、类型划分、发展困境、社会影响、形成机理、社会实践、应对战略与策略等均展开了探索性研究，在弥补该领域空白的同时，也为学界后续的相关研究与社会管理领域的契约事件提供了基础与参照。

其三，在研究方法上。本书不局限于对契约伦理的文字论述，而是运用了大量案例分析、模型建构、数据分析等对研究问题进行全方位、多角度的探索。首先通过文字论述明确内涵界定，其次通过案例分析丰富理论表现，再者则借助数据、图表与模型等提供逻辑支持。借助理论阐述、案例评价、数据支持、模型分析等手段，在形式与内容上同步提升课题的价值与深度。

1.5.2 研究建树和突出特色

其一，明确社会管理与社会管理主体间的契约伦理。本书明确了社会管理的概念内涵与社会管理主体的范围，同时界定了社会管理主体间契约伦理的概念定义。此外，本书也通过国内外的社会管理体系与格局，分析社会管理领域存在的问题，并以“社会责任”与“主体利益”为两大维度，建立社会管理主体之间行为关系的分析坐标图。

其二，多维度探讨社会管理体制现状及其契约伦理困境。本书尝试从三维度展开对社会管理主体间契约伦理的研究。在微观角度，从道德哲学层面探讨社会管理决策者在“利己主义”与“利他主义”矛盾下的伦理选择，构建了主体决策者的契约伦理决策模型；在中观角度，从市场经济层

面探讨社会管理市场中管理主体在“约定契约”与“心理契约”博弈下的伦理选择，构建社会管理主体间契约伦理博弈关系矩阵；在宏观角度，从社会互动层面探讨社会管理主体间关系属性与契约伦理的矛盾，分析社会网络中管理主体间的契约机制。

其三，以网络暴政、危机管理作为典型主题，通过对这两类典型的社会管理问题分析，探究管理主体间契约伦理的相关问题。网络暴政主题提出并且界定了目前互联网中存在的网络暴政现象，并通过对2012—2016年的网络暴政事件，强调其接受社会管理的必要性与迫切性；危机管理主题则根据危机传播的非线性特点，提出了如何在混沌情境下，通过协同治理、利益相关者识别与多元共利实现社会管理主体的契约伦理。

其四，本书通过分析契约伦理建构的思想源流、现实诉求、具体内容、建构思想、价值原则与基本要求等，提出了以对话为基础的社会管理体制创新及其主体间契约伦理建构模式。并针对道德哲学、市场经济与社会互动三大研究视角，分别提出了“道德哲学下自利经济人向道德经济人的转变”“博弈视角下约定契约与心理契约的合作”“社会网络下信誉评价和关系强度的约束”作为加强社会管理主体间契约伦理建构的有效方式。通过战略与策略的有机配合，以追求社会管理主体间契约伦理的实现。

2 社会管理主体间契约伦理研究相关理论综述

社会管理主体间契约伦理行为的研究议题主要探讨了社会管理主体在社会管理过程中出现的契约伦理失范问题，所涉及的理论内容纷繁复杂。本章选取了其中较为核心并且与本书联系相对紧密的理论展开综述。其中，伦理理论阐述了伦理的源起与内涵及其蕴含的契约观念；公共伦理理论阐述了公共伦理的内涵、主客体以及基本原则与规范；社会管理理论明确了社会管理的起源与发展、基本内容与基本原则；社会契约论则探讨了社会契约的内涵、范式与形态。四者共同构成课题研究的相关理论基础。

2.1 伦理与伦理学

“伦理”包含着两个层面的含义，一是人与人之间的关系，二是对道德准则的统筹。本节主要对伦理与伦理学的源起与内涵，以及伦理中的契约观展开论述，为伦理在社会管理学领域中的运用奠定研究基础。

2.1.1 伦理的源起与内涵

在汉语中，“伦理”一词的使用始于《礼记·乐记》：“乐者，通伦理也。”这里的“伦理”仅表示事物的条理。“伦”和“理”也散见于其他古典文献。《说文解字》中对“伦”和“理”有着这样的解释：“伦，从人，辈也，明道也；理，从玉，治玉也。”这里“伦”与“理”的意义是相互独立存在的，“伦”指辈分、等级、顺序等意思，“理”指事物的道理、条理，表示事物间存在着类别的区分。孟子和荀子将“伦”与“理”的结合，把“伦理”看成人与人之间社会生活中的正当关系。总的来说，我国古代的“伦理”强调纲常、仁义、天理等内涵。伦理是调整人伦关系的调理、道理、原则，即“伦类的道理”①。中国的伦理学研究，在先秦诸子百家差不多均有体现，若以孔子的《论语》为标志，距今也有2500年的

① 唐凯麟．伦理学［M］．北京：高等教育出版社，2001.

历史①。

在英语中，“伦理”（ethics）一词起源于古希腊文的单词 ethos，有风俗、习俗，或本性、人格的含义。后来，在罗马文化中，人们用 moralis 指代 ethics，也表示风俗和习惯。直到公元前 4 世纪，亚里士多德赋予“伦理”德性的内涵，将关于伦理的知识构筑成一个新的学科——“伦理学”。在后世学者的不断充实下，伦理学的体系逐渐发展完善。

伦理的概念和思想发展至今，国内外学者对其内涵形成了诸多见解。菲利普·帕特森（Philip Paterson）认为，与其说伦理是解决对与错的矛盾，不如说解决的是同样吸引人或同样令人厌恶的价值观念之间的矛盾，并决定在二者之间如何进行取舍②。何怀宏（2002）在《伦理学是什么》中提出，所谓“伦理”，是关于人们品质的正邪善恶，乃至生活方式、生命意义的终极追溯③。甘葆露在《伦理学概论》中提到，伦理作为一种特殊的社会关系，是一种社会存在；道德作为对伦理进行调节的重要力量，则代表了一种理想④。《现代汉语词典》将“伦理”解释为：人与人相处的各种道德准则。这说明在现代汉语使用中，“伦理”的概念至少包含着两个层面的含义，第一个层面是人与人之间的关系，强调了人的社会性；第二个层面是对道德准则的统筹，寻求建筑于个体道德品性之上普遍的道德标准。

理解伦理的内涵，面临着一个重要的问题，即伦理与道德的界限。在核心上，伦理的核心是正当或合宜，其最本质的东西是社会成员在共处中的公平与适度；而道德的核心应是德性与善，其最本质的东西是个体完善自身的自由追求⑤。在约束对象上，伦理普遍地约束着所有的社会成员的价值和规范，道德则主要是对个体的心灵和品质进行约束，具有个体性。在评判尺度上，伦理的评判尺度是正确、合理与否，并且具有很强的公共性。而道德的评判尺度是好坏、善恶，关乎个人的品质，存在于私人的领域。但是，伦理与道德也存在不可分割的联系。早期的伦理学被称为道德

---

① 韩东屏．厘清伦理学的对象与定义［J］．伦理学研究，2011：9—14.

② 转引自：克利福德·G·克里斯蒂安，马克·法科勒，金·B·罗特佐尔，等．媒介公正——道德伦理问题真的不证自明吗［M］．蔡文美，等译．北京：华夏出版社，2004：3.

③ 何怀宏．伦理学是什么［M］．北京：北京大学出版社，2002：5.

④ 甘葆露．伦理学概论［M］．北京：高等教育出版社，1994.

⑤ 韩升．伦理与道德之辨正［J］．伦理学研究，2006（1）：90—92.

哲学，表示关于个人品质和群体风俗习惯的学问，是由个体道德构成的系统的价值和准则，而道德也不能离开伦理体系孤立存在。

2.1.2 伦理学中的契约观

伦理学属于价值科学，是哲学的分支，是关于社会道德的科学。古希腊学者亚里士多德是伦理学的先驱，他的著作《尼各马可伦理学》，是西方最早关于伦理学的专著。亚里士多德认为，伦理学是研究人们的行为及品性的科学，或者说是研究人的道德品性之科学[①]。我国学者关于伦理学的界定，看法基本一致，即认为伦理学是关于道德的学说，是人类对道德现象及其规律所做的科学阐释，是一门关于人的品质、修养和行为规范的科学[②]。

伦理学的研究领域可划分为元伦理学与规范伦理学。元伦理学探讨了概念、本体论和认识论三个问题。规范伦理学探究“活得尽量好需要哪些必要条件”和“我们必须要做什么”两个问题。在阐释第一个问题时产生了价值快乐主义和价值至善主义的理论主张，在阐释第二个问题时，出现了德性伦理学、伦理功利主义、康德主义和契约论等观点。在规范伦理学的框架中，用善来分析高尚行为的理论被称为目的论（teleological theory），根据行为的正当性和责任来分析高尚行为的理论被称为义务论（deonotological theory）。

在探索规范伦理学的“我们必须要做什么”时，契约的思想逐渐成形。契约主义的源流可以追溯到柏拉图的《国家篇》，代表着一种正义观，有影响的代表人物包括普芬道夫、霍布斯、洛克、卢梭和康德。这些哲学家以不同的方式、出于不同的目的、靠着不同的假设背景，为他们自己所辩护的论点都提供了一个契约论证。康德的契约观始于对道德本身的自然关注，并用契约主义的架构来具体说明和描画出这种关注的所含之物。在这种契约观下，契约主义发展为一种阐述道德内容的方法。罗尔斯是美国著名的政治哲学家和伦理学家，他的契约观以康德契约观为基础，提出“新契约论”思想。范逢春（2002）这样评价罗尔斯的契约论：罗尔斯的“新契约论”的精神实质是康德主义的义务论，为了克服康德学说的抽象

① 何怀宏．伦理学是什么［M］．北京：北京大学出版社，2002.
② 甘葆露．伦理学概论［M］．北京：高等教育出版社，1994.

性，罗尔斯系统地发展了关于“合理的”和“理性的”相区分的思想[①]。这些从不同角度出发的契约观是否可得到终极性辩护和怎样进行辩护，依然没有得到确切的答案。但是杰弗里·赛尔—麦科德在休·拉福莱特编汇的《伦理学理论》中总结道，那些被契约主义所吸引的人可能相信，对道德的一种适当理解，就是把道德看作是对那些臣属它的要求的人、对什么“原则”是可合理接受的一种反思[②]。

2.2 公共伦理理论

当伦理进入了社会管理领域，涉及社会管理主体时，即成为“公共伦理”。从管理学的角度来看，“公共伦理”是指公共管理伦理。公共伦理的主体是公共组织，客体包括人民群众、阶级、阶层以及组织和群体。公共伦理的基本原则与规范共同构成了公共伦理规范体系。

2.2.1 公共伦理的内涵

从会意角度来看，“公”源于小篆字形，上面是“八”，表示相背，下面是“厶”（“私”的本字）。合起来表示“与私相背”，即“公正无私”。《贾子·道术》中所说的“兼覆无私谓之公”也体现了这种内涵。“公”在我国古代，亦指代朝廷和国家，如《左传·庄公十年》所说的“十年春，齐师伐我，公将战”。“公”在现代汉语辞海中解释为“公共、共同”，包含了公正无私和国家的观念，更加强调公用、共同的社会关系层面的内涵。

英语中的“public”（公），起源于希腊语中的“polis”（城市国家）。“在古希腊城邦里具有一定身份的社会成员彼此之间通过平等的对话来协商共同关心的问题，这可以说是‘public’的起源”[③]。这种概念后来以“resupublica”（公事）、“Republic”（共和国）、“public”（公众、公共）的形式传到罗马帝国以至近代西欧。英语中的public，体现了群体关系的内涵。

“公共”的概念，从实质性含义上讲，具有它在不同指涉上的丰富蕴含。从形式性含义上讲，就是今天人们更广泛也更习惯于使用的“公共

① 范逢春．罗尔斯社会正义理论对康德主义契约论的超越与重建［J］．广西民族大学学报（哲学社会科学版），2002（1）：23—25.

② 休·拉福莱特．伦理学理论［M］．龚群，等译．北京：中国人民大学出版社，2008.

③ 李明伍．公共性的一般类型及其若干传统模型［J］．社会学研究，1997（4）：110—118.

性”（publicity）概念[①]。在哈贝马斯的理论中，公共性或公共领域不是指行使公共权力的公共部门，而是指一种建立在社会公私二元对立基础之上的独特概念[②]。

“公共”的概念与伦理相结合，出现了“公共伦理”的概念。哲学上所理解的“公共伦理”，是与“日常生活伦理”相对立的概念，建立在社会的关系上，是人们在社会政治生活、经济生活等领域的伦理关系。该意义上的公共伦理以理性精神引导着人们在公共生活领域的道德习惯与行为规范。管理学上所理解的“公共伦理”与哲学有所不同。万俊人（2005）认为，公共伦理是指“公共管理领域的基本伦理维度、公共管理行为的基本道德规范，以及通过公共管理行为与公共事务所集中体现出的社会公共伦理精神”[③]。高力（2012）认为，公共伦理是“用以规范公共管理主体的行为，以保证公益事业的公正性，合理有效地实现公益事业目标的准则体系”[④]。

公共管理的组织和管理对象之间存在着利益关系，在这些利益关系的活动领域，公共伦理的问题得到体现，并开始受到重视。在对这些伦理问题进行研究的过程中，管理学、伦理学、行政学、政治学等学科相互交融，发展出公共伦理学。

2.2.2 公共伦理的主体与客体

从管理学的角度出发，公共伦理是指公共管理伦理，因此公共伦理的主体即公共管理活动的主体——公共组织。公共伦理是在主体间的互动中产生的，因此公共伦理的主体亦是公共伦理的客体。公共组织可以划分为以下几种。

政党组织：在我国，共产党是我国特色社会主义事业的领导核心。党的组织又分为中央组织、地方组织和基层组织。因此共产党是我国公共伦理的核心主体之一。

人民政协：中国人民政治协商会议（人民政协）由中国共产党、八个民主党派、无党派民主人士、人民团体、各少数民族和各界的代表，台湾同胞、港澳同胞和归国侨胞的代表，以及特别邀请的人士组成，是中国共产党领导的多党合作与政治协商的重要机构。

---

① 任剑涛．公共与公共性：一个概念辨析［J］．马克思主义与现实，2011（6）：58－65.

② 王乐夫，陈干全．公共性：公共管理研究的基础与核心［J］．社会科学，2003（4）：67－74.

③ 万俊人．现代公共管理伦理导论［M］．北京：人民出版社，2005.

④ 高力．公共伦理学［M］．北京：高等教育出版社，2012.

国家机关：是指从事国家管理和行使国家权力的政府组织，包括国家权力机关、行政机关、审判机关、检察机关等。政府组织是公共组织中最重要的类型之一，它体现着国家意志和职能。

准政府组织：准政府组织是指那些主要由国家出资、完全依靠公共财政举办的旨在为社会提供相关公共产品的事业单位。准政府组织介于公共部门与私人部门之间，承担着某些公共职能，具有半自治的性质，是公共伦理的重要主体。

非政府组织：非政府组织是独立于政府，承担社会公共事务管理的组织，大多数是非营利性的社会组织，包括院校、社区、学校、研究所、基金会、医疗保障机构、文化和科学技术团体等。

2.2.3　公共伦理的基本原则和规范

公共伦理的基本原则与公共伦理规范共同构成了公共伦理规范体系。公共伦理的基本原则为公共伦理的行为指明了总的方向。公共伦理规范是基本原则的具体化，它以公共伦理基本原则为指导，表现为对公共管理主体的具体要求。

公共伦理的基本原则包括两个方面：为人民服务原则和公正原则。为人民服务原则有着政治与道德的双重含义。政治上，为人民服务是中国共产党的根本宗旨，是规范共产党员的基本要求。道德上，随着社会主义市场经济的发展完善，“为人民服务”逐步发展为全体社会成员都应当共同遵循的道德规范，成为中国特色社会主义社会协调发展的重要指导思想；它以前主要调节政治生活领域中的各种关系，是一种行为准则，现在逐渐发展为调节社会生活领域中的各种关系，变成了一种道德规范[①]。这也表明，为人民服务的道德含义在今天得到彰显，成为一个普遍的、首要的、根本的原则。为了落实为人民服务的原则，必须坚持公平正义原则。社会主义公正原则是社会主义本质的体现，它要求在高度发达的生产力基础上消灭一切不公正现象，包括私有制、阶级、剥削、异化、奴役等，追求人与人之间的真正平等合作、社会共同占有生产资料、实行按劳分配的基本经济制度和切实保障人民权利的民主法制[②]。

公共伦理规范是公共原则的具体化。国家尚未制定相关的道德法对公

① 诸凤娟．为人民服务：从政治伦理到道德规范［J］．中国特色社会主义研究，2011（4）：65－68.

② 张二芳．社会主义公正原则探析［J］．马克思主义研究，2010（2）：65－71..

共伦理规范的具体内容进行统一的规定，但是公关伦理规范必须服从为人民服务原则和公正原则的精神与要求。高力（2012）将公共伦理主体的道德规范归纳为以下几点：政治坚定、忠于国家；勤政为民、秉公用权；依法行政、诚信务实；团结协作、开拓创新；清正廉洁、品行端正①。

透过“伦理”与“公共伦理”的内涵，可以看出，伦理与公共伦理是社会发展的必要因素，对伦理的建构也是完善公共管理的重要任务，可以有效规范社会管理主体的行为，保证公益事业的公正性。对于社会管理这个更为广泛的概念，伦理的重要性也不言而喻。研究伦理及公共伦理理论为研究社会管理主体间的契约伦理奠定了理论基础，也强化了确立公共伦理规范的必要性。

2.3 社会管理理论

社会管理是一种活动和过程，即政府、各类社会组织和社会公民个体作为管理主体，在一定的价值观念的基础上、一定的规章制度下、一定的法律框架下，对社会生产和生活等方面进行调控、协助和服务，从而创造一个充满活力的社会生态环境，进而加强解决社会问题与维持秩序，并最终促进社会的发展②。因全球各个社会处于不同的时空情景之中，每个社会都有着独特的文化传统，因此社会管理的内涵将更加复杂。

2.3.1 社会管理理论的起源与发展

从社会管理学的历史痕迹来看，可将社会管理学分为早期社会管理理论、现当代社会管理理论与新视角下的社会管理理论。

早期的社会管理理论可分为三类：①社会秩序和社会团结理论。法国社会学家奥古斯特·孔德（Comte，1842）作为社会秩序理论的奠基人，他认为社会是一个有机整体，在这个有机整体中社会的不同结构和要素相互串联，而并非相互孤立，整体结构同它的部分与要素之间存在一种“普遍和谐”的状态。为了使社会有机体各部分达到平衡与和谐程度，就要规范社会秩序，社会秩序是社会最基本的整体性特征之一③。法国社会学家涂尔干（Durkheim，1893）在社会学理论体系中的核心观点是社会团结，

① 高力．公共伦理学［M］．北京：高等教育出版社，2012.

② 周长城．社会管理［M］．北京：中国人民大学出版社，2016：4.

③ Comte A，Bourdeau M，Clauzade L，et al.．Cours de philosophie positive. 转引自：李丹，彭如良．孔德的社会秩序理论对我国社会建设的启示［J］．法制与社会，2008（11）：270－271.

他最早提出了“机械团结”和“有机团结”的概念，认为建立在“同质”基础之上的一种传统的团结方式是“机械团结”，是依靠“惩罚性”的社会规范，通过压制成员的个性来实现社会同质；“有机团结”则是建立在“分工”基础上的一种功能互补的团结方式，是通过维护和修补成员之间的依赖关系来实现社会团结，形成社会秩序[①]。②社会冲突理论。社会冲突就是社会不同群体围绕着群体、财富等稀缺资源相互对抗、相互分离的属性和趋势。社会冲突理论认为社会不变的特质是社会冲突，而社会变迁则是社会冲突所导致的结果。德国社会学家达尔夫·达伦多夫（Dahren dorf，1957）认为，社会结构是社会冲突的根源，尤其是社会中的权威结构，冲突主要是来源于社会中的权威和利益分配不均衡。达伦多夫认为“强度”与“烈度”可以被用来衡量社会冲突程度，团体在冲突之中所消耗的能量以及各方的卷入程度属于冲突的强度，冲突团体采取手段的激烈程度则是冲击的烈度[②]。③社会控制理论。社会控制最早是在《美国社会学杂志》中由美国社会学家罗斯（Ross，1896）首次提出，他把社会控制理解为一种社会统治系统，而这种统治系统则是由某种社会组织实施的、有目的、有意识的活动，划分为对意识的社会控制、对情感的社会控制和对判断的社会控制。其控制手段可分为两类：一是政府控制手段，以法律法规、宗教信仰、礼仪教导、教育辅导为主；二是伦理控制手段，以舆论暗示、社会理想、宗教信仰、行为艺术和社会评价等方面为主[③]。

现当代的社会管理理论也可分为三类：①福利国家理论。“福利国家”源于19世纪德国，福利国家是指由国家通过立法向全体公民提供公益事业和救济保险等福利的国家，保障和满足国民各种需要的一套社会管理理论[④]。其中心思想可分为三点——国家应当以福利国家为目标；为了实现福利国家的愿望则必须拥有强大的国家财政手段作为保证；福利国家能给全体国民带来福利[⑤]。此外，丹麦学者埃斯平·安德森（Andesen，1990）

---

① Durkheim E. The division of labor in society. 转引自：高丙中．社会合作与中国公民社会的有机团结［J］．中国社会科学，2006（3）：110—123.

② Dahrendorf R. Soziale Klassen und Klassenkonflikt in der industriellen Gesellschaft. 转引自：张卫．当代西方社会冲突理论的形成及发展［J］．世界经济与政治论坛，2007（5）：117—121.

③ Ross E A. Social control［J］. The American Journal of Sociology，1896，1（5）：513—535.

④ 刘丽伟．福利国家论析——以政治哲学为视角［J］．学术交流，2009（12）：54—57.

⑤ 唐铁汉．西方社会建设的基本理论及其演变［J］．新视野，2006（1）：30—33.

将福利国家分为三种模式，分别是“自由主义”“保守主义”和“社会民主主义”福利制度[①]。②公共治理理论。随着全球化速度加快和信息技术浪潮的推进，欧美国家的福利国家日显疲态，亟须改革社会管理模式。在这种压迫下，欧美国家的社会管理制度开始由“统治”向“治理”转变。公共治理理论核心是主张通过协商寻找共同目标的实现途径，进而建立合作关系并加强对公共事务的管理。公共治理理论的管理主体多元化，政府为主导的力量逐渐减弱，非政府组织力量的作用越来越大；政府的权力也逐渐缩小，公共管理格局不再是以前阶梯式的统治格局，而是逐步向自主化的网络化格局发展。③社会规制理论。20 世纪 70 年代产生了社会规制理论，该理论是对西方经济学界对于市场失灵、外部性问题等经济话题的回应。从本质上来说，社会规制的根本目的在于纠正市场失灵而导致的资源的无效率配置和不公平的分配，并在此基础上维持社会稳定，促进社会发展，实现社会总体福利水平的提高。

新视角下的社会管理理论可以划分为两种不同类型：①风险社会理论。德国社会学家乌尔里希·贝克（Ulrich Beck，1986）最早提出了“风险社会”（risk society）理论，该理论从风险角度出发，以新颖的社会结构形态视角对现代社会的变迁做出回应[②]。风险社会代表着一种全新的社会运作机制、社会定序原理即将成为社会运行的主导逻辑[③]。②“第三条道路”理论。“第三条道路”理论盛行于 20 世纪 90 年代的西方国家。冷战结束后，两极格局瓦解，西方国家的社会政治结构发生了巨大的变化。旧的左派教条不再适应社会的发展，新的右派思想理论也无法解决现实问题，只有“第三条道路”才能迎接新社会的到来。在经济领域则强调发挥新混合经济模式来产生最大化效益；强调市场力量在资源配置、产品生产和服务提供方面的有效性，以及政府的作用在于纠正市场偏差、建立公正税制和支持基础设施建设等方面。

---

① Gosta E A. The three worlds of welfare capitalism. 转引自：周长城．社会管理［M］．北京：中国人民大学出版社，2016：39.

② Beck U，Poferl A. Risikogesellschaft. 转引自：陈磊．“风险社会”理论与“社会建设”［J］．南京社会科学，2005（2）：43—48.

③ 成伯清．“风险社会”视角下的社会问题［J］．南京大学学报（哲学·人文科学·社会科学版），2007（2）：129—135.

2.3.2 社会管理的基本内容与原则

2.3.2.1 社会管理的基本内容

社会管理的目标是维系社会秩序正常运行，促进社会和谐。我国处于社会转型的重要时期，社会管理面临着严峻的考验，因此研究社会管理的特点和规律至关重要。本节从以下几个方面分析社会管理的基本内容。

（1）社会管理的根本目的

社会管理把维护和保障最广大人民群众的基本权利，全心全意为人民服务作为最根本目的。我国是社会主义国家的典型代表，人民群众既是社会管理的主体也是参与社会管理的客体，因此社会管理要尊重和保障社会成员的基本权利，其根本目的是促进社会个体的自主性与自我发展。

（2）社会管理的基本格局

党的十七大报告提出要“健全党委领导、政府负责、社会协同、公众参与”的社会管理格局与我国的基本国情和社会主义制度总体上相呼应。这一管理格局的提出，不仅明确了当今我国社会管理的主要内容和框架，而且对各个管理主体的角色进行了定位，对各自的职责和功能进行了划分。

党委领导，就是要发挥党委在社会管理格局中统筹与协调的领导作用，主要表现为顾全大局，在经济和社会发展中积极发挥核心作用，有力地实现社会整合。政府负责，积极发挥政府作用，强化政府社会管理的观念和公共服务的职能，建设服务型政府。在整个社会管理格局中，政府应当注重发挥在社会管理和公共服务中的分配作用，负责具体的组织管理事务。社会协同，就是要积极发挥各类社会组织的作用，加强政府和社会组织之间的分工、协作以及社会组织之间的相互合作，积极推动建设政府调控机制同社会协同机制相互联系、政府行政功能同社会自治功能相互补充、政府管理力量与社会协调力量相互交流互动的社会协同管理网。公众参与，就是要充分发挥社会公民管理的作用，引导公民依法、理性、有序参与社会管理活动。社会公众作为社会管理的对象，在社会管理过程中实现角色互换，不仅可以加强社会公众的角色认同感，更能加强对政府社会管理职能的监督①。

（3）社会管理的内容和范畴

社会管理面临不同时期存在的不同社会问题和管理任务。当前我国进

① 汪大海．社会管理［M］．北京：中国人民大学出版社，2013：132—135.

行社会管理所面临的任务是协调社会关系、规范社会行为、化解社会问题、解决社会矛盾、保障社会公正、回应社会风险、保障社会稳定等①。在社会管理过程中，既要注重协调人与人之间的关系，也要注重协调人与生态之间的关系，同时更要注重社会管理与各领域之间的相互合作，相互渗透，共同促进社会进步。

（4）社会管理的职能和任务

我国社会管理的现状决定了社会管理基本职能的划分：转变政府职能；由行政管理转向公共服务为重点；社会组织管理承担部分职责；政府可以适当下分权力，将部分权力放开，交给下级政府进行执行；在确定社会管理职能时，应当协调社会管理、社会经济与社会生态之间的关系，三者相互影响共同促进。

（5）社会管理体制创新的方向

加强建设社会管理，推动社会管理体制创新，才能激发社会活力，协调现阶段各方面的利益关系，推进社会有序发展。社会管理体制创新的目标和方向是着重突出为民的宗旨、利民的原则、便民的需要，强化法制意识和服务意识②。

（6）社会管理的基本方式

社会管理的基本方式是鼓励民众参与、共同协商协调、把管理赋予到服务中去。社会管理方式要从传统的“命令＝服从”单向的方式向新型的“管理＝服务”双向模式转变，实现各个主体间的民主协商决策、合作，透明化、法制化的管理方式，这样才能提高公民参与社会管理的积极性，为社会管理与社会发展共同努力。

2.3.2.2　社会管理的基本原则

创新社会管理模式必须正确把握社会管理的原则，这样才能保障社会管理体制的基本方向不变。完善社会管理原则既是社会管理的出发点也是实现社会管理创新的落脚点，必须坚持以下四个原则。

（1）坚持以人为本的原则

社会管理坚持的基本原则是以人为本。不论何时，以人为本始终是人类必须遵守的基本原则，这不仅体现了人的价值，而且能够体现社会的文

---

① 周长城．社会管理［M］．北京：中国人民大学出版社，2016：84－59.

② 王天玺，方建文，邹川宁．构建和谐社会理论研究与执政方略（下册）［M］．北京：中国言实出版社，2006.

明程度。创新社会管理最根本的目的是使群众满意，因为广大人民群众是社会管理的主体也是社会建设和服务的对象，是利益的最大受益者。坚持以人为本，就必须坚持贯彻落实党的群众路线，坚持人民群众在社会管理中的主体地位，发挥人民群众的首创精神。

（2）坚持统筹兼顾的原则

统筹兼顾是马克思主义世界观和方法论的指导思想，这一理论是在社会主义建设的长期实践中形成的科学思想方法和工作方法。统筹兼顾体现了唯物辩证法全面的、联系的、发展的观点，也体现了两点论与重点论相统一的原则①。社会变化的动态性与社会关系的错综性导致社会管理也兼顾动态性与错综性的特点。社会管理是针对全社会进行的管理和服务，它涵盖了社会的各个方面，是一项复杂、全面、覆盖广泛的系统工程。因此，必须坚持统筹兼顾原则，充分发挥各个主体功能，保证社会的整体进步，才能高效地进行社会管理。

（3）坚持服务优先的原则

社会管理的重心是提供服务，服务是为了解决社会问题，化解社会矛盾，满足全体社会成员日益增长的物质需要和精神需要。政府是公众利益的代理人，是社会资源的掌控者和支配者，具有重要的导向作用。社会管理要把管理体现在服务之中，权为民用、情为民所系、利为民所谋，实现依法管理、科学管理、人性化管理，使人民群众在日常社会生活中切实感受到社会管理服务的存在。政府作用对社会生活、社会事务、社会组织等具有重大的影响，在这种情况之下，我们必须坚持服务的原则，坚持党的执政方式，才能真正建立起以服务为核心的政府。

（4）坚持市场发展的原则

随着经济全球化、市场化，经济领域与其他领域的融合趋势愈来愈明显。坚持市场发展的原则，是为了能够不断加快经济建设和发展，从而推动整个社会的进步，实现社会管理的目标。市场的透明性、公平性，强调信息对称、公平竞争等标准，而这些标准也是社会管理所需要的，是构建服务型政府、创新社会管理方式所要遵循的准则。因此坚持市场发展的原则能规范社会管理的工作，也能让社会管理遵循自身的科学宗旨，有利于促进社会管理的健康发展。

① 庞元正．论统筹兼顾［J］．学术探索，2009（6）：31—40.

2.4 社会契约论

社会契约论揭示了契约在国家形成与社会管理过程中的重要角色，同时明确了在当前社会体制转型与市场经济发展的过程中，我国由“关系社会”转向“契约社会”的缘由及必要性。关于社会契约论的历史溯源与理论内涵、理论范式与实践形态的研究，有助于深化契约伦理及其相关理论的研究和探索。

2.4.1 社会契约论的溯源与内涵

2.4.1.1 社会契约论的历史溯源

社会契约论发源于古希腊，赓续于罗马、中世纪，勃兴于宗教改革，鼎盛于近代，式微于 19 世纪，复兴于 20 世纪下半叶。

社会契约论的思想渊源可追溯到古希腊。在古罗马悠久的法律文化传统中，罗马公法和私法通过制度和法律的形式，将古希腊自然政治学说注入理性因素，逐渐凸显平等和合意的理论地位。罗马公法包含了人民在与贵族争取权利过程中的一系列相关制度及法令，罗马私法诠释了契约的立约双方（或各方）在民事意义上的平等性，以及在合意基础上形成的权利义务联系。希伯来文化与基督教神学构建的宗教文化环境和封建准契约的社会结构是中世纪存在千余年的思想文化和社会基础。在此背景下，古希腊、罗马法的契约精神与基督教经典教义《圣经》中的“圣约”理念发生了碰撞与转型。在教权与王权的博弈中，以曼尼戈德和阿奎那为代表的教权主义契约论思想家，论证了国王与人民之间的契约，并以此作为反对暴君的根本依据。封主与封臣的契约关系是贯穿整个中世纪契约论发展的核心要素。虽然这种契约理论和后世的近代契约论还有相当程度的差距，但统治权力源自契约，契约约束权力、保护权利的思想具有深远的理论影响①。

文艺复兴和宗教改革是契约论繁荣昌盛不可或缺的坚实基础。在此期间，自然法理论从近代前的斯多葛主义自然法、罗马自然法和神学自然法逐渐向理性化、道德化与世俗化自然法方向发展。人文主义的复兴，促使人们用理性态度看待自身与环境，这一切都为冲破神学禁锢提供了可能。萨拉莫尼奥和阿尔色修斯为代表的思想家开始用契约论分析国家和政府权力的产生，并将统治契约与社会契约做出了严格区分，形成了近代社会契

① 韩晓捷．西方近代社会契约理论研究［D］．天津：南开大学，2012：1-2.

约论的雏形。

托马斯·霍布斯于17世纪在批判继承前人思想的基础上，开创了近代社会契约论的先河。其后的洛克、普芬道夫、卢梭等人从不同角度对社会契约理论的进一步丰富和发展做出了重要贡献。18世纪卢梭的《社会契约论》是近代社会契约论最终形成的标志。

2.4.1.2 社会契约论的基本内涵

契约，作为一个法律术语首先出现，政治义务与结成契约的一方所承担的法律义务之间存在相似性是社会契约或政治契约概念形成的先决条件。卢梭（Rousseau，1762）在《社会契约论》中将社会契约论阐述为这样一种理论：契约被用来证明政治权威的合法性，并用来对政治权威施加限制①。换言之，在这一理论中，政治义务被当作一个契约性的义务来分析。这一定义过于狭窄，不足以涵盖社会契约论的最新发展阶段，因此，迈克尔·莱斯诺夫（Michael Lessnoff，2005）在《社会契约论》中提出，一个合法的契约由一个允诺构成，但不单单是一个允诺，它还需要双方达成在法律上可强制执行的一个协议②。而社会契约论中所涉及的政治义务同样也是由允诺与协议构成，这个契约本质上是互惠互利的，是有条件的。

社会契约论认为，国家存在的理由在国家与公民之间的契约中可找到答案，公民让渡一部分自然权利给国家，国家就必须依照契约规定去保护公民的生命、财产和权利。若国家违背与公民间的契约，就是失德、不合法的，应当被推翻。

2.4.2 社会契约论的理论与实践

2.4.2.1 社会契约论的三大主要理论范式

社会契约论不同范式的划分，往往取决于它们所代表的不同权利观，而不同的权利观又依托其背后不同“权力”或“力量”的解读。霍布斯、洛克和卢梭是近代社会契约论的先驱人物，他们分别对自然法、自然状态和自然权利观念进行深刻的解读，并将其论证作为各自契约理论的逻辑起点，根据国家权力的不同来源，提出了专制主义契约论、委托型契约论与人民主权契约论。

---

① 卢梭．社会契约论［M］．何兆武，译．北京：商务印书馆，2003：23－24.

② 迈克尔·莱斯诺夫．社会契约论［M］．刘训练，李丽红，张红梅，译．南京：江苏人民出版社，2005：35－38.

（1）霍布斯的专制主义契约论

霍布斯的契约论是一种对参与其中的主体的个人权力完全放弃的形式，它造就了主权者——“利维坦”的模型，交出权力的人也都将必须臣服于这一“主权者”。霍布斯指出，通往幸福之路的关键一步是通过权力让与的路径实现的：每个人都把自己所有的权力和力量让渡给某个人或一个能通过多数意见而整合成的意志集体，至此形成了利维坦。所谓利维坦，就是相当数量的人相互订立信约，集体中的每人都对它的行为授权，以便它能按其认为有利于集体和平与共同防卫的方式运作集体力量。霍布斯的理论中，主权不受契约限制，主权者一旦产生，就具有绝对的、不可分割的最高权威，无论主权者以何种形式出现，它的唯一终极职责是“为人们求得安全”①。

霍布斯的社会契约论的目的与结论导向是对统治者的服从，而不再是萨拉莫尼奥、莫耐，甚至中世纪的曼尼戈德和阿奎那的反暴君理论。霍布斯关于主权者职责的思想充分表达了反对封建贵族专横暴虐，呼吁进行以满足资产阶级和新贵族利益为目标的政治改革。从客观历史上说，“利维坦”中的契约思想是在 16 世纪的欧洲反对封建君主专制的强大武器，因为其体现了资产阶级利益发展和强大国家的诉求。

（2）洛克的委托型契约论

洛克是第一个明确界定了国家为一个地域性实体，并且提出通过不可剥夺的自然权利（inalienable natural rights）观念来限制政治权威的契约理论家。他的个人主义契约论由于关于财产的自然权利，得以将国家的领土看作是缔约者已经拥有的土地的合并②。个人的生命、自由和财产权利是洛克契约论的核心要素，为抵制政治权威做出了重要贡献。

洛克认为政府制定法律是为了更好地保障及扩大人们的自由，而不是为了废除或限制人们的自由。政府是受人民委托的，是隶属和服务于人民的。政府的权力源自人民的信任，人民是国家形成的基石，只有人民才是国家权力的真正所有者。洛克认为，政府是人民在自愿条件下建立的，如若不想违背组成政府的初衷，政府的权力就不能无限制扩大，为此他提出了“有限政府”理论。他从确定政府的职责出发，认为“人民联合成为国家和置身于政府之下的重大和主要目的，是保护他们的财产。”政府的唯

① 斯宾诺莎．神学政治论［M］．温锡增，译．北京：商务印书馆，1997：214－215.

② 洛克．政府论：下篇［M］．叶启芳，瞿菊农，译．北京：商务印书馆，1997：61－62.

一目的“只是为了人民的和平、安全和福利”①。由此，保护人民的自然权利、生命权、健康权和财产权成为政府的明确责任，政府权力的行使绝不能以损害个人权利为代价。这样，个体的自然权利构成了对公民社会与政府的最终限制。

（3）卢梭的人民主权契约论

自由、平等及天赋人权是卢梭契约论的核心思想。从分析社会不平等的起源，卢梭得出了用暴力手段推翻封建君主专制的激进革命结论，他主张建立以社会契约为基础的，平等、自由的民主共和国，从而提出具有彻底反封建的革命精神的人民主权思想，要求法律可以体现人民主权及社会公意，强调用社会法治来代替君主专制统治。关于个人权利的让渡问题，他明确提出，要求人们无偿奉自己的权利是不合法的和无效的。这种权利的让渡当然是有条件的——共同体应代表全体人民的根本利益，符合人民的公共意志，社会契约的签订是为了实现公意。公意概念是卢梭提出主权在民这一撼动西方政治思想史的伟大理论的基石。人民赋予国家权力，只有人民才是国家真正的主人。因此，国家所做出的抉择及行动应符合公意，人民服从共同体实际上就是服从自己的理性，因为公意是按照人的理性原则确立的。国家的职责是执行公意，而主权是一种具有“普遍强制性的力量”的统治权力。在民主国家中，人民才是国家的主人。

综上，将社会契约论的三大理论代表人物的观点归纳如表2-1所示。

表2-1　社会契约论三大理论流派代表人物观点对比

主张＼代表人物	霍布斯	洛克	卢梭
普遍理性	自然	自然	自然
自然状态	战争状态	和平状态	黄金时代
“社会契约”的目的	安全	自由	平等
放弃自然权利的程度	全部	部分	全部
政治制度	君主制	君主立宪制	直接民主制
三权分立	无	主张“二权分立”	无

① 洛克．政府论：下篇［M］．叶启芳，瞿菊农，译．北京：商务印书馆，2000：80.

2.4.2.2 社会契约论的主要实践形态

在当代，“社会契约论”即为发现正义之法，体现为程序理性。近年来，“社会契约论”有从实质理性向工具理性转换的趋势，它主要体现在法治建设、契约结社、契约话语上。

（1）契约法治：国家建设与法治发展

近代西方政治哲学将国家建设作为重要内容进行探讨。这不仅仅是因为近代国家的兴起带来了社会进步与经济繁荣，更为深刻的原因是由社会契约论所证成的近代国家观从根本上改变了人们的政治思维。

社会契约论是政治和法律领域的重要部分。就政治领域而言，有学者结合商品和市场经济中的契约伦理，深入分析了契约精神在我国政治生活中的重要意义，论述了“社会合意”是国家权力产生的源泉，并认为国家权力保障公民合法权利及自由，宪法也应当确认“权利制约权力”“权力服务于权利”的理念。就法律领域而言，资本主义的扩张需要不断生产，致使各大经济集团之间相互签订契约，生产为合作提供了相应的经济和社会框架，法律便成为合作的产物。资产阶级为了自身发展，与封建势力展开权力争夺，并以自由、平等、主权的名义提出社会契约，随后逐步演变为稳定的政治和法律机制，成为劳动者与资产阶级进行合作的基础。

而现代社会契约最为显著的特征则体现在对法律程序正义的重视程度上。国家通过法律的制定，来体现社会的秩序、平等及自由，从而来约束并保障公民权益，使得人们挣脱封建仆从之身份关系的约束，从封建旧社会走向现代民主社会，大大促进了国家建设与法治发展。

（2）契约结社：个人与团体

个体在原始社会中以原子化的状态而存在，而社会契约成为让分散的原子集中的缘由。人们为保障自身权利，获得社会发展最大化，便让渡个人权利组建政府，由政府代行公意。而政府下设社团，人们通过不同公共性需求而缔结成不同社团，然后由社团作为受托人代理人，带着能使政府趋于代表公意的目的与政府交涉，从而大大降低个体所承担的沟通、交易成本。在社团内部，受托人与委托人之间的信托契约关系是社团运作的基础，社团作为受托人，须尽受托人的谨慎忠诚之义务①。总体来说，契约结社主要体现为中央与地方、政府与社团、组织与个人的契约关系。

① 郑少华，竹青．动态社会契约论——一种经济法的社会理论之解说［J］．华东政法大学学报，2004（2）：51—62.

每个人由于其复杂的社会关系，会形成一个复杂的契约关系网络，这种关系网络是动态的、可变换的。这种动态的社会契约关系决定了动态的社会契约法的协调模式，即形成“社会基准、团体契约、个人契约”模式。第一层次是宏观的协调层次，涉及社会基准，即普遍规范，在动态的社会环境及关系契约中强行规范、履行职责是其主要表现。第二层次是中观协调层次，涉及团体契约。如随着社会变迁及经济发展而调整劳动关系的集体合同，根据环境情况调整环保关系的章程、公约等。社会普遍规范在基准内，契约结社中的个体，其利益不仅要受到社团保护，同时个体也要履行社团规则。

2.4.2.3 契约话语：经济活动与个人权利

语言从本质上来说属于一种社会现象，语言使用的基础是可以达成社会意义。语言的形成及变化是根据所参与者之间的关系性质、根据人们在相互作用中所追求的社会目的等因素而发生的。早在中世纪，契约的政治话语模式便已存在，用于阐述封建领主与附庸之间的统治契约关系，适宜解释那种完全不对等的但又相互制约的网状权力结构形式；但这种统治契约的观念是凌驾于平等及民主之上的，真正的自由主义式契约话语是建立在平等、自由与人权的基础上的，因而没有分立而平等的个体观念，就不会产生真正意义上的社会契约论。

资本主义的发展和新的社会财富阶层的出现为社会结构及权力体系带来了巨大变化。德国学者桑巴特（Werner Sombart，1902）认为，在近代国家出现之前，财富和话语是属于统治阶层上层精英的，但近代社会，权力和话语权会随着人们的财富增长而增加①，这是一种“以身份为基础的确定的关系”转向了“以契约为基础的自由的关系”的观念的重大变革②。契约关系却是一种对等性的交换关系，它要求为商业发展和市民阶层提供一个更为开放的平台，构筑一个更为理性的权力体系。契约关系同时也是一种自由的权利关系，它强烈关注个人利益的实现及和个人发展的前景，它极度反对特权，崇尚个人权利③。

在经济活动中，订立契约是以双方自愿、平等为前提的，基于自身的

---

① 桑巴特．现代资本主义［M］．李季，译．北京：商务印书馆，1962：155.

② 奥斯特赖奇．新斯多噶主义和早期近代国家［M］//沈汉．西方社会结构的演变．珠海：珠海出版社，1998：155.

③ 林奇富．近代社会契约论的历史与逻辑［M］．上海：光明日报出版社，2010：63.

自由意志和民事行为能力经协商而达成合意，订立契约。契约精神是资本主义商品经济发展到一定程度的必然产物，它所形成的一系列原则和规范则体现了资本主义的本质精神。因此，近现代商业契约逐步打破了由上层官僚阶层所主导的话语体系，使得财富积累由封建官僚阶级转向更广泛的大众，在经济领域逐步迈向平等，体现了成长着的资本主义经济关系，在一定程度上，它将社会话语权分散，个人利益得到增长。

社会契约论认为国家的产生源自公民契约，而社会管理主体的公共权力来源于公民权利的让渡。对于社会契约论的相关研究，有助于明确契约的内涵以及契约关系在社会管理主体间起到的重要作用。因此，对于社会契约论的来源、内涵、范式、实践展开论述与分析，对社会管理主体间的契约伦理建构研究意义重大。

2.5 本章小结

本章重点论述了社会管理主体间契约伦理的四大核心理论，为本书的后续研究奠定理论基础。首先，简述了伦理的源起与内涵，以及伦理学中的契约观点；其次，从根源上探究了公共伦理的内涵，继而明确了公共伦理的主体、基本原则和规范；再次，对社会管理理论的起源与发展、基本内容与基本原则进行分析，论证了社会管理的根本目的就是要以人为本，坚持党委领导、政府负责、社会协同与公民参与；最后，对社会契约论的历史溯源、基本内涵、理论范式与实践形态等进行归纳总结，揭示了契约在社会管理过程中及管理主体关系间的重要性。

3　社会管理体制现状与契约伦理困境分析

在不同的政治、经济、文化背景之下，世界各个国家形成了不同的社会管理模式与格局，在当今社会，“小政府、大社会”已经成了社会管理模式的主要趋势。政府、企业、社会组织与社会公众作为社会管理主体共同参与社会管理。其中，政府作为社会管理的主导力量为社会管理的有效性提供制度保障，但在社会管理中难免出现因为利益失衡等原因而产生信用缺失、法律背离、暗箱操作等契约伦理失范的问题。本章从综述中西方社会管理特征出发，对现代社会管理中主体之间的契约伦理关系进行了梳理和剖析，并深入探讨了社会管理中各个主体的契约伦理困境。

3.1　中西方社会管理体制的现状

有效的社会管理是保障社会健康发展的重要基础，基于不同的社会制度、发展水平、民族传统和历史文化，各个国家有着不同的社会管理模式。对中西方社会管理的基本特征与发展现状进行分析，可以为本书的后续研究搭建现实动因的理论框架。

3.1.1　国内：以政府为主导的社会管理

基于我国的社会制度与基本国情，目前我国的社会管理表现为由政府主导，党和政府在社会管理中的领导地位不断巩固，核心地位突出。当前，我国正处于经济和社会转型时期，随着经济、行政体制等各项改革的不断深入，社会管理也面临着一系列问题。党的十八大报告进一步提出，要按照建立中国特色社会主义行政体制目标，深入推进政企分开、政资分开、政事分开、政社分开，建设职能科学、结构优化、廉洁高效、人民满意的服务型政府①。

企业在社会管理中的作用可以简单概括为：第一，作为营利性组织按

---

① 新华网．十八大报告（全文）［EB/OL］．（2012－11－19）．http：//www.baidu.com/link? url = Sn0cKKoHrrCKPU7fzRSZntpQCM － Dm5HusXuCx2S _ O10 － CR1nF8srM8 _ CnsWp9t04dhU53xjfF8oEWosv _ EOrEK.

照市场经济规则的要求，产生满足社会需求的产品与服务；第二，在从事生产经济活动的同时履行企业社会责任，在环境保护、员工福利、社区建设等领域发挥企业的作用。随着经济体制不断的改革深化，我国越来越重视有关企业社会责任的相关制度建设，企业作为社会管理主体之一，其社会责任也将持久推进。“当前注重社会责任建设，不断参与社会公益事业，越来越成为企业谋求做大做强的重要战略选择”[①]。目前，我国企业承担社会责任的意识也开始逐渐增强，同时积极尝试用多种方式承担各方面社会责任，但近年来仍然有许多企业履行社会责任的情况不容乐观。从2008年的“三鹿”奶粉事件、双汇“瘦肉精”事件到2016年3·15晚会曝光“用废钢料制造假牙”事件无不体现着我国企业在社会责任承担方面的现实问题。

目前我国的社会组织在公共服务职能方面为社会经济生活提供了极大的便利，无论是城市还是乡村，社会组织已经遍布社会生活的各个领域和各个层面，在中国的经济发展、人民生活、社会进步、文化繁荣、政治文明乃至精神文明等方面都发挥着积极的作用[②]。由于这些组织多有公益性、志愿性等特点，在筹款方面往往起到重要作用，这一点尤其体现在突发性公共卫生事件之中：在2008年的5·12汶川大地震中，据民政部统计，截至同年5月26日12时，国内外捐赠款物总计308.76亿元。其中，中国红十字总会到账19.29亿元，中华慈善总会到账4.95亿元。目前我国的社会组织的作用比较突出表现在教育服务领域以及医疗卫生服务领域——在教育服务领域中，非政府组织能够涉及政府没有办法全面顾及的教育服务工作中，基于不同服务对象特质提供针对性的优质服务，并且不断扩展其服务范围；在医疗服务方面，非政府组织通过成立公益基金会筹集善款以解决一些医疗保险覆盖力度不够却面临重大疾病救治问题的弱势群体。目前国家修订的《社会团体登记管理条例》，颁布的《民办非企业单位登记管理暂行条例》《基金会管理条例》等一系列法律法规，使得社会组织获得了蓬勃的发展生机。

公众兼备社会管理的主体性与客体性。公众有效参与社会管理，成熟的社会民主政治环境是前提条件和有效保障。中共十八大提出要完善基层民主制度，特别强调“要健全基层党组织领导的充满活力的基层群众自治

① 卢汉龙．新中国社会管理体制研究［M］．上海：上海人民出版社，2015：428.

② 王名．中国NGO的发展现状及其政策分析［J］．公共管理评论，2007（1）：132－150.

机制，以保障人民享有更多更切实的民主权利”。随着我国经济的发展和社会各项制度的不断完善，人民的公民意识也在不断觉醒与成熟，公民在社会管理中的主体地位也日益凸显。虽然我国公民社会正在不断发展壮大，公民意识进一步觉醒，但是由于我国的历史因素，公民参与社会管理的意识还需要不断加强，能力还有待继续提升。科学、有效的社会管理对参与群众的自身素质要求较高，虽然我国已经普及了九年义务教育，但是在一些偏远地区还是有相当一部分人受教育程度低，直接影响了其参与社会管理的诉求和有效性。

3.1.2 西方：社会各管理主体协同治理

社会管理，国外一般称为社会治理（social governance）、社会政策（social policy）或公共管理（public management or public administration）。20 世纪 80 年代，西方社会管理与公共管理领域出现了许多新理论，包括福利国家理论、新公共管理理论、新公共服务理论、治理与善治理论等。其中，福利国家理论强调国家为公众改善和提高公共福利是解决各种社会问题的关键所在；新公共管理理论提倡将私营部门的管理方法引入公共部门的管理中来，以增加公共部门的竞争性，达到提高管理水平和效率的目的；新公共服务理论认为公民才是国家治理的中心，强调政府的服务特性和公民的民主参与。这些理论在西方国家的社会管理中都产生了深远的影响。

在西方社会管理体系中，政府在制定与完善各项制度、调整相关法律法规与政策方面起到了非常重要的作用。完备、规范的管理体系是社会管理实现科学与高效的重要支撑，西方发达国家在政府支持下，大多具有相对完备的法律体系，这也是国外一些国家社会管理成功的关键。例如，美国在重大事故的应急处理上形成了以《国家突发事件管理系统》《美国联邦应急救援法案》等法律、条例、行政命令以及规程和标准为主的相对完备的法律法规体系；芬兰在社会养老福利方面就有《国家养老金法》《职工养老金法》《个体从业人员养老金法》等法律规范。此外，西方国家普遍强调在市场经济的基础上建立调控模式，合理分配国民收入、劳动报酬等，防止社会差距过大，并通过社会保障体系来加以调理。

企业承担相应的社会责任，在现代社会中不仅仅是参与公益回馈社会，也被认为是企业谋求发展的战略选择。2000 年，联合国启动了推进企业社会责任的“全球契约”计划，在欧美等经济发达国家的企业间得到了积极倡导和拓展，不断推进企业社会责任走向规范化。企业的社会责任除了保护社会自然环境、力行社会慈善之外，还涉及保证员工福利、提供社区服务等方面。与此同时，在履行社会责任、参与社会管理的过程中，企业也收获了社会回报的美誉度和经济效益，从而实现共赢。

社会组织在西方国家的社会管理中占据着重要位置，因其能够比政府提供更具创造性、高效性、贴合性的服务①。在美国，大约有 140 万个民间组织遍布全国各地，堪称数量最多、覆盖人口最广，有些针对公共服务，有些专门提供资金筹集的帮助，这些社会组织在科学教育文化、医疗卫生服务乃至解决社会就业等方面为公民提供了极大的便利与帮助。值得一提的例子是，奥巴马总统一上任就签署了管理和资助社会组织及志愿者的《爱德华·肯尼迪服务美国法案》。各国政府对社会组织也采取支持引导以及积极扶持的态度，“根据英国全国志愿组织联合会(NCVO)《2010年社会公民社会年鉴》统计数字，2007—2008 年，英国有公民社会组织共 90 万家，总收入 1570 亿英镑，带薪雇员数为 160 万人。在这种背景下，2010 年 5 月，英国政府提出并启动了‘大社会’(Big Society) 计划，把越来越多的公共服务功能下放民间”②。

在社会公众方面，为了提高公民素质，西方国家注重公民教育，主要体现在公民的道德教育和道德规范约束方面。公民有了良好的参与社会管理的素质基础，主体意识强，更容易提高公民参与社会管理的积极性，因此西方发达国家公民的自我管理和社区自治能力相对较高，对自主参与社会管理的意识也较强。除此之外，国家方面也采取措施鼓励民众积极参与到社会管理中来，例如美国，涉及社区建设的城市规划编制、土地使用法规制定都需要召开听证会，听取市民意见并由媒体向大众公布。公民能够在涉及自身利益的事件中参与进来并提出自己的意见，能够增强社会公众参与社会管理的积极性，提高公众参与社会管理的能力，以此弥补政府在社会公共服务中的不足之处，促进社会的整体和谐与稳定。

3.1.3 中西社会管理理念及特征对比

综上所述，目前中西方社会管理无论从理念上还是结构格局上都存在一些异同之处。

---

① 何增科．中国社会管理体制改革研究［M］．北京：法律出版社，2013：145.

② 何增科．中国社会管理体制改革研究［M］．北京：法律出版社，2013：146.

在社会管理理念方面。首先，中西方不同的政治文化背景衍生出了不同的社会管理理论。在西方，其社会管理的现代主流理论主要包括提倡将市场经济领域的治理机制引入公共管理领域的新公共管理理论，注重公民社会参与政府服务性质的新公共服务理论等；而中国目前的社会管理仍然受到许多传统社会管理思想的影响，如提倡德治与仁政的儒家思想、代表无为而治的道家思想、主张法治与术治的法家思想，不过在全球化的趋势下，当前我国的社会管理也受到了西方国家治理思想的影响。其次，在社会管理理念的认知层面，中国主要以伦理道德的理念认知为主，而西方则从维护个人自由与权利出发，强调实用与理性主义。最后，中西方在社会管理的价值理念方面存在差异。受传统文化的影响，中国的社会管理强调政府对社会的管控，而忽视社会多方的参与或是参与度不足，政府主导的全能主义仍然是当前主要的社会管理模式[①]。而西方则遵循自由、平等与民主的管理价值理念，政府如若在社会管理中违背了这些理念就相当于违背了与公民之间的契约关系。

在社会管理特征方面。首先，“小政府、大社会”是中西方社会管理发展的共同趋势。目前我国政府在社会管理中的领导核心地位始终不变，企业的社会责任将继续深入推进，社会组织蓬勃发展，而人民群众公民意识不断觉醒成熟；而欧美发达国家自 21 世纪以来，在社会管理方面一直非常注重政府与社会其他管理主体之间的合作，开展多元化社会管理，社会管理主体各司其职、协同管理。其次，构建服务型政府是中西方政府的共同需求与目标。20 世纪以来，在“新公共管理”运动、治理理论以及新公共服务理论等推动下，中西方政府都不断致力于提升社会管理水平，如我国政府不断加强社会管理职能以缓解社会矛盾，西方国家则不断推行政府治理范式的改革，从而为社会公众提供更优质高效的公共产品和公共服务。但是，中西方在政府公共服务职能建设方面仍然存在一定差距。例如，在社会福利方面，西方国家相比我国覆盖面更广泛：如欧洲的意大利、瑞典、丹麦、英国等国的医疗保险已达 100%，普遍建立了 11～13 年的义务教育制度；而我国的医疗保险覆盖率在 2016 年刚达到 95%，且医保质量也与西方存在一定的差距。

① 燕继荣．变化中的中国政府治理［J］．经济社会体制比较，2011（6）：135－139.

3.2 现代社会关系及社会管理主体间的契约关系

现代社会关系是在人类社会的发展进入到工业文明时代并伴随着工业文明的发展而建立起来的一种更加开放而复杂的社会关系形态[①]。伴随着科学技术的迅猛发展，人类社会实践与社会交往逐渐突破了地域、民族、国家的限制而走向全球一体化。与传统社会关系不同的是，现代社会关系是人类在社会分工专业化的基础上建立起来的。因此，对于社会管理主体来说，公众作为独立个体可以自由参与社会的各个场域，包括政治决策；企业基于高度分工与合作伙伴协同进行某一项或多项生产经营活动，为市场带来经济效益；社会组织基于一种或多种职能建立，为社区、公众等提供公共服务；政府作为核心管理主体主要负责社会生活的统筹和协调。各个主体虽具有不同的分工，但也存在一定的交叉关系，相互联动，共同完善社会管理。而与这种高度复杂的、专业化发达的社会关系密切联系的就是现代契约关系。

现代契约关系相对于原始契约关系而存在，在原始契约关系中，当事人之间除了单纯的物品交换之外不存在任何关系，而现代契约关系是一种关系性契约，这个契约不只是一次性的交换，而是涉及种种关系[②]。从这个层面上进行探讨，现代契约关系包含这样几个要素：①可度量性和精确性，在现代社会，劳动可以用小时、金钱甚至情感加以度量，而现代技术的发展导致了产品和服务的高度专业化，这也导致了在现代关系性交换中，要求更高的精确性；②契约性团结，或者说使契约中交换能够进行的社会团结，一部分来源于契约内部的关系网，另一部分来源于社会契约法的约束；③计划，如当事人对未来关系的计划、纳入新成员的计划、罗列契约条款的计划等；④共有和分担利益与负担，大多数的现代关系都既分担利益与负担，又共有利益与负担，如雇员在公司既拿薪水、承担一部分工作，同时又要与公司共担利益损失甚至因此失业的风险；⑤责任，责任既来源于关系本身的互惠原则，又来源于为关系运作提供结构条件的外部社会；⑥可转让性，即契约关系的可让渡性，例如企业 A 将旗下的公司 B 卖给了企业 C，那么雇员原来与公司 B 签订雇佣关系也一并转让给了企业 C；⑦态度，包括对利益冲突、契约统一性等的认识；⑧权力、等级和命

---

① 张治库．现代社会关系视阈下人的发展研究［M］．北京：光明日报出版社，2010.

② 麦克尼尔．新社会契约论［M］．雷喜宁，潘勤，译．北京：中国政法大学出版社，1994.

令，在做出承诺和遵守承诺之间往往会存在单方面的权力，如顾客在餐馆吃了过期食物而生病则有权力通过消费者相关法律寻求赔偿；在承诺未履行期间，谁有权力要求履行，谁就处在命令地位，因此现代契约关系在某种程度上也存在一定的等级。

在社会历史演进的过程中，西方各国以资本主义的方式使社会关系率先进入了一个契约化的时代，而中国作为一个有着不同文化传统的东方大国，正在以社会主义的方式进入契约化时代。无论是哪一种方式，其根本目的都在于提高社会管理的效率，并且使社会管理主体之间达成平等的关系。政府、企业、社会组织、社会公众等社会管理主体间有着一定的契约关系，这些契约或通过协商订立，或根据约定俗成，表现为显性的正式契约或是隐性的非正式契约。正式契约主要指代有第三方支持的、明确规定的契约，如法律、合同等；非正式契约则主要指代约束人们行为的习俗、规范、关系、声誉等。社会管理主体之间基于各自的利益立场在相互合作中形成契约关系，伦理性的契约有助于达成合作共赢，实现正常有序的社会管理。我国是典型的以政府为主导的社会，政府与其他社会管理主体的协同治理对于公民社会的形成有着极大的促进作用①，在创立和巩固这种合作机制的同时，公民社会的发展能够对公民的民主、法治观念起到促进、培养的作用，从而推动政府在社会管理中实现善治，使社会管理主体呈现多元化发展，而不是再由政府单独承担。然而，社会管理主体多元化在提升社会管理的科学性和有效性的同时，也使得各个主体间由于利益失衡而产生矛盾激化，造成了一系列的契约伦理困境。

3.3 政府社会管理的契约伦理困境

我国目前已经形成了以政府为主导的社会管理体系，因此本节主要针对政府展开，借助理论与案例具体分析政府在社会管理过程中出现的契约伦理困境及其表现。

3.3.1 政府与其他主体的委托－代理模式

改革开放以来，我国进入了从计划经济向市场经济过渡的转型期，经济体制的转变对政府管理模式提出了新的要求。市场经济体制的建立、健全和发展，内在吁求并必然孕育、催生出一个与之相适应的法治社会，这

① 谢远学．中国公众参与社会管理路径研究［D］．武汉：华中科技大学，2014.

种社会就实质而言乃是一个高度理性化（以契约、自治等为鲜明特质）的“市民社会”①。市场经济下的市民社会是一种自由交换、自由权力的社会，体现权利的平等和意志自由，即“契约”的精神。

市场经济和市民社会的发展使得传统社会治理模式的弊端开始显现。20 世纪 70 年代以来，“新公共管理”运动在英国展开，盛行于其他西方国家，也为我国政府所借鉴。“新公共管理”是一种现代化的公共管理契约框架，其包含两大核心理念——交易成本理念强调了在交易时如何选择合适组织的信息成本的作用；而委托代理理论则分析了契约双方目标有分歧时产生的问题，以及双方的信息不对称等问题②。政府通过签订代理契约将商品与劳务及提供公共服务等责任委托于各部门，实现社会管理中政府运行的多层“委托一代理”关系，如表 3-1 所示。

表 3-1 契约型政府中的委托－代理关系③

委托一代理关系	委托人	代理人	契约类型
第一层	公民	政府或国家	代理契约
第二层	政府	政府雇员	代理契约
第三层	政府	承包商（私人部门或公共部门）	交易契约
第四层	首席执行官	赛局参与者	交易契约
第五层	政府	首席执行官	代理契约

代理人的目标与委托人所追求的目标有所不同，在契约签订履行过程中存在利益的竞争与博弈。同时，在我国市场机制与非市场机制共同作用的特殊环境中，契约双方存在信息不对称问题。此外，公共活动的产出无形且难以计量，这使得签约、监控和履约的过程难以把控，导致契约框架下的公共管理过程具有很强的不确定性。这些原因致使机会行为产生，构成了契约伦理困境。若将政府、政府雇员和首席执行官视为整体，政府与其他社会管理主体的契约伦理困境主要体现在其与公众的代理契约关系中，以及与承包商的交易契约关系中，如图 3-1 所示。

① 袁祖社．市场经济、“法治社会”与中国特色契约文化建设［J］．北京师范大学学报（人文社会科学版），2012（2）：134—140.

② 李银珠．西方新公共管理理论的契约框架：借鉴与启示［J］．当代财经，2005（12）：60—65.

③ 简·莱恩．新公共管理［M］．赵成根，等译．北京：中国青年出版社，2004：172—190.

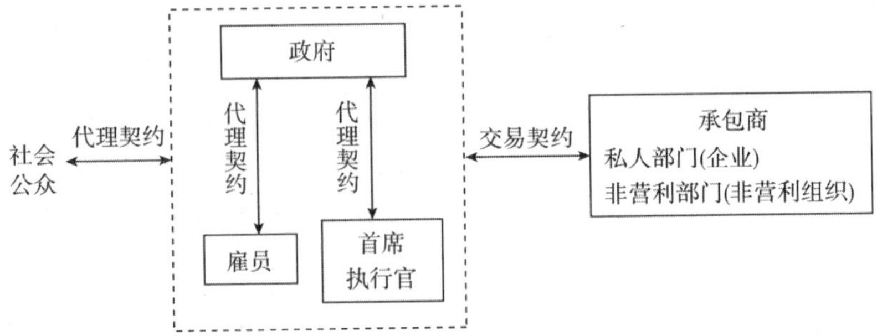

图 3－1　政府与公众和承包商间的契约关系

3.3.2 政府与其他主体的契约伦理失范

由图 3－1 可以发现，政府与公众间的伦理困境主要存在于建设服务型政府的实践中，表现为行政价值取向的偏差、公平正义的忽视、服务意识的缺失、责任意识的匮乏以及公众参与度不足等方面。政府与企业以及其他非营利部门之间的契约伦理困境表现为腐败制度化、官商不分、政企合谋等。

3.3.2.1　行政价值取向偏差

政府的角色应是“人民的公仆”，其价值核心应是公众的利益。但是在实际的社会管理中，受到传统行政模式的影响，一些政府官员的思想中仍然存在着“官本位”和“权力本位”的错误观念。“官本位”和“权力本位”是我国传统文化中的糟粕，阻碍了我国政治、经济、文化、社会的发展，扭曲了公众和政府的地位，制约着我国的民主化进程，构成了政府与公众间的契约伦理困境。于洪生（2013）对“官本位”现象的调查结果表明：有 91.53%的调查对象认为目前党政机关官员的特权现象非常或比较严重，职权滥用、热衷于利用公款挥霍、追求奢侈豪华、贪图安逸享乐等行为屡见不鲜①

案例：2016 年 9 月，中央纪委通报了 5 起中管干部违反中央八项规定精神问题。5 人之中 4 人为省部级高官，问题涉及接受宴请、公款旅游、出入私人会所、违规使用公车等。2016 年以来，至少有 4 名落马高官存在违规出入私人会所等问题：中共中央台湾工作办公室原副主任、国务院台湾事务办公室原副主任龚清概被通报违规出入私人会所，挥霍浪费公款；国家统计局原党组书记、局长王保安频繁出入高档酒店及高消费娱乐场所……

① 于洪生．现阶段我国“官本位”现象的调查与分析［J］．领导科学，2013（2）：11－15.

3.3.2.2 忽视公平正义

社会“公平”意味着社会成员有着平等的权利和义务，强调权利和资源在社会成员间的平等分配。社会“正义”则要求社会对处于最不利状况下的社会成员给予关怀和保障。随着社会制度的不断完善，社会公平和正义得到了更好的满足，但收入分配不公、教育资源分配不公等现象仍然存在。而政府作为社会管理的主体，往往把效率作为衡量工作业绩的唯一标准，忽视了公平正义的价值观念，这与公众的利益和非政府组织的伦理特质相违背。

案例：《2015中国农民工调研报告》显示，2015年全国进城务工和在乡镇企业就业的农民工总数超过2亿人，广泛分布在国民经济的各个行业，同时也面临着一些问题：工资偏低，拖欠工资现象严重；劳动时间长，安全条件差；缺乏社会保障，职业病和工伤事故多；培训就业、子女上学、生活居住等方面存在困难，经济、政治、社会权益得不到有效保障。这些问题引发了不少社会矛盾和纠纷，也引起了社会各方面的广泛关注。

3.3.2.3 服务意识缺失

在长期管制型政府执政模式下，政府往往是单向地输出公共权力，政府及其人员的管理意识被强化，他们忽视了人民群众当家做主的基本观念与为人民服务宗旨的基本意识，将自己定位为管理者，在履行职责过程中漠视公众需求，随意玩弄权力①。此外，部分公务人员在工作中“只对上级负责，不对群众负责”，处理公众问题时懒散拖延、工作效率低下、态度敷衍、推卸责任。这种现象与公众的利益诉求相违背，不符合建设服务型政府的要求。

案例：2013年，北京市朝阳区市民发现，在当地政府办事大厅如果赶上工作人员的午休清场，所有办事群众都会被保安轰出，大厅里有空椅却不让坐，办事群众要在路边干等一个半小时。此外，政府办事窗口人员缺乏耐心，办事手续复杂烦琐、效率低下，部门间遇事相互推诿、责任不明，评分系统成摆设等问题十分常见。此外，在电子政务十分普遍的今天，政府网站也存在着服务意识缺失的问题。中国软件评测中心发布的报告显示，各地方政府网站回应关切方面仍处较低发展水平，在懒政思维下，“服务窗”变成了“装饰窗”，仅仅成了政府绩效邀功的工具。

---

① 赵春龙．我国服务型政府建设的伦理困境及出路［J］．天津市经理学院学报，2014（2）：8—9.

3.3.2.4 责任意识匮乏

公众与政府之间存在委托—代理的契约关系，政府的公共权力是公众赋予的，政府在行使其公共权力时，应对公众负责。但在实际操作中，由于政府拥有庞大的官僚体制和内在权力，而群众却处于孤立无援的分散状态，两者在契约关系中实际上存在着强大的地位差异，作为授权者的群众往往处于弱势地位，这就给予政府违背其初衷、偏离公共行政责任方向的机会①。此外，由于信息不对称，政府处于一种高道德风险的状态之下，表现出集体失职、推卸责任等行为。

案例：根据我国相关法律的规定，地方人民政府负有发展经济和保护环境的双重责任，应处理好经济发展与环境保护的关系。但近年来，如2004年沱江重大水污染事件、2005年的30个大型违规建设项目、2006年甘肃徽县血铅超标事件等事件均反映出了政府的监管不力与推卸责任。又如江苏省仪征市某些化工企业长期违法排放致畸、致癌、致突变的“三致”废水，遭到当地官方和民间人士的多次举报，但因有关企业是当地利税大户，当地政府对群众的强烈反应置之不理。

3.3.2.5 公众参与不足，监督不力

我国的公民社会发展还不够成熟，公民的力量薄弱且相对分散，在社会生活的许多方面仍然依赖于政府，难以形成对政府的有效制约和监督。基于我国服务型政府建设的不完善与政务公开的不全面，公民对“服务型政府”了解并不全面、参与意识也不高，许多公民对政府依旧存在非常强的依赖心态。而政府则是埋头搞建设、拼政绩，缺乏公民参与机制的建设，也没有给予公民实质性的实惠，因此造成了“政府热、公民冷”的现象②，进而出现政府与公众之间的伦理困境。

案例：许多政府部门服务窗口都设有意见本，以便公众向政府提出意见。但一些意见本早已形同虚设，或是成了“摆设”，或是成了“表扬本”甚至被“隐藏”，原先的监督意义无从谈起。一些政府服务部门的工作人员表示，个别群众不珍惜自己的权利，随意破坏，把意见箱当垃圾箱，把意见本当试笔本，是导致意见本形同虚设的原因。在这背后还有更深层次的原因：意见本只是“软任务”。对于许多政府部门来说，在评奖评优或

---

① 孙彩红．政府责任缺失的理论阐释［J］．学术论坛，2005（1）：40—41.

② 赵春龙．我国服务型政府建设的伦理困境及出路［J］．天津市经理学院学报，2014（2）：8—9.

者晋升的时候，会有工作业绩、领导意见、发表论文等各种考核指标，但是很少将群众评价作为评价标准。这种现象折射出政府对于公众参与和监督的忽视，以及公众维权意识的不足。

3.3.2.6 官商不分、腐败制度化倾向

官商不分是伴随着“官本位”思想而出现的不良现象。现行政策禁止官员参股企业或经商，但这种现象却依然屡见不鲜。政府官员凭借身份的特殊性，在经济活动中进行暗箱操作、借权揽财、权力变现，为谋取个人利益而严重损害了社会公平与正义，加剧了腐败制度化倾向。官员利用职权和便利条件，制定表面公平而实际上只符合自身利益的制度，则是对社会公平的进一步破坏。官商不分和腐败制度化倾向，是政企关系扭曲的表现之一，也是政府所面临的契约伦理困境。

案例：曾经的中石油天然气集团一把手与国务院原国资委主任蒋敏洁，在 2015 年因收受贿赂、滥用职权等，被一审判处有期徒刑 16 年。据悉，其在担任中石油的主要领导期间，违反了作为公职人员的基本规定，收受贿赂以帮助他人获得了 9 个油气田区块的合作开采权，从而帮助他人获得非法利润 30 余亿元，使得国家财产遭受重大损失。

3.3.2.7 政企合谋

政企合谋主要表现为地方政府与企业之间的勾结。中央政府对地方政府内部运行机制并不能完全掌控。在这种情形下，企业为追求利益最大化，向地方政府行贿以寻求规制的放松。一方面，企业扩大生产可以帮助地方政府更好地完成经济指标，获得中央政府认可并借此获得晋升指标；另一方面，企业对官员的贿赂也可满足官员私欲。政企合谋是我国区域经济高增长，但工业事故高发、环境污染严重、企业逃税漏税等现象高发的重要原因之一。

案例：聂辉华教授于 2011 年所做的另一项关于政企合谋与矿难的实证研究表明：1995—1997 年，当中央政府管理国有重点煤矿时，政企合谋没有对煤矿的死亡率产生显著影响；1998—2002 年，当省级政府管理国有重点煤矿时，政企合谋则显著地增加了煤矿死亡率；2003—2005 年，当国务院对负责煤炭安全监察的国家安全生产监督管理总局和国家煤矿安全监察局直接负责时，地方政府与煤炭生产脱钩，政企合谋的影响变得不显著①。

① 聂辉华，蒋敏杰．政企合谋与矿难：来自中国省级面板数据的证据 [J]．经济研究，2011 (6)：146—156.

以上说明地方政府和企业之间的合谋是导致中国经济的高增长率和高事故率并存的重要原因，是政府和企业之间非伦理的契约行为。

3.4 其他社会管理主体契约伦理困境

政府、社会组织、企业与公众作为社会管理主体共同参与社会管理时，不仅需要法律和制度保障，也需要在整个社会建立契约价值规范、完善契约伦理制度、塑造契约伦理精神。然而，很多时候社会管理主体会由于各种利益关系失衡陷入契约伦理困境，表现出契约伦理失范行为。本节主要分析除政府以外，其他社会管理主体的契约伦理困境。

3.4.1 企业的契约伦理困境

詹森和麦考林（Jason& Mcglaughlin，1976）将企业性质定义为“一系列契约的联结”①，认为“企业的职能不过是为资本、劳动等各种要素的个人所有者之间、产品供求者之间的契约关系提供有关联结点”②。唐纳森（Danaldson，1982）针对企业应当负有什么样的责任构造了一种社会契约。张五常（1983）在其《企业的契约性质》一文中进一步指出了企业契约与市场契约的一致性与区别③，认为企业不过是以要素市场的交易契约代替了产品市场的交易契约。

当前，我国正处在社会转型时期，企业管理模式转变不仅体现为法制的变革，更体现为契约伦理理念的变革④。对于社会管理活动，契约伦理不仅有制度规范的伦理价值，而且能够成为各个主体价值优化的内在动力。企业与社会之间始终存在着社会契约，反映了企业与社会之间的各种关系。企业作为社会管理主体之一，在参与社会管理时与其他社会管理主体间的相互关系实际上就成了一组复杂契约系统的均衡关系⑤

企业契约伦理从三个方面实现社会主体间公共和谐治理的伦理转型：就价值理念而言，企业契约伦理倡导的自由、平等、诚信、责任、协作等核心理念成为公共和谐治理的基本追求；就制度保障而言，企业契约伦理作为制度伦理是法律与道德、法治与德治的有机统一，为企业作为社会管

① 陈宏辉．企业的利益相关者理论与实证研究［D］．杭洲：浙江大学，2003.
② 刘志坚．企业性质与企业的契约责任［J］．学术界，2007（3）：219－223.
③ 林军．企业社会责任的社会契约理论解析［J］．岭南学刊，2004（4）：71－75.
④ 韩晓捷．西方近代社会契约理论研究［D］．天津：南开大学，2012.
⑤ 刘长喜．利益相关者、社会契约与企业社会责任［D］．上海：复旦大学，2005.

理主体实现公共和谐治理提供制度的价值力量；就实现目标而言，“契约伦理不是限制自由而是创造自由，因为在契约的界域内，自由意味着不受他人的束缚和强暴，不受绝对的、任意的权力约束”①，从而激发企业作为社会管理主体实现公共和谐治理的内在活力。

3.4.1.1 企业与其他社会管理主体

企业的契约性质认为，企业中包含着契约各方之间建立在意愿基础上的必须兑现的各种承诺。然而，由于任何契约都不可能是绝对完善的，有许多契约关系没有明确规定出的漏洞及边缘地带，都需要企业以及其他契约主体依靠诚信进行互相弥补。

企业与其他社会管理主体间的契约关系，体现在企业供应、生产、销售等多个环节——企业与政府的契约关系，即政企契约关系在于企业与政府相互影响、相互作用的关系。改革开放以来，随着市场经济体制的逐步确立，政府不再是市场的绝对管理者，而是运用行政指导这一管理方式管理企业，引导企业经营及企业进出市场，给予企业支持与帮助以达到资源的合理配置；企业与公众的契约关系体现在运营过程中，有意识、有计划地与社会公众进行信息双向交流及行为互动的过程，以增进社会公众的理解、信任和支持，达到企业与社会协调发展的目的。企业与公众的契约关系又分为企业内部契约关系和契约外部契约关系，企业内部契约关系体现在企业与员工、领导、股东的契约关系；企业外部契约关系，体现在企业与社会公众的关系，即企业与顾客、社区、新闻界、供应商、政府部门、竞争者、社会名流等的关系。企业与社会组织的关系体现在企业与社会组织的竞争与合作关系上。综上所述，企业与其他社会管理主体间的关系如图 3-2 所示。

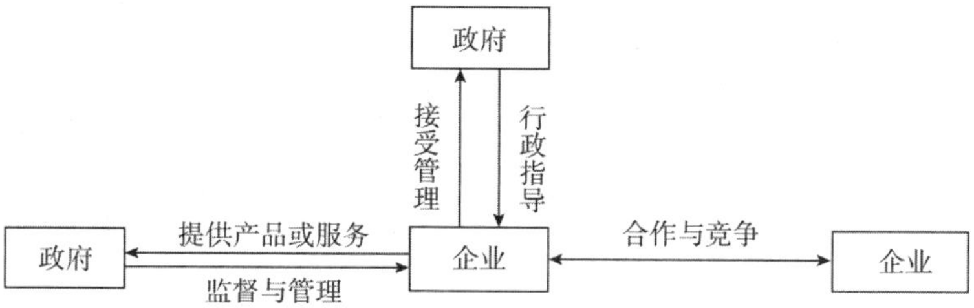

图 3-2 企业与其他社会管理主体间的契约关系

① 洛克．政府论：下篇［M］．叶启芳，瞿菊农，译．北京：商务印书馆，1983.

3.4.1.2 企业的契约伦理困境

契约伦理作为一个道德价值系统和一种社会资源，如果契约主体在进行某种行为时违背了契约伦理，往往会使得该契约主体陷入契约伦理困境。根据上一节总结出的企业与其他社会管理主体间的关系，可将企业伦理困境分为以下几种。

（1）企业与政府间的契约关系失衡

企业与政府间的不平等契约关系可能引发政府政策的不透明，官员深度干预微观经济，引发官员与商人间的利益共谋。从中国的反腐数据看，在2000—2014年这15年的795个副厅级以上贪官案例中，有大约95%的贪腐官员与商人贿赂相关。商人与官员在金钱、物质等方面的交换构成了当代贪腐的标准模式。例如，国家发改委原副主席刘铁男利用职务便利为山东南山集团有限公司提供项目审批的便利，收受贿赂3500多万元人民币。

（2）企业与公众间的契约关系失衡

企业与公众的契约关系失衡又分为企业内部契约关系失衡和企业外部契约关系失衡。契约内部契约关系失衡涉及的主体有股东、领导层、员工等。企业在进行社会管理时，会形成“股权至上”的理念[①]，这就无疑决定了企业要对为企业提供了主要财务资本的股东负责，无法均衡地对待所有利益相关者，进而使得企业中某些人的利益受到威胁，造成企业内部契约关系失衡。

企业外部契约关系失衡主要涉及的主体有消费者、新闻界、供应商、竞争者、社会名流。企业与消费者的契约关系是企业最重要的契约关系之一，这是由企业的经营性质所决定的。企业与消费者不仅仅存在经济利益关系，同时还存在广泛的信息交流、情感沟通等多方面的契约关系。企业在生产销售环节存在隐瞒消费者实情的行为破坏了企业与消费者之间建立的契约联系，从而导致企业与消费者的契约关系失衡。频繁的企业外部契约关系失信，不仅会给众多的社会公众的身心造成严重的伤害，而且破坏市场正常秩序，威胁社会的稳定。[②] 例如2011年3·15曝光的双汇“瘦肉精”事件，就体现了企业为追求自身的利益对公众利益的漠视。

---

① 李丰团，索建宏．基于契约理论的企业社会责任解析［C］．中国会计学会2011学术年会论文集，2011：8.

② 管洪博．食品侵权损害多元化救济机制研究［D］．长春：吉林大学，2013.

(3) 企业与社会组织间的契约关系失衡

企业与社会组织的契约关系主要是指企业与企业所在地居民及其社区组织间的关系。企业帮助协调社区关系，与社区组织增进了解，维护社会环境，支持社区公益活动，促进社区繁荣。在一种以道德行为基础为依托的契约合约中，交易和合作往往是依靠信义而不是昂贵的法律限制来保证的。企业较低的道德行为觉悟会导致更多的机会主义和逃避主义，减少其他社会管理主体及企业利益相关者对企业的信赖，进而导致更低效的社会管理模式，增大管理的物质成本和时间成本。例如，2014 年新京报揭露内蒙古腾格里工业园和宁夏中卫工业园区的一些化工企业将污水池建在沙漠中，严重影响了周围社区的环境，使得社区社会组织正常公益活动无法正常运作，阻碍社区繁荣。

3.4.2 社会组织的契约伦理困境

本节中所探讨的社会组织，主要指以非政府组织为代表，由国家委托其行使部分权力，以社会的公共利益为目标，向社会提供公共服务的非营利性社会组织。这一类组织是非政府性的，独立于政府，立场来自于民间而不是国家；具有非营利性质，以公共利益为目标，向社会提供公共服务；有完整的组织机构，形成了独立的管理体制，在管理上、财政上脱离政府，且不具有政党性和宗教性，区别于政党组织和宗教组织。

在我国，社会组织与其他社会管理主体间存在着多样化的契约关系。第一，社会组织与社会公众之间存在着志愿与服务的契约关系：社会组织扮演服务社会公众的角色，向公众提供部分非垄断性的准公共物品和准私人物品，其运行资金主要由志愿途径开展公益活动筹得。第二，社会组织与政府之间存在着政府主导下的协作与管理关系：社会组织弥补了政府和商业组织间的服务空缺，是对政府社会管理职能的延伸。政府对社会组织持“既鼓励发展又强化行政管理与政治限制”的态度，既委托其权力和责任，又对其进行严格的管制。第三，社会组织与企业之间存在着价值标杆与监督合作的契约关系。例如，一些非政府组织致力于社会中发生的环境污染、劳资纠纷、动物保护等相关问题，对政府和企业的政策和活动发挥了巨大的杠杆作用①，如图 3－3 所示。

---

① 樊帅，田志龙．企业与非政府组织的关系：态度与策略［J］．商业研究，2006（24）：6—10.

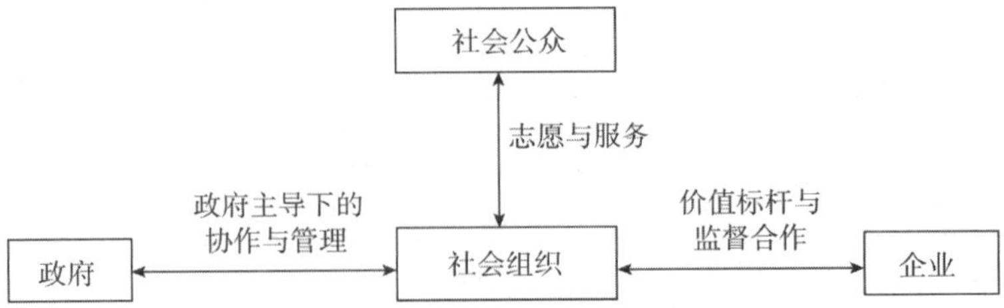

图 3-3　社会组织与其他社会管理主体的契约关系

在实际工作中，社会组织往往处于一种较为尴尬的伦理境地。第一，合法化困境，许多社会组织不具有合法身份，在与政府和企业合作进行社会管理时可能会采取非理性的行动，陷入伦理困境；第二，独立性丧失，我国社会组织与政府之间仍然存在暧昧关系，不少非营利组织由于自身实力不够，依附于政府，官僚作风严重，违背了其作为社会管理第三部门的独立性原则；第三，服务的排他性局限，社会组织虽然建立在公众利益基础上，但往往代表着特定行业、特殊群体的利益，而忽视了其他群体的利益，甚至有损其他群体的利益；第四，信任危机，由于我国近年来社会组织较为频繁地出现谋取私利、侵吞善款、贪污腐败等现象，使得公众对为其提供志愿服务的热情有所减退。

3.4.2.1　合法性困境

我国的法制环境限制了社会组织的合法性地位，使其陷入合法性伦理困境。在改革开放以前，国家控制了大部分的社会资源，“官本位”的思想深深地影响了各种社会组织。改革开放后，国家进行了政治体制改革，政府将部分权力转交给其他社会管理主体，社会组织被赋予了新的生命力。但政府的放权需要长期适应，政府对于社会组织的管制仍然十分严格。与此同时，社会组织政治作用的日益增强被其他政治行动者视为挑战，他们质疑社会组织有什么权力在政策制定中要求发言权？有什么权力要求被当作是一个合法的行动者？凭什么把自己看作人民的代言人？[①] 在这样的政治环境下，社会组织很难获得合法性地位。因此现阶段我国存在着两种社会组织类型，一类是国家承认的，体制内部的社会组织；另一类是难以被法律认可的，体制外的“草根社会组织”[②]。“草根社会组织”力

① 李建华，朱伟干．论我国非政府组织发展的伦理使命［J］．马克思主义与现实（双月刊），2011（1）：172－179.

② 周玲．中国草根非政府组织的合法性危机与治理困境及应对策略探析［J］．重庆大学学报（社会科学版），2009（2）：97－103.

量较弱，无法通过制度途径向政府表达特定诉求，因此有时会采取违背契约伦理的非理性行为。例如，为了向政府表达特定群体的诉求，某些“草根社会组织”采用“半合法”化手段，制造干扰社会秩序的话题事件，向政府官员发出信号。

3.4.2.2 独立性丧失

不同于独立性较强的“草根社会组织”，体制内部的社会组织存在着过度依赖政府的现象。我国很多体制内社会组织是在政府财政支持下建立的，或者直接由政府部门脱离而来，其负责人多由政府官员兼任。这一类社会组织往往缺乏独立的组织管理和协调能力，一旦离开政府扶持便难以发挥效用。在这种不正当的契约关系下，社会组织的行动很容易被政府控制，成为地方政府或官员牟利的工具，违背了社会组织与政府和公众之间的契约伦理。

3.4.2.3 服务的排他性局限

社会组织的服务对象常常局限于特定的利益群体，表现出排他性，与其推进社会公平与正义的目标相违背。在我国民间基层社会，绝大多数社会组织代表的是特定行业、特定群体的利益，这是社会组织取得民间合法性并能够生存发展的社会基础，但同时这也体现了社会组织的伦理局限性，使其公益性大打折扣。有些社会组织对于特殊群体利益过分关注，从而损害了社会整体利益；而有些社会组织在进行群体利益表达或权利维护的过程中，试图通过非制度化途径甚至暴力行为引起注意，破坏了社会正常的公共秩序；还有少数社会组织甚至为维护本群体的利益，损害其他组织及其所代表群体的利益。

3.4.2.4 信任危机

基于上述原因，我国社会组织伦理失范行为频发，陷入信任危机。部分媒体为了争夺受众眼球，为社会组织的良性活动塑造了耀眼光环，却没有构筑起防止社会组织腐败的防线；而普通人民群众又无法拥有完备的监督手段与监督渠道；政府也无法对这些组织展开即时有效的管理。因此，导致部分社会组织有机会借非营利旗帜，从事营利性活动，甚至是私分财产、侵吞善款、贪污腐败等。而由于我国社会组织的诚信度不高，公众和企业支持其工作的热情较低，因此社会组织的捐赠收入十分微薄。这又使社会组织更加依赖于政府，导致独立性缺失，自我管理的能力弱化，伦理失范行为增加，进一步加剧了信任危机。

3.4.3 社会公众的契约伦理困境

公众参与是指公民广泛地参与到社会管理之中，并且借助一切力量增强社会与政府、公民与政府之间的合作，从而提高社会自我管理、自我服务和自我发展的能力。[①] 公众参与社会管理的契约伦理内涵就是动员、激励公众关心社会事务，参与社会管理。公众参与是我国社会管理的基础，也是公民在现代社会表达意愿、实现自身利益的重要方式。公众参与社会管理不仅仅可以激发我国社会发展的活力，而且可以促进社会的公平正义，维护社会的安定有序，实现社会的和谐宽容。

3.4.3.1 社会公众与其他社会管理主体

社会公众的契约性质认为，公众在参与社会管理中也包含着多种契约关系。培养公众的公民意识、塑造公民精神是与社会主义契约伦理文化相适应的根本，在社会管理的过程中，与社会公众形成的契约伦理呼吁每个公民具有健康的公民意识，鼓励公众自觉培养良好的公民意识氛围。[②]

社会公众与其他社会管理主体间的契约关系，体现在公众参与社会管理的多个环节中。公众与政府的契约关系在于政府与公众是一个问题的两个方面，二者都是国家的重要组成部分，政府是一个组织机构，公众是一个群体，二者是共享国家权力的共同体。国家赋予了这二者一定量的权力，且二者的权力是处于一种此消彼长的平衡契约关系——政府主政国家事务，公众负责监督或享受具体的政治成果。公众与企业的契约关系在于公众从企业获得产品或服务，而企业的运营来源及发展离不开公众的支持；再者，公众与社会组织的契约关系在于，公众自治性地、志愿性地组成社会组织并通过社会组织解决实际问题，同时社会组织也通过运行机制保障公众权利，直接或间接地实现公众的某些诉求。综上所述，企业与其他社会管理主体间的关系如图 3－4 所示。

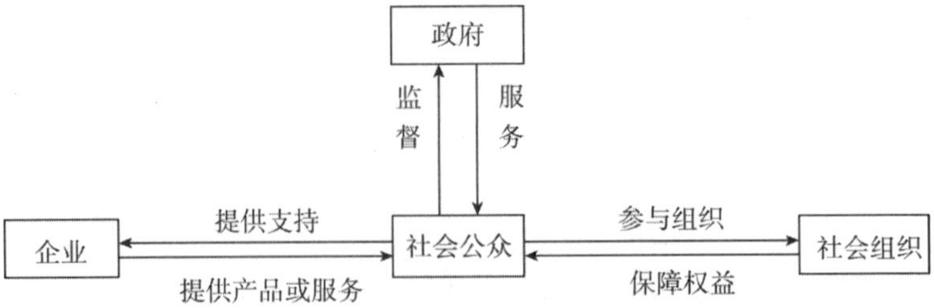

图 3－4　企业与其他社会管理主体间的契约关系

① 黄耀霞．公众参与与创新社会管理［J］．法制与社会，2011（19）：183－184.

② 马坤．社会主义契约伦理视野下的公民意识［D］．太原：山西大学，2006.

3.4.3.2 社会公众的契约伦理困境

公众作为社会管理主体之一，在进行社会管理时不可避免地存在权利与义务不相统一的情况，这往往导致社会公众的契约伦理困境。社会公众的契约伦理困境，一方面产生于公民自身条件的差异和限制，另一方面则来源于社会现实因素，以下内容将从公民自身和社会现实原因探讨社会公众契约伦理困境的现状。

（1）社会公众自身条件的限制

从社会公众自身条件考虑，其与其他社会管理主体产生契约伦理困境的原因主要来源于社会主义民主意识的缺乏、自我认同丧失导致的心理失衡、自身条件差异造成的行为失范以及对社会依赖和利益相关程度不同致使的热情减退。

社会主义民主意识的缺乏：由于市场经济的不完善、民主法制不健全、社会结构的转型等一系列社会原因抑制了公民意识的成熟与发展，不仅对于公众全面、深刻地理解公民意识有一定的影响，也导致了公众对社会主义民主意识的内涵认识不够深刻。

自我认同丧失造成的心理失衡：多元化的社会环境易造成公民价值观、人生观、世界观的改变，一方面物质文明的丰硕成果在社会工作新的心理架构尚未成熟时很容易造成其为物所役，人容易处于精神空虚和自我迷失的状态；另一方面公民的社会地位也会出现多样化特征，并且由于结构快速变化造成公民身份角色的不稳定，使得公民产生不安全感，甚至失落感，严重的会导致心理失衡和自我分裂。这些问题的产生不仅会使现代公民意识培育更加艰难，还会使之前已经建立起的公民意识因此丧失，导致公民应对结构变迁的心理能动作用无从发挥。

自身条件差异造成的行为失范：公众由于受到性别、社会地位、社会资源、经济实力、受教育程度、地理位置等一系列因素的影响，容易产生存在巨大差异的价值观念与心理特征，进而导致公众在社会管理中出现强势与弱势之分，强势群体对弱势群体在社会生活、政治生活的各个方面以不同方式进行不同程度的歧视，造成弱势群体的边缘化。

社会依赖与利益相关程度不同致使的热情减退：公众参与社会管理的前提条件是社会对公众有切身利益相关性，只有如此才能促使公众积极主动参与社会管理。然而在实践中，不少公众在其所在的组织中获得生存资源，对其所在的组织归属感较强，而对与其不相关的组织则会因参与度较低而无法形成归属感以及管理热情。

（2）社会现实因素的限制

从社会现实因素考虑，社会工作与其他社会管理主体产生契约伦理困境的原因则主要来源于法律制度保障的不健全、社会管理参与成本的高昂与参与途径的缺乏。

法律制度保障不健全：目前公众参与社会管理仍缺乏完善的法律制度保障。法律制度是公众参与最基本的保证，尽管我国政府一再强调公众参与社会管理的重要性，但多数法律制度的规定过于笼统，缺乏具体的细节，可操作性不强。法律制度保障的不健全，使得公众无法实现有效参与行为且难以达到预期的效果，进而打击了其参与社会管理的积极性。

参与社会管理成本高：目前我国政务公开的程度依旧较低，公众的知情权无法得到确实的保障。在政府对行政信息的垄断背景下，社会公众需要支付大量的成本获得相关信息，而这样高额的人力、物力、财力与时间、精力成本一方面是公众无法实现的，另一方面也严重打击其积极性。

参与途径不多不畅：公众参与社会管理的途径不多不畅也是导致目前社会管理参与现状的重要原因。虽然在我国的部分大中城市和东南部比较发达的沿海城市中，受教育程度较高的民众的社会管理参与意识较高，然而这种意识却在参与途径的阻碍下难以真正付诸行动。

3.5 本章小结

在风险社会背景下，社会管理需要得到进一步的重视与加强。本章首先借助相关文献的分析，对社会管理发展较为完备的西方国家以及社会管理发展初期的中国在社会管理中所呈现的不同特点进行描述，并以政府为主体对两者的社会管理现状进行对比分析；其次，具体梳理并剖析了现代社会管理主体的关系发展与社会管理主体间的契约伦理关系；最后，从政府、企业、社会组织与社会公众四大主体进行展开性阐述，并借助模型与案例深入探讨社会管理主体间契约伦理的困境表现。

4 社会管理主体间的契约伦理行为影响分析

政府、社会组织、企业、公众等作为社会管理的重要主体，在利益共享、信息协调、责任共担的基础上共同参与社会管理，他们对于社会契约的遵守和执行直接关系到社会的正常运转。政府作为社会管理主体的核心及社会公共利益的代表，对于契约伦理道德的遵守直接关系到整个国民经济的健康运行，因此本章着重探讨以政府为主导的契约伦理行为，分析政府与社会组织、政府与企业、政府与社会公众间契约伦理行为的正效应与负效应。

4.1 社会管理主体间的契约伦理行为的价值论基础

在一定意义上，契约本身就是一类富有伦理意义的社会现象，“契约”是一个具有丰富伦理内涵的概念。就契约本义而言，契约是对经济交往或交换关系总的行为的法的界定，契约伦理则是在契约的范围内体现的伦理观念①。社会伦理观念的内涵，不仅来源于特定的社会背景，也来源于人类社会生活交往的所需。而契约伦理就是“人们在订立、执行及毁约中所表现出来的伦理性质和执行契约中所需要的伦理基础”②。从本质上说，契约是双方或多方之间的一种合意，是当事人在自由、平等、公正等原则基础上签订的转让权利的规则③。社会管理主体之间的契约伦理是当代伦理冲突中寻求的一种全新的时代理念，契约伦理的产生与发展，是对社会管理实践的理性判断与升华，有其深刻的价值论基础。

本质——自由合意。契约一般涉及两个或两个以上的主体，契约的签订和达成是协商一致的结果，是主体双方或多方意志的契合，契约中对权利和义务的规定是经过双方或多方讨论协商之后得出的共意，充分尊重了

---

① 龚群．社会伦理十讲［M］．北京：中国人民大学出版社，2007：307.

② 晏辉．市场经济的伦理基础［M］．太原：山西教育出版社，1999：143.

③ 敖四．契约伦理视阈中的企业效率意义［J］．河北理工大学学报（社会科学版），2010，10（2）：27—29.

各方的自由意愿和选择权利。而契约主体的自由意志则体现了契约是权利主体的自愿决策，这是契约订立和有效性的先决条件。因此，笔者认为，以合意为基础、以自愿为前提而签订的契约体现了主体间的自由意志。合意是契约的本质内涵，契约主体自行抉择是否愿与外界发生契约关系，契约的订立完全属于个人私权。契约实质上是利益相关的各主体间经由自由意志协商后合意而形成的，理论上应受外界限制，也并非为某一方的一厢情愿，而是双方或多方自由合意的联手共事。各主体有选择与谁缔结契约的自由。

前提——信用伦理。契约以信用伦理为基础，并贯穿契约活动的始终，这是社会管理主体间的契约得以成立的先决条件。在不同的利益个体或利益集团之间，交往的发展致使人们的关系有必要以契约来相互制约，因此信用伦理是在人类长期交往过程中形成的。签订契约的前提在于社会管理主体之间的信任或信用道德的存在。在契约的发展史上，契约可分为无形契约和有形契约。无形契约是指双方通过口头上的约定，并未形成明文规定的隐形条约。无形契约也包括一些长期以来的行为条例，比如欠债还钱、相互尊重等条约。有形契约则是指以明确的文字形式呈现契约内容并且通过法律手段来保障契约的有效性。法律的约束并非否定信用伦理的意义，而是契约以法的力量来保证信用。因而，信用伦理既是契约的前提，又在契约履行的同时得到了持续的证明。

判断——事实与价值。价值论又称为价值哲学，主要通过主体的需求和客体能否满足以及如何满足主体的需求，来考察和评价各种物质的、精神的现象以及人们的行为对个人、阶级、社会的意义和价值①。在现实生活中，社会管理主体间的认知活动与评价活动都是同时进行的。在认识和实践活动中，评价总是以目的、动机的形式存在于认知过程中，而认知也在不断地调整、充实和确证人们的评价。社会管理主体间建立契约的最根本目的是协调利益关系，最终达到双赢或多赢的格局。在未达成契约之前，社会管理主体会针对契约条件判断契约是否对契约主体有利；同时也会对即将达成契约的主体进行全方位的考察，如对方的信用、价值、经济状况等，以此来衡量此次契约成本与契约效益之间的比重，从而决定是否要与对方达成契约关系。此次判断是为了实现利益最大化，只有保障契约

---

① 田秀云，白臣．当代社会责任伦理［M］．北京：人民出版社，2008：54—57.

双方利益均衡的前提下，才有可能达成契约关系。

决策——认同与责任。在哲学意义上，契约首先是一个关系范畴，其所表达的是一种契约缔结者之间的需要与满足的对应关系，即事物能够满足主体的一定需要①。同时，社会管理主体间的契约不仅相互影响和作用，而且其发展和完善也为其他群体与主体的伦理发展创造条件，其他群体与主体的伦理发展又是社会管理主体间的契约发展和完善的基础。因此，从根本上来看，契约伦理的本质在于促进社会管理主体发展、完善，使社会管理主体上升到更高的境界。只有当社会管理主体对契约价值认同时，才能产生契约关系。契约可以理解为一种承诺，是对双方关系的一种界定。未来关系以契约形式规定下来，它的实现有待于社会主体之间的共同协作。因此，社会管理主体之间一旦形成契约关系，就必须承担相应的社会责任来维持契约关系的正常运行。

伴随着现代化的进程，原始契约关系不断被世俗化，功利主义成了现世人们至上的信念，金钱主义原则不断腐蚀着社会生活。与此同时，人们正在从传统的血缘、亲缘等归属关系中脱离出来，变成独立自主的行为个体②。正因如此，马克思提出将近代资产阶级思想家关于原子式个人的理论抽象地称为“对于十六世纪以来就作了准备、而在十八世纪大踏步走向成熟的‘市民社会’的预感”③。在市场机制下，马克思所述的这种预感逐步发展成一种客观事实，并且被赋予价值正当性，从而转换成了某种要求社会法权的“主义”话语。马克斯·舍勒（Max Scheler）认为，传统社会中契约的维持，一方面归功于社会群体本位的归属结构，个人的身份角色和行为界域在此中得到明确的设定；另一方面则来源于情感纽带的连接，由此形成了一个整体的团契秩序。在这样的契约关系中，每个人都能获得群体归属感，感到自己的价值是群体精神价值的一部分④。然而，商品经济和现代文明的发展却将这种共同体机械分解，使其转化成了浮于表面的人际交往，形成一种外在串联的形式，于是社会就成了简单的原子式集合的“细胞王国”。从舍勒的观点来看，这样的社会缺乏共同的信仰和希望，因而表征了一种与原始共同体截然相反的实存样态。这种实体只靠表面的

① 田秀云，白臣．当代社会责任伦理［M］．北京：人民出版社，2008：60—61.

② 张凤阳．契约伦理与诚信缺失［J］．南京大学学报，2002，6（39）：33—39.

③ 马克思，恩格斯．马克思恩格斯全集：第46卷（上）［M］．北京：人民出版社，1990.

④ 马克斯·舍勒．价值的颠覆［M］．罗悌伦，译．北京：生活·读书·新知三联书店，1997：153.

浅层联系及深层次的利益关系来维持，在这种情况下，一旦一方要追求利益更大化或其利益遭受损害，这种纸上契约便难以维持，从而产生契约非伦理行为。

4.2 政府与企业间契约伦理行为的影响

4.2.1 伦理遵从：双方和谐共生的基础

在市场经济领导下，我国社会管理主体主要是以政府为主导力量，社会组织、社会公众和企业等作为辅助力量来维持整个社会正常运行。如果社会管理缺乏主体之间的协作，那么社会将会处于一种服从状态，只有单纯地服从某一管理主体的命令，谈不上任何的自由与平等。因此，以政府为主导力量的社会管理主体必须与其他辅助力量相结合，改变单一的社会管理局面。本书从以下几个方面来阐释政府与企业间的契约伦理的正面效应。

第一，有利于整合社会资源，实现利益最大化。企业作为一种社会经济单位，是社会经济发展到一定阶段的产物①。企业是一个利益实体，或者说是追求实际利益的实体存在物。企业通过生产产品进而转变为商品，通过流通领域来实现价值转化，从而达到增值的目的。企业的发展离不开政府的支持，没有政府的支持，企业无法存活。企业与社会组织、社会公众等利益相关者之间的关系，可以看作是一种利益关系，正是这种利益关系的存在才能促进利益分配与利益分割。政府与企业合作可以整合社会资源，合理利用社会公众力量，加强社会组织对政府与企业的监督力度，防止出现贪污腐败现象，坚决维护自身利益的合法性，共同促进社会经济发展。

第二，有利于推进法治化进程，建设文明社会。在建设文明社会的道路上，社会管理不能缺失法律法规的保障。政府是社会管理中法律法规的颁布者与执行者，但单纯依靠政府宣传或强制力量很难达到规范的目的，相反还可能会引起社会大众对于法律的排斥以及对政府行为的不满，从而适得其反。政府可加强与企业之间的契约关系构建，把宣传法律法规的渠道扩展到企业内部，拓宽法律法规的认知范围，让更多社会大众了解法律知识，从而加强社会法律建设。企业帮助政府管理社会公众，企业相对于

---

① 高鸿业．西方经济学［M］．北京：中国人民大学出版社，2004：120.

整个政府管理群体而言，其管理范围有限且管理人数较少，其内部管理制度更为细化，便于社会公众在企业内部了解更多的法律知识。企业以内部成员的法律诉求为出发点，积极向政府反映社会公众的相关法律诉求，以此来加强社会法制化建设。

第三，有利于提高企业认知，推动慈善事业发展。根据卡罗尔（Carroll，1979）提出的企业社会责任金字塔模型，企业社会责任从低到高依次分为经济责任、法律责任、伦理责任，而企业的慈善责任处于金字塔顶端[①]。社会公众和政府会对企业存有慈善的期望，希望企业能够在发展经济效益的同时也推动社会慈善事业的发展。因此，政府与企业的契约伦理行为的正效应也包括以同盟者的角色来监督企业加强慈善事业。如偏远山区儿童的教育问题、环境污染问题、自然灾害等，这些既是政府的责任也属于慈善事业。企业可以通过修建希望小学、资助贫困儿童或提供营养午餐，共同维护地球生态环境、成为环境保护组织，主动为灾区捐资捐物等方式加强慈善事业建设。政府鼓励企业大力发展慈善事业，同时在宣传方面给予企业更多的正面报道和支持鼓励。企业则可以通过与政府合作加强慈善事业建设进而提高自身的知名度与美誉度，提升自身形象，政府也会基于企业在政策上的支持，从而通过契约关系来达到双赢的局面。

4.2.2 伦理失范：损害市场机制的元凶

企业是国民经济的微观基础，是经济实现快速增长和社会实现和谐发展的动力源泉。企业在发展过程中，不仅具有经济属性，还具有社会属性，它是经济实体与社会实体的融合。

对企业来说，承担社会责任、按照伦理准则进行规范化经营是实现自身可持续发展的动力之源[②]。但在我国经济和社会转型的过程中，大量企业违背契约伦理的行为层出不穷，企业为了更便捷地实现自身利益，贿赂政府，与政府私通，只顾自身利益最大化，置伦理道德和公共利益于不顾，进行不正当竞争、垄断价格、不守诚信、偷盗商业机密、污染环境、行贿受贿、非法政治捐款等违背契约伦理的行为。企业与政府间的非伦理契约行为，具有显著的外部经济负效应，不仅严重损害了各利益相关者的利益，也使得企业自身深受其害，甚至会直接导致企业的破产和倒闭，更

① 田秀云，白臣．当代社会责任伦理［M］．北京：人民出版社，2008：52.

② 夏绪梅，李萍．企业非伦理行为的三维度解析［A］// Proceedings of International Conference on Engineering and Business Management（EBM2010）．2010：285.

使得政府的形象大打折扣，大大损害了政府的公信力，腐蚀社会风气。尽管如此，企业与政府勾结的案例依旧层出不穷，它们主要造成以下负面效应。

第一，损害市场运行机制，政府沦为企业牟利的工具，公信力下降。政府与企业的关系，除了成文的合同契约关系，更有无形的责任契约关系，政府不仅要监督企业的正常运行，更要为企业提供良好的市场运行环境。一旦政府为了特定利益与某些企业勾结，势必会为该企业提供便利，损害市场规则，影响市场正常运行机制，从而阻碍其他同类企业的正常发展。

第二，损害相关利益者的利益，产生企业的信任危机，影响长远发展。政府与企业违背契约伦理的行为一旦被揭发，最大责任承担者还是企业，这必将引起社会指责与抨击，使得企业丧失市场信任，以消费者、供应商为代表的相关利益者市场反应较大，直接导致市场销售额的急剧下滑，使得企业相关产品的市场份额和市场占有率大大下滑，品牌声誉受损，品牌资产大跌。同时，品牌与消费者间的情感纽带断裂，消费者信任度堪忧。一直以来，品牌被当作能使消费者心理和社会需求得到满足的忠诚伙伴，通过传递功能、体验、感情以及象征或者自我表达来满足消费者的心理、物质、情感等多种需求（Bagozzi，1995）①。品牌在为消费者提供功能性产品的基础上，还能为消费者提供自我形象表达或自我实现的愉悦体验以满足其情感需求。企业与政府蓄意的非伦理行为会伤害消费者情感，对消费者忠诚度、后续购买意愿造成影响，使品牌与公众长期建立的情感纽带断裂，让消费者对企业产生质疑和排斥，据此对自身与品牌间的关系进行重估，选择维持还是放弃。

第三，损害社会公众利益，打破各层契约关系，滋生不良社会风气。由政府和企业共同参与的垄断价格、污染环境、非法政治捐款等违背契约伦理的行为会直接影响到各层公众利益，使公众生活成本上涨，利益蒙受损害。长此以往，不仅会使政府和企业的公信力下降、在社会上造成不良影响，更可能会助长各阶层非伦理行为的气焰，促使不良风气滋生，不利于营造一个健康、和谐的社会氛围。

---

① Bagozzi R P. Reflections on relationship marketing in consumer markets [J]. Journal of the Academy of Marketing Science，1995，23 (4)：272—277.

4.3 政府与社会组织间契约伦理行为的影响

4.3.1 道德勃兴：社会稳定的必要条件

社会组织包括民间组织、虚拟社区、基层社会、学校、医院、社团等非政府组织。作为社会管理中的参与者与执行者，政府与社会组织之间的契约关系有助于帮助政府分担任务，了解最基层社会群众的需要，及时反馈，共同维护社会秩序。政府与社会组织之间的契约关系的正面效应主要体现在以下几个方面。

第一，有利于提高企业对政府与社会组织的监督力度。社会管理主体是以政府为主导力量、社会组织等为辅助力量来帮助政府分担社会重任，共同促进社会发展。在政府与社会组织达成契约关系时，企业起着重要的监督作用。政府与社会组织的初衷是为人民服务，但避免不了一些政府官员与社会组织人员为了获得自身利益，相互勾结，利用职权之便，出现贪污腐败、违法违规等现象，从而损害其他社会管理主体利益。企业在对政府与社会组织进行监督时，要积极引导社会舆论，及时提供有效建议。在政府与社会组织的契约结构中，只有积极发挥企业的监督作用，才能防止政府和社会组织相勾结，才能树立政府人员与社会组织人员的伦理责任意识，才能共同促进社会发展。

第二，有利于加强对社会公众的教育作用。在政府与社会组织的契约关系中，社会组织也承担着教育作用。社会组织中的学校主要负责教育社会公众，提高公众的教育素质，规范公众的道德修养。公众可能最先接触的是学校教育，在学习的过程中培养素养，提高对社会责任、社会事务以及周围事务的认知。同时，社会组织的教育能力与水平相对于政府的教育能力而言较为先进和专一。政府以契约形式来委托专业的教育机构来培养人才，从而给予教育机构一定的补贴补助，这也就是公立学校的由来。社会组织主动承担教育重任加强对公众的教化作用，有利于加强公众对社会的认知，增加参与社会事务的积极性，正确看待政府执政能力，理解政府行政观点。

第三，有利于增强社会组织人员参与的积极性。社会组织范围较广且人数较多，相对于从事政府事务的工作人员来说，社会组织的队伍更加庞大。加强与政府之间的合作，不仅对政府起到一定的监督作用，同时也能促使社会组织人员积极参与到社会事务中来。在参与的过程中，了解社会大众的需求，积极提出建议，以非政府组织的名义来维护社会大众的利益。同时，加强与政府的契约关系，可以更加了解社会动态，及时反馈信息，保障广大社会组织的权益。因此，加强政府与社会组织之间的合作，以契约形式来规范社会成员与社会事务管理，能够稳定社会秩序，提高社会组织人员参与政务的积极性。

4.3.2 道德萎缩：违背社会公利的根源

2015年，全国共查处“四风”腐败问题8万多起，处理违反中央八项规定精神4万多人，修订了廉洁自律准则70余条，抬高了纪律底线，标明了道德高线，也把人们引向更多的政府公共伦理思考①。政府与社会组织作为最具公共性的两大社会管理主体，其契约伦理行为直接关系到社会的和谐与稳定。在市场经济中，由于市场经济体制的暂时性失灵，政府通过宏观调控可以更好地实现资源的优化配置与社会福利最大化。然而，这一理论是建立在政府自觉遵守社会契约、主动规范伦理行为，其目标与社会公共利益相一致的基础之上的。而现实往往并非如此，政府不是一个超脱于现实经济利益之外的万能神灵之手②，它拥有自身冗杂的机构体系，各个机构又由各阶层的官员组成，每个官员及机构都有其不同的政治或经济目标，这些目标并非都与社会公共利益相符，同样，社会组织也是如此。张康之（2001）认为，真正有效的公共行政伦理道德，是外显于公共行政制度的道德原则与内化于行政人员内省的道德实践的有机统一③。而在现实中，政府机构及社会组织的利益往往是其内部官员个人利益的内在化体现，由此导致他们之间为了共同的利益目标而相互勾结，产生契约非伦理行为。这种契约非伦理行为主要产生以下负面效应。

第一，政府和社会组织成为追求自身利益最大化的经济人，忽视公共利益。政府和社会组织为实现自身利益最大化，利用其作为最具公共性的社会主体的身份，欺瞒社会，私下进行使自身利益最大化的非伦理操控，如使项目预算最大化，拥有更大的权力支配，掌控更多的领域，进行暗箱操作，共同协商贪污一部分财政拨款，无视社会经济的健康发展，最终导

① 薛雨，刁森．识解水平视角下行政伦理问题的研究［J］．办公室业务，2016（6）：12—14.

② 陈伟宏．市场经济条件下政府行为非伦理性的表现及其评价［A］//第19次中韩伦理学国际学术研讨会暨第五次全国经济伦理学学术研讨会论文集．2011：74.

③ 张康之．公共行政道德化的双重向度［J］．北京行政学院学报，2001（2）：4—8.

致社会的公共支出增大及社会不公的出现，毁坏了政府和社会组织对公众的契约关系，而这样的严重后果只能由社会及公众承担。

第二，政府与社会组织相勾结，成为凌驾于社会之上的特殊利益组织。政府与社会组织打着“合作”的幌子，制定社会“潜规则”，限定特定领域的入场规范，企业要进入这种特定领域，必须要向政府和相关社会组织缴纳一定的“入场费”，从而将中小企业排除在外，易造成行业垄断，产生社会不公与组织腐败。长此以往，势必严重损害市场经济的健康运转，对企业造成沉重负担。

第三，政府与社会组织被特殊利益组织所左右。倘若政府与社会组织没有经受住特殊利益集团所给予的诱惑，与特殊利益集团相互勾结，各项政策与行为为特殊利益集团服务，那么社会政策的发展就会背离公众的公共利益。如金钱选举，政府和社会组织受贿在选举期间大肆宣传特殊利益集团推举的候选人，那么票选出来的结果势必不公，往后的组织发展必然会按照特殊利益集团所期望的方向发展，公众亟须解决的问题得不到重视，长此以往，政府和社会组织将会成为特殊利益集团的傀儡，沦为其牟利的工具，损害社会大众的利益。

第四，政府与社会组织人为制造资源短缺，形成“寻租”现象，造成社会资源无法优化配置。“寻租”指的是人类社会中非生产性的追求经济利益的活动，或者那些为维护既得经济利益和对既得经济利益进行再分配的非生产性活动[①]。市场经济机制是对稀缺资源进行合理定价和配置，让资源使用者付出一定程度的代价。而政府与社会组织通过相互勾结，人为干预市场，限制价格。陈伟鸿（2011）认为，政府的寻租现象主要包括政府定价、政府特许权、政府采购[②]。政府和社会组织通过这些暗箱操作，赚取差价，给社会生产增加了非生产性额外成本，如走后门、贿赂等，为组织腐败创造了温床。

---

① 周云波．寻租理论与我国体制转轨过程中的非法寻租问题［J］．南开经济研究，2004(3)：70－74.

② 陈伟宏．市场经济条件下政府行为非伦理性的表现及其评价［A］// 第19次中韩伦理学国际学术研讨会暨第五次全国经济伦理学学术研讨会论文集．2011：76.

4.4 政府与社会公众间契约伦理行为的影响

4.4.1 责任明晰：公众自主参与的前提

政府与社会公众间的契约伦理行为既包含无形的又包含有形的契约条例。通过国家颁布的法律法规、规章制度等都是政府运用法律手段对提出社会公众的要求以强制性手段来规范社会公众的整体素质。同时许多无形的契约条例也约束着社会公众，如诚实信用、尊老爱幼、仁爱、爱国等一系列道德伦理要求都会提高社会公众的个人道德修养。虽然该契约是建立在政府与社会公众两者之间的共同意识，但此契约具有强制性，以集体利益为核心，每个社会公众必须遵守相关的契约伦理要求。因此，政府与社会公众间的契约伦理行为不仅可以提高社会公众道德水平，同时也会加强社会组织、企业的道德建设。综合来说，政府与社会公众间的契约伦理行为具有以下几点正效应。

第一，有利于提高社会公众的道德水平和责任意识。科技发展在推动社会物质文明发展的同时，在一定程度上也造成了社会公众的精神文明损失，自我意识极度膨胀导致人文关怀减少，集中体现在社会公众的冷漠和责任意识的缺失上。再加上快节奏生活与社会压力给社会公众生活上和精神上带来一定的压迫感，致使社会公众的社会责任意识淡薄、公共文明度低、缺乏安全感等一系列的潜在风险越来越威胁着整个社会的稳定。因此，加强政府与社会公众间的契约联系，了解社会公众的需求，减缓社会压力刻不容缓。社会公众的伦理责任意识培养既是国家与社会对公众的规范性要求，也是对公众应具有的道德品质的要求。只有让社会公众在内心深处认同与政府间的契约条例，才能出于使命感和责任感来履行这些伦理责任，才能促进社会公众的全面发展，共同维护社会稳定。

第二，有利于培养企业与社会组织的契约伦理精神。契约精神是对现代科技时代的伦理反思，也是对现代社会公众责任进行的理性的伦理追问。在现代生活中，社会公众基于对自身作为“追求自我利益最大化的理性人”的认识，以伦理为视角，以契约为视阈，将契约置于当代应用伦理层面上，思索自身价值中心地位的合理性、人类自我与他者的共处的合理秩序。但因过度追求个人利益最大化导致社会公众之间的诚信意识缺乏，大多数公众为了获得自己利益而损害他人利益，导致社会不公平现象更加严重。公众之间缺乏最基本的信任，从而道德意识逐渐下降。在政府与社会公众间的契约结构内，社会公众被赋予自由与权利，公众在行使这些权利时就有责任遵循契约结构内的规范，这样才能保障公众对诚实信用、公平公正等的价值诉求。同时，社会公众也会在企业、社会组织中扮演其他角色，因此政府与社会公众契约伦理精神的提高也象征着企业与社会组织的契约伦理精神得到增强。

第三，有利于增强社会公众的自主参与意识，提高政府的办事能力。社会公众的自主参与意识是指公众作为国家或社会共同的成员，自觉、积极、主动参与国家或社会事务的精神品质。① 社会活动的运行与发展需要广大社会公众共同努力才能实现，政府也希望加强公众的积极性，使公众主动参与到公共生活中，谋求和维护公共利益，寻求公共善。但是社会公众责任意识的缺乏导致社会公众认识能力的局限性，部分公众会认为国家或者公共事务是国家和政府的事情，与自身无关，从而缺乏对政治事务与公共事务参与的热情。社会公众缺乏积极性与参与性不利于政府协调公众力量，从而导致整个社会进步缓慢。政府与社会公众间的契约伦理行为有助于提高社会公众的参与精神，改变公众对社会事务及国家事务的看法，使公众积极主动地参与到社会建设中来，共同维护社会稳定。

从以上分析可以得出：以政府为主导的社会管理主体与以企业、社会组织和社会公众为辅助的社会管理主体之间的契约关系，不仅有利于培养社会公众的契约伦理精神和责任伦理意识，更加强了双方之间的合作关系，有利于稳定社会秩序与维护社会安定，共同促进社会发展。

4.4.2 权力模糊：社会动荡不安的始因

公共权力始于社会个体权利，社会个体权利中包含公共权力的成分和性质，并且是公共权力获得正当性的依据②。在社会管理开展过程中，政府权力实质上来源于公众权力，但却不等同于公众权力，政府领导、企业管理者、社会组织负责人乃至公众个人都参与着公共权力的支配。因此，政府权力在操作过程中实质上也是由公众个体操纵的一种权力，政府官员的权力是政府权力的内化。因此，公众个体对于“公共资源”的掌握与“公共职责”的认知，造就了其对道德原则、法律法规以及管理策略的不同心理取向，同时深刻地影响着其对于社会契约伦理与社会管理原则的忠

① 田秀云，白臣．当代社会责任伦理［M］．北京：人民出版社，2008：80.

② 沙金．论公民自治权与国家权力的衡平：社会契约论视角［J］．东南学术，2012（2）：182—187.

诚与违背。在社会管理中，社会管理主体无法在短时间内将以确保管理活动正常开展而产生的管理费用直接转化为社会主体的利润来源，社会管理主体可以通过等待其他主体履行相应责任而获得社会福利，倘若社会管理主体急功近利，很容易受社会福利与管理成本这一矛盾的影响，从而影响社会责任的履行。政府权力由公众权力构成，因此公众个体利用职权便利，极易参与政府行为，为取得个体利益极大化，公众个体带着自身利益目标参与政治活动，从而形成契约非伦理行为，其负面影响如下。

第一，政府沦为个人牟利的工具，政府无法代表广大人民的根本利益。某些特定公众，利用其职权的便利性，参与并干涉政治活动，如在选举中，暗箱操作使得自己的亲信上任，扩张自身利益集团，在社会管理中，并没有全心全意为人民服务，忽视广大人民的根本利益，无视人民亟须解决的问题，将所有资源配置给代表其自身利益的领域，造成公众资源的不合理配置，忽视公众组织应承担的公共职责。长此以往，不管是对政府自身，还是对企业、公众都会造成不良影响，导致政府的行为无法与社会公意相吻合，政府被个人所操纵。

第二，公众扩大个人权利和个人福利，导致政府包庇违反犯罪行为，损害广大人民利益。公众伦理，在一般的意义上作为公众处理相互之间行为关系的规范，也是公众价值观在公共生活维度的呈现。在卢梭《社会契约论》的语境中，它表现为社会共同体的成员作为主权者所享有的社会基本权利，及其公众与国家、政府相互之间的关系状态。公众在缔结契约后，把全部权利都让与了主权者，但并不排除以个人应享有的一部分自然权利来合理合法地表达自己的意见①。当公众过度参与政治时，便会将个人权利与个人福利最大化，维持对自己有利的局面，擅用亲信，包庇违法犯罪等行为，如纵容偷税漏税行为。个体为在短期内快速获得利益最大化，将以确保管理活动正常开展而产生的管理费用直接转化为自身的利润来源，贪污受贿，利用职权扩张自身社会福利，损害了广大社会群众的利益，将社会福利转化为个人私有福利。

第三，个体操纵政治，造成政治局面动荡不安，不利于社会和谐稳定。当个体权力极化后，造成“一人执政”的局面，这种情况多见于地方政府。以个人为主导的利益集团“一人独大”，常年积累政治势力，铲除

① 周国文．社会契约中的公民伦理——卢梭《社会契约论》中的公民伦理思想［J］．重庆社会科学，2006（3）：35—39.

异己，易造成人才流失与用人不公。长此以往，势必造成政治混乱，滋生违反法律规范的“黑政治”，与地方黑势力勾结，发展“地下经济”，包庇纵容违法犯罪行为，导致社会不公和社会动荡，不利于经济的良性发展和社会的和谐建设。

中国社会治理具有亲缘历史，加大了各社会主体间契约伦理关系执行的难度。在社会体制改革与经济转型背景下，组织、协调、规范及纠正社会不同领域的发展需要明确的法律法规及无形的契约伦理关系进行有效约束。而社会管理各主体间为追求自身利益最大化而产生的违背契约伦理行为，不仅会对社会各个层面造成经济上的损失，更会造成伦理上的损失，而伦理上的损失则会导致民心的丧失，从根本上影响社会治理。因此，有必要分析关系与契约在不同社会管理主体间的作用机制及负面影响，以改善目前滥用社会关系、违背契约伦理的不当现象，加强社会管理主体的契约精神。

4.5 本章小结

本章重点论述了与社会管理各个主体间契约伦理行为的影响，揭示了契约在社会管理过程及管理主体关系间的重要性。首先，简述了社会管理主体间的契约伦理行为的价值论基础，从本质、前提、判断、决策几个方面阐述了契约伦理行为的基本内涵，并阐述了契约非伦理行为产生的原因，为阐述不同公共伦理主体间契约行为的影响奠定基础。其次，明确了社会管理的各个主体，并以政府为主导分析了与其他主体间契约伦理行为的相互影响，政府与企业间达成契约伦理行为有助于整合社会资源，推进法治进程，反之政府会成为牟利工具，损害市场机制，滋生不良风气；政府与社会组织间达成契约行为，有利于提升社会监督力度，增强公众参与的积极性，反之，政府则会忽视社会公利，成为凌驾于社会之上的特殊利益组织，导致社会资源无法优化配置；当政府与社会公众间的契约伦理行为达成后，会提高公众的责任伦理意识与自主参与精神，反之，政府则会沦为个人牟利的工具，损害人民利益，影响社会和谐稳定。

5 社会管理主体的道德哲学与伦理选择

随着社会管理的不断深化，社会管理主体呈现出多元化的发展格局，为社会问题的解决和社会危机的管理带来了新机遇与新挑战。在商品经济社会形态下，纵观社会契约执行现状，不难发现社会管理主体间契约伦理失范行为存在着愈发普遍的现象，这也从侧面反映出了不同主体自身的伦理困境和主体之间的关系矛盾。本章将从以不同人性论角度为出发点的道德考量和伦理抉择为社会管理主体的伦理失范行为做出解读，分析不同主体所面临的权利困境、角色困境、利益困境及其成因，并通过对契约关系中忠诚契约人和虚伪契约人形成机理的讨论，进一步追溯影响主体自身道德哲学和伦理抉择的制约因素，从而构建影响社会管理主体契约伦理决策的模型。

5.1 契约伦理与道德权利确证的人性论基础

在伦理学中，从利益角度出发，通常将人性划分为利己主义和利他主义两种。利己主义以自我为中心，将个人利益作为人生的准则和道德评价的标准，当个人利益和公共利益发生冲突时，也要力求实现最大的自我满足。相反，利他主义反对一切个人利益的追求，否定个人的欲望和自由，将他人和社会的利益作为最高的标准，坚持牺牲个人、无私奉献。英国著名古典政治经济学家和伦理学家亚当·斯密在其代表作《国富论》和《道德情操论》中找到了经济世界和道德世界的共同出发点，即"同情他人的利他心和追求个人利益的利己心，都是人类本性的构成部分"①，同时韩昌跃（2009）指出"利己和利他在现实行为中的表现伴随着历史条件和社会环境的变化而变化，取决于社会制度和各种环境"②。对于社会管理主体中的每一个个体而言，从双重人性论的观点出发，在现实生活中会产生利己和利他的博弈和较量，并随之衍生出两种截然不同的道德考量和伦理选择。

---

① 高瑞鹏．亚当·斯密人性论的解析［J］．东岳论丛，2010，31（8）：90—92.

② 韩昌跃．利己利他双重人性论［J］．山东行政学院山东省经济管理干部学院学报，2009（5）：103—106.

5.1.1 利己主义视角下的道德考量和伦理抉择

在现实生活中，利己主义呈现出三种表现形态：极端的利己主义、搭便车式利己主义和合理利己主义。极端利己主义完全以自我为中心，追逐实现个人利益的最大化，不惜牺牲他人利益而做出损人利己的行为，是西方资本主义发展初期人性的写照，如马克思笔下的“异化劳动”现象，这种利己主义也称为个人主义。搭便车式的利己主义属于“不劳而获”的类型，在利益共同体中，其逃避劳动的付出，钻制度的空子，以求在不支付任何成本的情况下享受他人的劳动成果。日常生活中这种投机搭便车的例子并不鲜见，如逃税、漏税行为。合理利己主义是“利人利己”型行为，或称为“互惠互利”型行为，即从“利己”的角度出发通过“利他”的行为实现个人利益，“为了使自己幸福，就必须为自己的幸福所需要的别人的幸福而工作”①。这是一种中性的行为模式，也是现实生活中较常见的类型，如服务业中的劳动分工、互相服务。

需求是人性本身的重要显现，马斯洛的需求层次理论将人的需求从低到高划分为五种：生理需求、安全需求、社交需求、尊重需求和自我实现的需求。从总体上来说，无论是物质需求还是精神需求，都是人类生存本身所必须满足的。然而，资源是有限的，需求是无限的，出于维系个人生存发展的本能，无论哪种类型的利己主义从根本上来说都是一致的，人类都逃不出自私的本质特征。为了使以利己主义角度为出发点的道德考量更加明确，不妨使自私的本性特征更加普遍化和绝对化，在本节的探讨中排除人性中利他主义的因素，在对利他主义的考量中也是如此。

从道德总原则上来说，利己主义否定无私利他，坚守为己利他或损人利己，个人利益的增长成为道德上善与恶的标准，普适的价值尺度不再具有约束性。人类的另一类本质是人是社会关系的产物，合理利己主义认为个人利益的实现需要社会和他人的保障，不能单纯依靠个人；搭便车式的利己主义也是依赖于他人的劳动来实现自我的利益，极端的利己主义则完全以自我利益为中心。由此观之，这三种形式的利己主义在根本上都认为行为的目的在于利己，而非利他，无私奉献、自我牺牲是不可能的，即使合理利己主义肯定了利他行为的出现，但也只是自我利益实现的一个手段。因而，对利己主义来说，能够实现自我利益增长的就是“善”的，损

① 葛力．十八世纪法国哲学［M］．北京：商务印书馆，1957：645.

害个人利益的就是“恶”的，一旦自我的价值标准取代了普遍的价值标准，道德规范的约束力将被大大弱化。从伦理抉择上来说，以个人利益的最大化为导向的价值选择不可避免地带来伦理冲突，缺乏至善性价值尺度的社会必然产生混乱。盲目追求个人利益的最大化会导致个人主义倾向的盛行，从个体自身来说，需求是多元的，当不同需求之间产生冲突时，个体本身会产生价值抉择的困扰，如果单从利益增长的角度来考量，事物本身的道德价值将越来越弱化，个体会越来越功利化；从个体之间来说，资源是有限的，不同个体之间的需求也会产生冲突，当道德规范逐渐失去效力，崇高的价值尺度失去指导作用时，社会的矛盾和冲突必然会加剧，从而阻碍社会的健康发展。

对于社会管理主体而言，无论是政府、企业还是社会组织、社会公众，如果只从自我利益的角度出发，不考量社会的整体利益，不做出综合全面的考量，既有悖于维护和保障最广大人民群众的基本社会权利、全心全意为人民服务的根本目的，又违反了以人为本、统筹兼顾、服务优先的原则，会导致社会矛盾的不断激化。

5.1.2 利他主义视角下的道德考量和伦理抉择

利他主义在现实生活中也表现为三种形式：第一种是“利己利他”行为，这种行为类似于合理利己主义，只不过是从另一种角度来考量，即同样从“利己”的角度出发来帮助他人，虽然是出于“利己”的目的，但客观效果上能促进他人和社会利益的实现。第二种是“纯粹利他”行为，即丝毫没有自我利益的考量，单纯为了他人和社会而无私奉献、不求回报，甚至不惜牺牲自己的生命和利益。第三种是“差等利他”行为，这种利他行为认为爱人或无私奉献是有差等的，基本特征是“对他人应该因其与自己有远近之别而相应不同等地无私利他”[①]，儒家传统伦理就是典型的代表。在社会生活中，第一种形式的利他主义是较为普遍的，大多数人都处于“利己利他”的行为模式中；在家庭亲缘生活中，第三种形式的利他主义有着充分的体现；第二种形式的利他主义有着更高的道德要求，崇高的道德英雄模范即是其体现，但是在生活中毕竟是少数。

有利、不伤害、尊重自主、公正是应用伦理学的四个基本原则，其中

① 王海明．利他主义与利己主义辨析［J］．河南师范大学学报（哲学社会科学版），2001，28（1）：19—26.

“不伤害原则”确立了我们不伤害他人的义务，任何故意伤害他人生命的行为都是不道德的，损人利己的利己主义显然违背了该原则。“有利原则”对我们提出了更高的要求，不仅要求我们自主待人和避免伤害他人，而且要求我们增进他人的福利，因而主体必须采取积极的措施帮助他人。在这里，“不伤害原则”和“有利原则”为利他主义确立了可靠的道德根基。

从道德总原则上说，利他主义否定自私自利，主张无私奉献、牺牲个人，将他人和社会整体利益的增长作为善恶标准，道德价值具有崇高性和指导性。任何为我的、目的利己的行为，归根结底都会有害于自我品德的完善，有害于社会和他人；相反，为他的、利他的行为，在一定程度内，从根本上来说会真正有利于自我道德的完善，有利于社会和他人。从伦理抉择上来说，利他主义确立了整体主义的价值原则，促使个体在抉择过程中不再局限于自身，从而不得不考量整体和社会的利益，使个体的视野从小我拓展到大我，将眼光投射于社会的整体发展，有利于确立崇高的价值取向，确立远大的道德理想，使个人在面临利益冲突时能做出正确的道德判断，使价值标杆不会因个人利益的不同而丧失约束力。

然而，在现实生活中，利他主义过分推崇无私奉献、自我牺牲，否定一切对个人利益的追求和欲望的满足，如果这种价值倾向无限扩大，成为指导社会公众生活的全部价值尺度，物极必反，必然会带来严重的后果和错误。一方面，对于个人来说，否定每个人一切利己的欲望和自由是对个人权利的侵犯。美国《独立宣言》开篇即提到：人人生而平等，享有生命自由和追求幸福生活的权利。生命权和自由权是人人神圣而不可侵犯的权利，追求幸福和快乐的生活是人类生存的现实需要，合理的欲望满足应是被允许的，单纯推崇自我牺牲的至善热诚只会造成伪善之风盛行。另一方面，对于社会来说，利己性是人们为自己谋取利益的一种行为动机和本能，对自我利益的追求是推动社会发展和进步的有力源泉，社会整体利益的增长同时也能促进他人利益的实现，完全否定目的利己的个人欲望反而会滞缓社会的发展进步，这恰恰违背了利他主义旨在促进社会和他人整体利益增长的初衷。

5.1.3 基于两利主义的“道德经济人”假设

单纯利己主义或利他主义都有其不可避免的局限性，现实生活中，完全自私为己和舍己为人的人都不多见，通常呈现出时“好”时“坏”的两面性，人们在做决定时也是呈现出“为己”和“为他”的抉择，因而“自私心”和“同情心”像是构成人类本性的两个相反相成的方面，“自私心”是为自己谋取利益的本能，“同情心”是为他人和社会谋取利益的本能，当今大多数伦理学家普遍认为人性是利己利他两利主义的观点，也就是“双重人性论”①，至于在现实生活中哪一方面更为突出则取决于历史条件和社会环境的变化。

韩昌跃的“道德经济人”假设。在《利己利他双重人性论》一文中，韩昌跃先根据马克思对人性发展史的三种形态以及相对应的三大社会形态的概述，结合人性假设的“实然”与“应然”的辩证统一性，把三大社会形态的人性相应假设为“自然人”“经济人”“自由人”。“自然人”对应于自然经济的社会形态，这一时期生产力水平低下，人与人之间相互依赖，缺乏独立性；“经济人”对应于市场经济或商品经济的社会形态，这一时期生产力得到进一步发展，人对物的依赖超越对人的依赖；“自由人”对应于产品经济的社会形态，这一时期生产力高度发展，个人实现全面发展和高度自由。根据以上分析，“经济人”是基于利己主义的人性假设，“道德人”是基于利他主义的人性假设，“道德经济人”就是基于利己和利他两利主义的人性假设，其行为表现是现实生活中最常见、最普遍的。接着，韩昌跃又对市场经济形态下的“经济人”做出了具体的划分，它除了包括“道德经济人”，还包含“自利经济人”，“自利经济人”只顾自我的利益，不顾他人和社会的整体利益，对应于利己主义中的个人主义者，是西方传统经济人假设的核心内核，是资本主义发展初期阶段人性行为表现的真实写照。最后，韩昌跃结合当今中国社会主义市场经济发展的现状，认为人们不仅要自利而且要利他，提出了塑造以利己利他双重人性为基础的“道德经济人”的口号。当下中国正处于社会变革的转型期，结构转换、机制转轨、利益调整和观念转变，人们的行为方式、生活方式、价值体系都会发生明显的变化，呈现出损人利己、舍己为人、互惠互利等价值多元化的现状。然而在经济利益的导向下，无论是在潜意识中还是现实表现中，“道德经济人”虽在文化教育、社会规范的引导下日趋增长，但“自利经济人”仍然占据着社会公众的大多数，这是造成我国社会管理过程中伦理失范行为的根本原因。表 5－1 对上述分类进行了简单汇总与特征分析。

① 韩昌跃．利己利他双重人性论［J］．山东行政学院山东省经济管理干部学院学报，2009(5)：103—106.

表 5-1 利己主义、利他主义与两利主义

	利己主义	利他主义	两利主义
形态	极端的利己主义 搭便车式利己主义 合理的利己主义	纯粹利他 差等利他 利己利他	自私心+同情心 （时好时坏）
道德原则	否定无私利他，坚守为己利他或损人利己	否定自私自利，主张无私奉献，牺牲个人	利益和道德、法制的博弈，取决于社会环境和历史条件等因素
价值标准	自我利益的增长和实现	他人和社会的整体利益	
商品社会	自利经济人	不完全道德经济人	自利经济人 道德经济人
契约关系	虚伪契约人	不完全忠诚契约人	虚伪契约人 忠诚契约人

5.2 社会管理主体管理决策影响维度分析

据上述分析，由追求自我利益而造成的“自利经济人”仍占据社会公众的大多数是造成社会管理问题的最根本因素之一，深入到具体生活中，公共资源与公共职责的冲突则是造成社会管理主体伦理困境的具体因素，表现在权利（力）困境、角色困境和利益困境三方面。

资源是有限的，而经济人对利益的追求是无限的，并呈现出越来越多元化和复杂化的趋势。在社会管理过程中，政府、企业、组织和社会公众作为社会管理的主体和客体扮演着不同的角色，在公民的基本权利和义务之外，还享有不同的权利、承担不同的义务。如此看来，社会个体权利多样性、角色多重性和利益复杂性与资源有限性之间必然会产生各种各样的冲突，这是造成社会管理主体伦理失范行为的具体表现。

5.2.1 政府：服务意识不强烈

我国政府是国家权力机关的执行机关，为人民服务是政府的宗旨，对人民负责是政府工作的基本原则。党的十七届二中全会审议通过了《关于深化行政管理体制改革的意见》，提出行政管理体制改革的核心是转变政府职能，建设服务型政府；十八届三中全会强调，经济体制改革的核心问题是处理好政府和市场的关系，使市场在资源配置中起决定性作用和更好

发挥政府作用。在社会主义市场经济条件下，政府的主要职能是经济调节、市场监控、社会管理和公共服务四个方面。滥用公权、以公谋私、利益至上成为促使政府依法行政失范表现的困境，阻碍政府职能的转变。

5.2.1.1 权力困境：公权滥用

政府是国家行政机关，有权决定和管理一定范围内的行政事务，规定行政措施，发布决议和命令，执行经济计划和预算，管理行政区域内经济文化建设、教育、科学、文化、卫生、民政和公安等工作，从而实现对公共财产、社会秩序、公民权利的保护与保障。由于政府对公共资源分配的掌握、中国长期封建专制体制的“官本位”思想、政府职能转变相对滞后、社会监管体制存在漏洞、政府权力边界设定模糊等原因造成了政府公权力行使无规范，政府借以行使国家公权力欺压公民私权利，群众越级上访、大闹政府现象屡见不鲜，暴力执法、以权谋私、权力扩张使政府公权滥用无度备受诟病，不仅对人民利益、国家利益和法制秩序带来了严重的伤害，也对政府自身的公信力带来进一步的挑战，规范政府行为、深切落实“依法行政”成为政治体制改革亟须应对的问题。

5.2.1.2 角色困境：行政“私人化”

政府的性质要求政府在行使职能的过程中要保持客观和公正，为人民服务，为人民解决问题，为人民谋取利益，然而对权力的追逐、对公权力的无度滥用必然导致公权力的异化。“有权不用，过期作废”，公权力成为公职人员谋取个人利益、中饱私囊的工具，贪污腐败、公款吃喝、权力寻租、潜规则等，公权力愈来愈成为某些官员的个人权力。如三鹿奶粉事件的爆发引起社会的震动，刺痛我们神经的不仅是缺乏职业道德和社会公德的无良企业，更重要的是政府主管部门的贪污腐败，几十万元、几百万元的贪污带来的是对人民生命财产和国家秩序的巨大伤害。再如徐才厚、周永康、李春城等，大官、小官贪腐层出不穷。“行政机构及其公职人员行动的正当性权利和目标都必须是外在、异己的，始终追求的是大众的利益，这就会表现出非个人化的特征”①，如何使政府行为和公职人员得到有效的监督和规范，改善行政“私人化”的现状，推动依法行政的进程，是摆在中国法律界和社会各界面前的重大课题。

5.2.1.3 利益困境：个人利益至上

政府的权力是人民赋予的，只能用来为人民服务，正确对待手中的权

① 李萍．作为社会管理主体的行政及其伦理取向［J］．学海，2010（1）：49－54.

力，公职人员要始终牢记自己的人民公仆身份。政府的目标是要维护社会公众的公共利益，坚持公众利益至上是政府行政的准则，任何为己谋私、自我放纵或偏袒都是贪污腐败。然而在市场经济的浪潮下，某些官员被利益冲昏了头脑，“人不为己，天诛地灭”的思想根深蒂固，完全显现出“自利经济人”只顾个人、不顾他人和社会的特征，凡事以己优先，无视道德约束和法律惩处，无视自身的责任和使命，以良心的谴责和后人的唾弃为代价，将公职身份作为谋取个人利益的手段，不惜碰触道德的底线和法律的边界。公职人员享有一定的社会地位和薪资待遇，也要承担起相应的责任和义务，在个人利益的诱惑面前，保持客观公正的态度、做好社会各方关系的协调者身份、坚定为人民服务的信念是人民公仆应具备的基本素养。

5.2.2 企业：责任意识不到位

在社会管理主体多元化的今天，企业作为社会管理主体之一能否发挥好作用关乎社会管理的成效。在社会主义市场经济体制下，企业作为营利性组织，在为自身或股东赢取利益最大化的同时，在发展商品生产和流通、满足人们的日常物质文化需要方面也发挥着不可替代的作用，是社会有序运转的重要支撑，这是其应承担的经济责任。然而，企业在社会管理过程中发挥作用的关键就在于履行好经济责任之外的其他责任，孙德厚（2012）提出企业的责任还应包含法律责任、慈善责任和道德责任①。

5.2.2.1 权利困境：法律责任缺失

企业是指依照法律规定，由股东出资设立的以营利为目的的社团法人。企业的概念说明企业的生产经营活动、人员变更、制度规章设定、资产变动等都必须要在法律允许的范围内进行，这是推进构建法制社会的必然要求，也是企业法律责任的直接体现。但近年来，我国企业尤其是与社会公众生活息息相关的食品企业、药物企业违法失信负面新闻频出，食品、药物安全不达标，不仅使企业形象和社会公众对其信任度急剧下降，还严重破坏了经济秩序和社会秩序，给我国造成了每年近6000亿元的经济损失。如大众汽车“尾气门”质检造假，安装非法软件调控车辆尾气排放，导致实际排放量超标的车辆流入市场；三鹿集团为追求短期利益，饮鸩止渴，在奶粉中违法添加三聚氰胺，造成全国数万名婴幼儿致病致死

① 孙德厚．试论社会管理创新中的企业社会责任［J］．行政与法，2012（8）：37－41.

等。商品经营的权利不容侵犯法律的权威，这些企业缺乏自律，公然触犯法律的规定，最终带来的只能是企业的信任危机和破产危机。

5.2.2.2 角色困境：慈善责任缺失

在现代社会中，企业作为重要的社会成员，应与其他社会成员一样，在享受国家和社会提供的公共资源和公共服务的同时，承担起各种社会责任，扶危济贫，关注公益事业，热心慈善活动。“这既是社会对企业的外在要求和需要，也能够使企业在公众中树立良好形象，实现可持续发展。”① 在企业与社会签订的契约关系中，社会为企业提供其发展所需的物质资源和稳定社会环境，企业也应为社会的和谐统一发展做出自己的贡献。近年来，我国企业的责任意识不断强化，积极关注贫困地区的发展，捐助希望小学，修建公路，在教育、文化、体育、环境保护、社会救助和其他公益事业中持续开展并不断号召社会各界积极从事慈善活动。然而，与西方社会相比，我国企业的慈善活动还存在较大的差距，仍有不少企业缺乏主动性和超前性，被动接受政府安排，或只做样子工程，甚至一味认为慈善活动只会增加企业的运营成本，把短期利益看作唯一目标，看不到长远的经济、社会效益，认识不到自身的社会管理主体地位。

5.2.2.3 利益困境：道德责任缺失

“一个人是不可能通过精确计算、衡量而推导出诸如自由、正义、平等这样的道德概念的。这样的具有普遍意义的道德概念应先在于个人的价值判断，它是通过社会文化符号和历史记忆而被延续下来，个人通过介入式观察和社会交往等习得这些道德概念的同时完成了自身的社会化过程。”② 这段话表明道德是超越并先于个人的，不以个人的标准或判断为尺度，历经时间的检验而具有普遍的、崇高的价值内涵，在“应然”的意义上，道德规范和相关的伦理准则是每个社会人都应该遵循的。企业是市场经济的细胞，是社会有效运转的重要内容，其生产经营活动便不能超越社会的道德和价值尺度，这是其作为社会的一个构成性因素本身所决定的，也是企业长久发展、树立良好形象的有效方法。然而，在“自利经济人”占据多数的商品经济时代，基本的道德观念受到利益诱惑、个体意志、文化多元主义的冲击，道德沦丧成为可怕的社会现象。很多企业一味追求利益，不顾自身的社会道德责任：缺乏环境保护意识者有之，高污染高排

---

① 孙德厚．试论社会管理创新中的企业社会责任［J］．行政与法，2012（8）：37—41.

② 李萍．作为社会管理主体的行政及其伦理取向［J］．学海，2010（1）：49—54.

放，浪费资源，破坏自然环境；缺乏诚信意识者有之，制造、仿造伪劣产品，产品质量不过关，卫生质量不达标，违法违规增添各类食品添加剂；缺乏员工保障意识者有之，工作环境恶劣，拖欠工资，福利待遇差，对员工缺乏基本的尊重，侵害员工利益等。

5.2.3　社会组织：协同意识不充分

党的十七大报告提出了要“建立健全党委领导、政府负责、社会协同、公众参与的社会管理格局”。党的十八大报告“在改善民生和创新管理中加强社会建设”中再次强调：“要围绕构建中国特色社会主义社会管理体系，加快形成党委领导、政府负责、社会协同、公众参与、法制保障的社会管理体制”。社会协同，就是要关注并突出发挥各类社会组织的作用，整合社会各种管理资源，有效降低行政成本和社会成本，创新社会管理方式。社会组织是联系、沟通、协调政府和人民的纽带，起着上传民意、下达公意的关键作用，既是政府职能转变的载体，又是公众诉求民意和寻求社会帮助的最直接形式。但我国目前政府职能转变滞后于经济增长和社会发展，社会管理机制存在缺陷，制度不完善，相关法律法规不健全，社会组织建设尚处于探索建构阶段，参与社会管理的程度和能力比较有限。问题出现的原因，不仅要从外部条件看，也要从社会组织内部挖掘——主要集中在内部资源能力不足、公信力危机、管理和监督机制不完善等。

5.2.3.1　权利困境：资源与能力不足

近年来，随着社会转型的变革，我国社会组织获得了长足发展，业务范围涉及文化教育、医疗卫生、环境保护、慈善救济、劳动服务等社会生活的各个领域。但由于机制体制不完善，大多还停留于浅层作用。一方面社会组织应是政府职能的显现，具有代替与协助政府工作的权利；另一方面又形成了对政府较强的依赖，工作受制于政府，资源被政府垄断，而政府对社会组织的财政资助相对较少且不稳定，导致社会组织资源调动能力普遍较弱。除此之外，我国社会组织缺乏专业的人才培养，专职工作人员偏少，其工作人员素质和专业化水平良莠不齐，服务能力和治理能力水平不高，再加上我国社会组织发展时间不长，经验不足，进一步造成“社会组织的自治性、群众性和自治功能发挥都受到了一定程度的抑制”①。

① 民革浙江省委会．“加强和创新社会管理”专题研讨会［C］．2012－08－04.

5.2.3.2 角色困境：公信力危机

社会组织是公益和非营利的，其目标旨在实现社会公众的利益，是社区民众利益诉求和协调矛盾的直接形式，在各种社会问题不断加剧的社会转型期，社区组织既承担了“小政府”的社会角色，又代表了社会公众利益的捍卫者。然而由于社会组织内部管理机制和体制不完善，专业化水平不够，服务能力相对较弱，再加上我国法律体系建设不完善、政府职能转变相对滞后等外部因素的作用，使得大多数公民对社区的归属感和认同感较淡薄，对社会组织的依赖度和信任感较低，不认可社会组织解决问题的能力和效率。当公众产生自己无法解决的问题或难题时，也不会及时想到寻求社会组织的帮助，这也进一步阻碍了社会组织职能的发挥。

5.2.3.3 利益困境：管理和监督机制不完善

健全的制度体系是社会组织规范化运行的必要条件，管理制度不完善会使其内部管理混乱，破坏其有序运行，降低工作效率；监督制度不严明会使其内部工作人员无法受到约束，滋生贪污腐败，破坏组织声誉。因而，完善的制度管理和监督体系是社会组织能够长期有序发展并有效发挥作用的必要条件。社会组织应是公众多元化的利益表达和实现机制，作为民意的传声筒协调政府、公众之间的关系，满足社会成员的利益需求。然而，在管理和监督机制的漏洞下，对外而言，一些社会组织为了自身利益将公众利益搁置一边，产生恶性竞争，与外部社会组织产生矛盾冲突，影响社会功能的发挥；对内而言，一些社会组织的工作人员私吞、浪费政府资源及拨款，贪污腐败，没有切实将钱用在为公众谋福利身上，反而为满足个人私欲做出不合法、不道德的行为。轰动一时的“郭美美事件”致使大部分人对慈善组织尤其是以政府为背景的慈善组织失去了部分信任，无论红十字会的善款是否真的被相关人士据为己有，但这一事件足以引起关于社会组织规范发展的讨论。建立完善的管理和监督体制，在利益诱惑面前能担当起本身的社会责任，促使社会组织工作的公开化、透明化，增强社会组织的公信度，使公众明白他们真正在为社会做贡献是社会组织所需面对的重要课题。

5.2.4 社会公众：主体意识不明确

社会公众本身既是社会管理的客体又是社会管理的主体，我国公民享有依法参与国家政治生活的权利和自由，如选举权和被选举权、监督权、建议权等。随着市场经济和民主政治的发展，我国公民已越来越广泛地参与到国家政治生活、经济生活和社会生活的各个方面，并发挥着日益重大的影响。但在社会管理的过程中，由于我国长期“官本位”思想的压制，我国公民社会的发展还不健全，公民意识尚未完全觉醒，主体意识和参与能力不强，影响了社会公众参与社会管理作用的发挥。

5.2.4.1　权利困境：参与渠道不完善

我国公民参与社会管理的主要渠道有：选举制度、听证会制度、信访制度、民意调查制度、信息公开制度、公民参与立法制度、社区自治制度、政府热线、与人大代表接触等，但这些都缺乏简洁明了的参与说明程序，都没有规定何时告知公众、怎样告知等，有些甚至该由谁去告知都没说清楚，表述得十分笼统。而且目前公众在参与上的法律支持远远不足，难以使公众的知情权、参与权、表达权、监督权四项民主权利得到有效的保障，虽然我国已经出台不少关于公民参与的法律法规，如《政府信息公开条例》等，但是这样的条文规定没有硬性的和具体的规定，约束性不足，也不能真正使公众直接参与到社会管理过程中。参与渠道和法律保障不完善会阻碍公众了解国家政治的发展情况，当其较高的政治参与期望得不到满足时就会滋生对政府的不满，降低对政治参与的热情，进一步阻碍公众在社会管理过程中的自我管理能力的提升。

5.2.4.2　角色困境：公民参与意识欠缺

“公民意识是一种现代意识，体现为人们对‘公民’作为国家政治、经济、法律等活动主体的一种心理认同与理性自觉。它具体体现为视自己和他人为拥有自由权利、有尊严、有价值的人，勇于维护自己和他人的自由权利、尊严和价值的意识，这种意识还包含公民对于国家和社会的责任感”①。由于我国公众的文化教育水平和受教育程度参差不齐，思想观念和道德自觉存在一定差距，存在一部分公民对公民责任意识认识不到位，主人翁意识不够明确，政治参与热情低，不关注政治生活，导致在政治和社会管理过程中忽视自身作用，一味依赖政府；也存在一部分公民政治素养和能力不高，虽能认识到自身应承担的国家和社会责任，参政热情较高，但却不能采用科学、合理的方法参与政治，易采取一些非理性的、不恰当

① 杨采琴．论公众参与社会管理的困境［J］．求索，2012（1）：73－75.

甚至是非法的行为。公民参与，既要不断增强责任意识，又要不断增强参与技能，保证合法、理性、有序地参与社会管理。

5.2.4.3 利益困境：整体观念薄弱

对于社会管理体系中的协同主体而言，整体主义原则是保障人民群众根本利益的重要原则，要求我们在社会生活中既要顾及个人利益，又不能侵犯他人利益或是以整体利益的增长为目标，这是利他主义观念衍生出的。但在商品社会中，由于商品经济和人类自身还没有实现全面高度的发展，人类正处于由“自利经济人”向“道德经济人”的转型期，能以整体作为指导原则、舍己为人、乐善好施者有之，但并不是社会的普遍现象。可以看到，小到邻里因一点利益纠纷闹得不可开交，大到企业违背诚信原则制造伪劣产品，政府官员为了一己私利贪污腐败，等等，这些问题的产生无不是个人利益在作祟。由于我国公民的政治素养良莠不齐，一些个体在政治参与的过程中往往只看到个人的、眼前的利益，没有整体观念和大局意识，不能做出理性的判断。

5.3 忠诚契约人与虚伪契约人的特征分析

人类的群体性和社会性本质特征决定了人与人在社会交往中存在着权利和义务的交互，在公共资源有限的情况下，自然法状态下的以追求个人利益为指向的利益冲突在所难免，个人私欲的无限膨胀如果没有政府的约束必然带来无序和纷争。为了实现公共资源的有效利用，避免社会个体的相互残杀，保证社会生活的有序运行，更好地解决个体无法解决的普遍性问题，需要公民让渡出部分自然权利，并以契约的形式委托给第三方代为管理，委托方要确保公民权利的实现，以实现公共利益最大化为目的的社会管理就是在这种情况下应运而生，人类社会由自然社会走向契约社会。

社会管理产生的基本逻辑要求其运转必须在契约关系规定的范围内进行，以社会契约的规定为前提，社会契约是公民意志的集体体现，因而社会管理必须要保障公民意志和公民权利的实现。在社会转型期的今天，社会管理正逐步由行政管理向服务管理转变，走向政府、企业、社会组织和社会公众的有机融合，社会管理主体和客体作为契约人构成新的契约关系，在契约社会生活中，契约人包含忠诚契约人和虚伪契约人两种类型。

5.3.1　忠诚契约人

忠诚契约人指在契约关系中严格遵守契约规定，在契约范围内开展活动，并通过对违反契约规则行为的惩罚和纠正来捍卫契约权威的契约人。如遵守法律法规，符合道德行为规范，在合理范围内行使个人权利，履行社会责任的社会管理主体和客体。忠诚契约人的形成一般涉及以下两点。

5.3.1.1　合乎利益要求

美国学者塞缪尔·亨廷顿曾指出“个人服从社会不是因为他比管理社会的那些人低劣，也不是因为他管理自己的能力不如别人。个人之所以服从于社会，是因为其明白与同胞的联合将对自己产生最有利的结果，而如果没有一种发生制约的权力，这种联合则无法实现”①。人性的自利特征和生存需要促使人尽可能为自己谋取更多的利益，面对有限的资源，在自然状态下，个人私欲的无限膨胀会导致人类社会像狼与狼一样的争夺厮杀，在掠夺和杀戮是合法的社会中，所有人自身的利益都无法得到有效的保障。为了形成个人权益的有效保障机制，对所有人的行为和权利形成统一的制约是必要的，个人丧失一部分天然自由和满足自己欲望的无限权利，获得的却是社会自由和对自己所享有的一切东西的所有权（包括有序的社会环境、生活便利等）。对于契约人来说，忠诚对待契约关系能够获得更多社会服务和权利，得到更多人身保障。

5.3.1.2　有限理性和渐进理性

知识的获得是后天学习的产物，对于个人来说，知识以有限的、分散的形态存在于个体大脑中，任何社会个体都不可能具有关于社会的全部知识和信息，也不可能做出全部准确的选择和判断；对于社会整体来说，人类社会是不同个体之间相互交往的关系集合，社会交往需要了解外部环境信息，而知识也不可能全部集中地、整合地存在于一个个体的大脑中，所有的知识都是分散地、残缺地存在于不同个体中。个体对于知识的掌握是有限的，而知识是理性的构成因素，这就意味着人类的理性能力都是有限的，而且伴随着知识的增加、社会经验的获得和不断的试错得以提高，因

① 塞缪尔·亨廷顿．第三波——20 世纪后期民主化的浪潮［M］．刘军宁，译．上海：上海三联书店，1998：4.

而所有人都是有限理性人和渐进理性人。在这种情况下，契约规则作为行为的指导原则，其行为态度的可预见性和价值目标的指向性能够弥补人类理性的有限性缺陷，使人类社会交往的不确定性得以弱化，成为渐进理性人在长期学习和交往中自发形成的秩序，并在实践中不断延续和发展契约关系、严格遵守契约规则。确定契约关系是有限理性的内在要求，忠诚对待契约关系是渐进理性的必然选择。

5.3.1.3 契约人间的信任基础

忠诚契约人能够严格遵守契约关系，将契约规则作为指导行动的准则，另一个重要的原因在于契约人之间的相互信任，即相信彼此都能从签订契约的一刻起遵守约定，各尽其职，承担相应的责任和义务，在规则内享有正当的权利。除了利益之外，这种对彼此的期望和信任是构成契约精神的另一原始动力，支撑着社会个体的交往和合作，维持着社会秩序和规则的确立和作用。在相互信任的基础之上，契约人能够期待他人的行为取向，对行为结果的确定性预见能够大大提高，并认为自己同样遵守契约规定会带来最大的“善”。

5.3.2 虚伪契约人

虚伪契约人指在契约关系中私自违背契约规定，为了获取更多的个人利益而违反契约规则，对他人和社会造成损害的契约人。具体表现为：政治领域一些国家机关和公职人员滥用职权，徇私枉法；经济领域一些不法商家违反市场规则和诚信原则，违法生产、经营、销售毒奶粉、地沟油、质量不达标食品等；社会生活领域一些人破坏公共卫生环境和秩序，托关系、走后门等。虚伪契约人的形成机理大抵呈现以下特点。

5.3.2.1 机会主义的投机心理

新制度经济学家威廉姆森认为，人们在经济活动中总是尽最大能力保护和增加自己的利益。人类的自私本性决定了人追求个人利益最大化的本质特征，人类所从事的一切活动的最终目的就是满足个人的欲望和需求，只要有机会，会借助各种手段来为自身谋取利益。同时人又是有限的理性动物，每个个体关于外部环境的知识都是不完善和不充分的，不可能获得关于现在和将来的所有不确定性的因素的信息，这要取决于其后天的学习程度。不同个体间所掌握的知识不同造成不同个体间的信息差异，投机主义者会利用这种信息不对称性背信弃义，采取不道德、不合法的手段来损人利己。人类的逐利本性和有限理性容易使人滋生机会主义的投机心理，当个人利益与他人利益或社会利益发生冲突，或选择违背契约精神会对个人产生更多的利益时，虚伪契约人便会采取违反契约规则的行为。

5.3.2.2 传统社会怕“人”不怕“法”、重“礼”不重“约”

两千多年的封建统治，使得封建专制思想在中国社会根深蒂固，整个社会为传统礼教所规制，君臣之间“君君臣臣”，官大、君主大，民众恪守“三纲五常”，对官员和政府有强烈的依赖性，主体意识严重缺失。一方面，在专制的统治下是人治的社会，皇权至上，官员拥有相当大的权力，而人治会导致更多的不确定性和随机性，导致民众对法律的敬畏程度不够，怕“权”而不怕“法”，只要在权力的默许下就可以为所欲为，这样违反规则和契约的行为就会增多，缺乏培养民众社会诚信意识的政治土壤。另一方面，在封建礼制的体系下，“礼”用来规范国家运行和民众生活，而非“法”，“礼”是一套道德行为规范和严密的等级制度，合于“礼”的能做，不合于“礼”的不能做。契约的本质在于平等和自由，中国传统封建社会是一个体系严密的等级社会，民众和皇权是不平等的，缺乏契约能够成立的基础，缺乏培养民众契约精神的社会土壤。由此观之，中国缺乏契约精神的社会传统，这是当今社会虚伪契约人存在的重要因素。

5.3.2.3 维护契约关系的社会机制不健全

维护契约关系有序运行的社会机制包含完备具体的法律体系和道德规则教育。法律能对社会生活做出强制性的规范，为公众的行为划定可允许的边界并对越界行为实施必要的惩处，起到震慑和警告的作用。我国当前法律存在建设不完善、不具体的情况，相当多的法律法规在行为许可的条件、范围、具体的惩治措施方面都制定得非常粗糙，对经济活动尤其是社会生活领域的失信行为缺乏有效的监督和惩罚机制，且章法不统一不明确，这造成了一些不法分子投机取巧、钻制度和法律的空子、损害公共利益等现象频繁发生。道德规则教育能够帮助人们塑造正确的价值观和人生观，对培养规则意识和美好品质起着不可替代的作用。在现实生活中，道德规则教育缺失的现象越来越引起人们的重视，家庭无限溺爱孩子不问过错，学校在应试教育的压制下忽视素质教育，社会中“守法难、违法易”“守法吃亏，违法获益”等不良社会现象的引导使得诚信守规则的教育越来越为人所忽视，契约精神也越来越不受到重视，社会失信行为的增多就无可避免。

5.4　社会管理主体契约伦理的决策模型

由上述内容分析，笔者将从利己利他主义双重人性论观点出发，根据政府、企业、社会组织、社会公众在社会管理过程中的伦理失范行为的形成机理，对社会管理主体契约伦理的决策模型构建如图 5－1 所示。

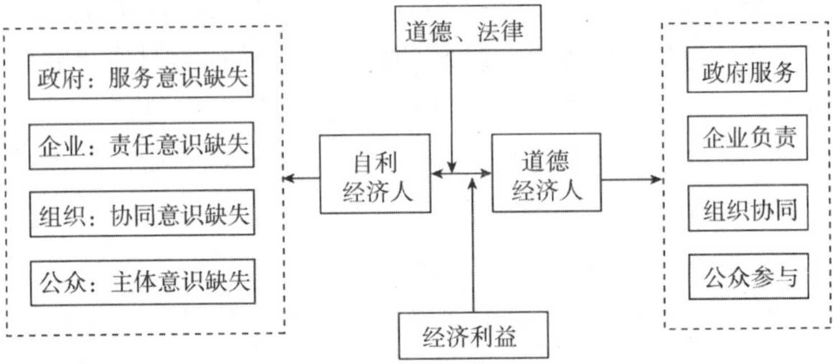

图 5－1　社会管理主体契约伦理决策模型

以利己主义和利他主义为出发点，会形成两种不同的道德考量和伦理抉择。认为人性是单纯的利己或利他都会产生不可避免的局限性，没有单纯的好人也没有单纯的坏人，利己利他两利主义的“双重人性论”观点似乎更符合人类在社会生活中的真实表现，而利己和利他哪一种特性更占据上风，则取决于个体在利益和道德、法律之间的权衡。当对经济利益的考量压制了道德、法律的约束时，公共资源和公共职责的冲突便会显现，政府、企业、社会组织和社会公众呈现出自利经济人的形态，各自面临自身的权利困境、角色困境和利益困境。若道德、法律为经济活动的边界合理设限，得到社会成员的一致认可和维护，那么政府、企业、社会组织和社会公众就呈现出道德经济人的形态，这样既保障了对利益追求的无限动力又维护了社会活动的有序运行。在商品社会中，自利经济人和道德经济人是共存并互化的；在契约关系中，忠诚契约人和虚伪契约人也是共存并互化的，社会管理的一个重要目标就是要通过加强道德教育、完善法律制度来实现“自利经济人”向“道德经济人”的转变，“虚伪契约人”向“忠诚契约人”的升华。

对于时下的中国而言，需要个人不断追求幸福的生活和自我的利益，这种动机和目的是有效促进社会经济、文化发展的有力源泉；需要道德规范和崇高的价值尺度来引导社会风向，弘扬中华民族乐善好施的传统美德，营造和谐发展、文明有序的社会环境；也需要完善的法制体系来有效规范和约束社会主体的生活，对不法行为严厉打击，威慑和示范社会行为，进一步实现社会全面、均衡、整体的发展。党的十八大报告提出要“建立健全党委领导、政府负责、社会协同、公众参与的社会管理格局”，要实现“自利经济人”向“道德经济人”“虚伪契约人”向“忠诚契约人”的转变和升华，需要社会管理主体的协同努力。

政府要维护好和保障好最广大人民群众的基本社会权利，坚持全心全意为人民服务，鼓励社会个体的自主性和自我发展，不断完善各项制度及法律体系，弘扬道德先锋模范和科学的社会主义价值观，创新经济发展方式，以经济动力带动各项事业的发展，同时合理解决不同领域、不同地区、不同社会群体之间的问题和矛盾，统筹兼顾、总揽全局，实现社会全面、健康、有序发展。

企业是市场的主体，一方面要在市场规则和法律制度的规范下从事商品生产、流通和服务等经济活动，满足社会需求，创造经济效益；另一方面要勇于承担社会责任，树立良好的企业形象，坚守社会公德心、积极进行公益资助活动、保护环境、改善员工福利、加强社区建设等。

社会组织是社会管理过程中不可忽视的一支队伍，它是社会力量的集结，一方面代表着公意，承载着政府转移的部分职能，代表着社会领域的改革，要积极维护民众的权利和利益，充分发挥自身职能，将国家福利落实到公众身上；另一方面代表着民意，承载着公众的利益诉求，要积极与公众做好沟通、协调，收集公众意见汇总政府部门，不断提高自身服务质量和管理水平。同时，社会组织在社会管理监督系统中既是被监督者也是监督者，在监督政治和市场领域运作的同时，也要积极接受政府、公众的监督，形成不同领域的良性沟通。

社会公众承担着社会管理主体和客体的双重身份，是社会管理过程中最庞多复杂的群体，也是检验政府、企业、社会组织社会管理效果和水平的重要考评者，其切身利益与社会管理息息相关。在社会管理的过程中，作为客体，公众要严格遵守法律的要求，践行社会道德规范，在不同的社会角色上承担好各自的社会责任，携手构建和谐文明、健康有序的社会环境；作为主体，公众可以积极参与公共政策的制定，通过民主选举的方式参与社会管理，合理表达自身的利益诉求，维护自身权益。

5.5 本章小结

本章从微观角度出发，对影响社会管理主体道德哲学和伦理选择的因素进行了分析，着重讨论了其伦理失范行为的形成原因，为后续社会管理主体间的社会互动与多方博弈的整体观分析奠定了基础。一方面，结合学者韩昌跃的观点，通过对人性本质的解读，得出利己主义和利他主义是构成人性的两个相反相成方面的双重人性论结论；另一方面，结合对社会管理主体自身所面临的权利困境、角色困境和利益困境的分析，提出自利本性是造成社会管理主体伦理失范行为的内部根本原因，而道德教育和法制建设是影响社会管理主体伦理抉择的外部制度因素，它们综合形塑了社会管理主体自身的道德哲学与伦理选择。

6 社会管理市场中的契约博弈分析

社会管理主体在开展社会管理的过程中，面临着获得“社会回报”与支付“管理成本”的矛盾，社会管理的收支结构实际上构成了一个社会管理市场。而“契约”作为保证市场良好运行的有效机制，在一定程度上规范与约束了社会管理主体对社会管理参与的选择以及对社会管理收支的竞争。本章首先分析了社会管理主体间契约伦理实现的基础与契约伦理背叛的表现，其次借助博弈论对社会管理市场中的两类契约形式：约定契约与心理契约进行分析，分析两类契约形式对于社会管理主体契约伦理决策的影响机制，并借此构建契约博弈矩阵，探讨应如何实现和谐发展的社会管理市场环境。

6.1 社会管理主体间契约伦理的实现与破坏

从经济学视角分析，社会管理主体的决策者是理性经济人，因此其开展社会管理的根本目标在于寻求自身利益满足或自我价值实现，而社会管理主体间由此缔结的契约关系，也一定程度上依赖于多方固有的利益动因与利益关系，本节试从利益角度分析社会管理主体间遵循契约伦理的前提，以及社会管理主体间产生契约伦理背叛的表现与原因。

6.1.1 契约伦理实现：共同目标与共同利益

在社会主义市场经济中，人们之间存在着的不同生产关系与社会关系导致了利益差异，利益差异进一步产生了不同的利益诉求，由此引发了各种社会矛盾，社会管理意义显现[①]。然而不同的社会管理主体实质上也是不同的利益群体，其间也必然存在着冲突与矛盾。随着社会主义市场经济发展，社会管理领域越来越呈现出管理主体多样化、管理格局多元化及管理关系复杂化的态势。在这一社会背景下，共同目标与共同利益成为不同社会管理主体间寻求契约合作、实现契约伦理的基本前提。基于利益视

---

① 蔡禾．从利益诉求的视角看社会管理创新［J］．社会学研究，2012（4）：10—16.

角，本节归纳社会管理主体的共同目标大体有以下五点①。

共同基础：促进社会利益增长。实现利益的稳定增长与持续提高是开展社会管理的共同基础。无论是人民群众的基本生活、生产，或是社会管理活动的开展，均有相应的物质需求与精神需要。只有在社会利益稳定增长、社会效益持续提高的前提下，社会管理主体才能带领全体人民实现共同富裕。因此，社会管理主体必须坚持不断解放、发展生产力，促进社会整体利益的不断增长。

基本前提：实现社会利益认可。实现社会大众对管理主体的认可是开展社会管理的基本前提。社会管理主体必须坚持以“社会利益”为指导原则，只有当相关政策措施得到了社会大多数群众的支持与认可时，才能够在最大限度上动员人民群众参与社会管理实践，减少社会能量损失与社会资源浪费，最终实现对社会各界统一有效的管理。

首要目标：有效协调利益关系。利益的协调、分配与整合是开展社会管理的首要目标。由于不同社会利益群体间常常存在利益冲突且其涉及领域广泛，因此其间进行直接沟通交流的可能性较低且成本颇高。社会管理主体作为其中相对的中立者与联系纽带，承担起了加强社会各部分间的有机联系、促进社会和谐统一的重要任务。

有效手段：开展利益分层管理。对社会利益开展统一指导下的分层次管理是社会管理的有效手段。社会层次的复杂性对社会管理的统一性和层次性提出了高要求与高标准，统一性是指社会管理应坚持统一的目标，而层次性则指出了社会中现实存在的由贫富差距、教育背景等带来的不同阶级层次。实现对社会的有效管理，强调在统一管理的前提下按照不同利益层次或利益关系进行分层次管理。

核心诉求：反馈人民利益诉求。全心全意为人民服务是开展社会管理的核心诉求。我国是实行人民民主专政的社会主义国家，人民群众是根本意义上的社会管理者，政府等机构作为由人民群众挑选的执行民意的社会管理主体，必须始终坚持以民为本，为人民群众创造参与社会管理、了解社会现状的畅通渠道及有效条件，同时广泛吸收其利益诉求与集体智慧。

促进社会利益增长、实现社会利益认可、有效协调利益关系、开展利益分层管理、反馈人民利益诉求这五点目标共同构成了不同社会管理主体

---

① 王成国．社会管理的理论与实践［M］．北京：高等教育出版社，2015：118－120.

之间开展合作的基础与纽带，也规范了社会管理主体的基本任务：整合多元化利益种类，形成社会共识；化解多因素利益冲突，缓解社会矛盾；协调多群体利益关系，促成和谐社会；完善多维度利益分配，实现共同富裕……无论是政府对社会管理机制的设置、社会组织对伦理文化建设的倡导、企业对社会责任履行的坚持，还是公民对道德品质建设的追求，实质上都体现了不同社会管理主体开展社会管理的共同目标与追求，而这些共同利益与共同目标则构成了社会管理主体间达成契约合作与实现契约伦理的基础条件。

6.1.2 契约伦理背叛：竞争伦理与主体道德的缺失

在市场经济中，同一领域内供求从来不可能完全互相适应[①]。虽然共同利益构成了不同社会管理主体间的合作基础，但社会管理领域同样存在着矛盾与对立——在社会管理领域中，由于社会管理需要大量成本支出，而其带来的社会回报（政策倾斜、社会资源等）具有有限性，所有管理主体均希望能够获得更多有限回报并将其转换为自身的利益与发展的动力。社会管理主体在社会管理领域中对“社会管理支出”与“社会管理回报”的推诿与抢夺需要通过竞争得以实现，而竞争则需要“契约”以规范双方甚至多方的行为与关系。当社会管理进入了竞争范畴时，契约也将这些管理主体乃至管理道德一同纳入了分析视野。“逆向选择”与“道德风险”则是契约过程中伦理失范的两类典型。

6.1.2.1 逆向选择与契约背叛

逆向选择（adverse selection）一般是指双方在达成契约前，由于信息不对称的情况而使得一方处于有利地位而一方处于不利地位，常出现于二手市场与保险市场，可用以解释由于信息不对称带来的市场资源配置扭曲现象。

Akerlof（1970）被认为是系统研究逆向选择理论的第一人，其以“柠檬市场”形象地解释逆向选择：在二手车市场上，卖方深谙某一旧车的质量高低，而买家仅仅知晓该市场旧车的平均质量，在买家只愿意按照平均质量的价格购买时，高质量二手车将由于无法出售而遭到淘汰，而剩余低质量的车又将促成一个更低质的柠檬市场[②]。此后，Rothschild 与 Stiglitz

---

① 章海山．企业竞争伦理机制的探析［J］．中山大学学报社会科学版，2001，41（2）：1—7.

② Akcrlof G A. The Market for “Lemons”：Qualitative uncertainly and the market mechanism［J］．Quarterly Journal of Economics，1970（84）：488—500.

（1976）则进一步研究了保险市场中的逆向选择效应：出险概率较高者会比出险概率较低者更加愿意购买保险，因此保险公司因常出现入不敷出状况而提高保费，此时较高的保费又可能排除低出险概率者的购买，同时使得保险公司面临更高的赔付金额与更大的赔付率①。

社会管理领域中的逆向选择与保险市场有着一定的相似性，社会管理主体间所签订的契约在某种程度上类似于保险的保单，由于社会管理双方间信息不对称且相互不信任，因此无法准确知晓或判断对方实际上是否会遵守契约并履行责任，一方面导致了契约成本的提高，而另一方面则可能产生契约的背叛。

例如，在社会管理领域中，政府无论在法律上或是伦理上都承担着社会管理的责任，其作为社会管理公器具有相对的主导地位。假设其希望通过给予一定的政策倾斜或资源补偿与某一企业达成纸质条文的契约或是约定俗成的契约，从而使得该企业能够在其所在的领域开展社会管理活动。此时，明知自己不会或无力履行有效的社会管理职责但却希望借此获取额外利益的企业会更倾向于利用这一信息差与政府签订契约，营造出积极承担社会责任的良好形象，骗取财政支持与政策倾斜。而政府知道这种情况发生的可能但却无法确定某一企业是否会采取这种行为，因此在签订契约前需要对该企业进行评估和选择，该企业也需要通过行动或其他手段以证明自己，不仅导致了额外费用产生与契约成本提高，也降低了部分真心签约的企业的热情。在逆向选择效应下，无论是契约成本或违约可能性都被提高。

6.1.2.2 道德风险与契约背叛

道德风险（moral hazard）一般可分为事前道德风险与事后道德风险。美国经济学家 Arrow（1963）为事前道德风险的相关研究做出了基础性贡献，并提出了道德风险的一般概念——道德风险即个体行动由于受到保险的保障而发生变化的倾向②。而 Spence 与 Zeckhauser（1971）则最早对事后道德风险进行了系统性的研究，认为保险人由于无法观察到保险事故发

---

① Rothschild M, Stiglitz J. Equilibrium in competitive insurance markets: An essay on the economics of imperfect information [M] // Foundations of Insurance Economic s. Springer Netherlands 1976: 355—375.

② Arrow K J. Uncertainty and the welfare economics of medical care [J] . The American economic review, 1963, 53 (5): 941—973.

生的真实原因，因而可能受到投保人的保险欺诈①。道德风险也常出现在保险市场中，即购买保险者在拥有保险的保障后一反常态，肆意做出风险较大的行为，而由于保险公司既无法实时监控购买者也无法对购买者的这种行为进行约束，使得赔付风险实际上大大增加。事前与事后的道德风险均强调了保险保障影响个体行为的改变倾向。

社会管理领域中的道德风险主要是事后道德风险，与保险市场同样具有相似性，可以被简单理解为某一社会管理主体在社会管理契约以及其他社会管理主体履行社会管理责任的保障之下，产生背叛契约的行为。例如，企业可能的确出于承担社会责任的目的与政府签订社会管理契约，然而一旦当其获得了相应的财政支持、政策倾斜等，企业有可能选择背叛契约；或是以社会管理为名，滥用社会资源，甚至是开展有害社会健康发展与和谐稳定的企业活动，反而增加了政府的社会管理成本。而政府也同样知道这种情况发生的可能性，因此在签订契约后仍须对企业进行追踪与监督，又进一步导致了额外费用的产生与契约成本的提高。

“逆向选择”与“道德风险”作为社会管理主体违背契约、背叛契约伦理的典型现象，通过对它们的分析可以发现，两种现象存在着如下共同点。其一，双方信息的不对称：契约双方无法实现对对方的实时监控与全面了解，因此无法充分地确定其是否会遵循契约伦理以及其履行社会管理职责的能力、领域及效果；其二，契约本身的不完善：契约本身就是存在一定缺陷的，例如缺乏合理的条款和机制将那些搭便车者排除在外，反而可能由于烦琐的程序和严苛的要求等将真心签约者排除在外；其三，决策主体的逐利性：社会管理主体决策者是理性的经济人，他们或多或少地拥有利己主义倾向，在无法准确判断社会管理的长期效应及背叛契约的社会惩罚等因素时，出于对短期社会收支的判断，在利益最大永恒追求下选择背叛契约伦理。

在社会管理主体对“社会管理支出”与“社会管理回报”的推诿与抢夺过程中，以上三点共同加剧了管理主体背叛契约伦理的可能性，其中，双方信息不对称与契约本身不完善属于竞争机制的伦理罅隙，而决策主体逐利性则属于管理决策者存在的道德缺陷。综上所述，收支竞争的不协调、双方信息的不对称、契约本身的不完善以及决策主体的不道德共同导

① Spence M, Zeckhauser R. Insurance, information, and individual action [J]. The American economic review, 1971, 61 (2): 380—387.

致了社会管理主体间契约的违背与契约伦理的失范。

6.2 社会管理市场中的约定契约与心理契约

在现代市场经济中，无论是伦理道德还是物质利益都依赖于竞争表现出特有的价值。竞争是个人、集体、国家之间的角逐，凡两方或多方力图取得并非各方均能获得的某些东西时，竞争便会产生[①]。社会管理主体对于“管理支出”的推诿与“管理回报”的抢夺即体现出了强烈的竞争关系，这种竞争关系则构成了一个类似却又区别于普通商品市场的社会管理市场。在社会管理市场中，社会管理主体间的高效合作是其健康有序发展的先决条件，而契约及契约伦理则是保障高效合作的有效途径。如何建立一种制度体系、道德文化以规范社会管理主体的行为并且有效防范机会主义行为的发生，是社会管理市场的关键问题。根据契约本身不同的性质与作用机制，笔者认为在社会管理市场中社会管理主体间存在两种基本契约形式——约定契约与心理契约。

6.2.1 社会管理主体间的约定契约

所谓约定契约（agreed contract），顾名思义是指社会管理主体间就某项社会管理活动达成了口头或文字、明示或暗示的约定。根据其执行的强制性和法律性，可以被划分为正式契约与非正式契约两类。

6.2.1.1 正式契约

正式契约（formal contract），一般指那些受到法庭等第三方中介支持的约束人们行为的合同[②]。社会管理领域的正式契约中，通常有详细的法律法规或政策条款对契约各方的社会管理行为进行严格约束，当契约主体违背契约时也有相应的申诉机制与惩罚机制对契约做出保障。社会管理领域中的正式契约，主要出现在政府与企业、政府与社会组织之间。

2015 年中国国家财政部大力推行的“政府与社会资本合作模式”（Public Private Partnership，PPP）即是政府与企业间达成正式契约的典型代表。所谓 PPP 模式，官方将其定义为“不同社会系统倡导者间的所有

---

① 伊特韦尔，等．新帕尔格雷夫经济学大辞典［M］．北京：经济科学出版社，1992：577.

② 吴德胜，李维安．非正式契约与正式契约交互关系研究——基于随机匹配博弈的分析［J］．管理科学学报，2011，13（12）：76—85.

制度化合作方式”（联合国，2000）①；“公共部门和私人部门之间的一种合作关系”（欧盟，2003）②；“政府部门与私人部门间就公共资源或公共服务的提供而签订的长期合同”（世界银行）③；“政府部门与企业组织在基础设施及公关服务领域建立的一种长期合作关系”（中国财政部，2014）④。而学者则认为 PPP 是“企业与组织在合作上的一种描述性规定”（Linder，1999）⑤；“具有持久性质的公共和私人行为者之间的合作”（Klijn & Teisman，2003）⑥；“政府公共部门与民营部门合作过程中，让非公共部门所掌握的资源参与提供公共产品和服务，从而实现政府公共部门职能并同时也为民营部门带来利益”⑦。以上关于 PPP 的内涵界定，不同程度地揭示了 PPP 模式之下政府与企业间存在的正式契约关系。

“政府购买公共服务”则是政府与社会组织间达成正式契约的典型代表。所谓“政府购买公共服务”，即是指“政府通过财政向各类社会服务机构直接购买公共服务，从而实现其职能与财政效力”⑧；“由政府界定服务的种类与品质，向受托者支付费用以购买全部或部分公共服务”⑨。总而言之，“政府购买公共服务”即是政府通过向其他各类社会组织支付全部或部分费用的契约化购买行为，实现其他社会组织对公共服务的提供，属于政府与社会组织间存在的正式契约关系。

6.2.1.2 非正式契约

新制度经济学认为，法律制度的确能够保障正式契约的执行，但是却

---

① United Nations Institute for Raining and Research. PPP－For sustainable development ［M］. 2000.

② The European Commission. Guidance for successful PPP ［M］. 2003.

③ World Bank. Public private partnership reference guide：version 2.0 ［EB/OL］. http：//documents.worldbank.org/curated/en/600511468336720455/Public－private－partnerships－reference－guide－version－2－0.

④ 中国财政部．关于推广运用政府和社会资本合作模式有关问题的通知［EB/OL］．财金［2014］76 号．2014－9－23.

⑤ Linder S H Coming to terms with the public－private partnership a grammar of multiple meanings ［J］. American behavioral scientist，1999，43（1）：35－51.

⑥ Klijn E H，Teisman G R. Institutional and strategic barriers to public—private partnership：An analysis of Dutch cases ［J］. Public money and Management，2003，23（3）：137－146.

⑦ 贾康，孙洁．公私伙伴关系（PPP）的概念，起源，特征与功能［J］．财政研究，2009，10（2）：2－10.

⑧ 李慷．关于上海市探索政府购买服务的调查与思考［J］．中国民政，2001（6）：23－25.

⑨ 虞维华．政府购买公共服务对非营利组织的冲击分析［J］．中共南京市委党校学报，2006（4）：46－51.

忽视了法律执行的前提条件，即契约的完备性。在现实社会管理市场中，实现具有完备性的契约极其困难，往往需要高昂的谈判费用和维护费用。另外，即使契约完备，法律诉讼的费用也不容小觑[①]。因此，社会管理市场中需要一种非正式契约用以约束社会管理主体的行为。

非正式契约（informal contract），一般是指那些约束人们行为的习俗、规范、信念、声誉等[②]。在社会管理领域的非正式契约中，由于缺乏第三方中介对契约双方行为的监督和法律法规等强制性手段的惩罚，因此只能依靠重复竞争的激励与惩罚来自我执行契约。社会管理领域中的非正式契约广泛存在于所有社会管理主体之间。

例如，假设某一地方政府开展环境整治活动。对于当地企业与社会组织而言：一方面当地大型企业与社会组织应当积极配合政府行动，例如捐助提供环境整治的资金资助、技术支持甚至是人力资源，同时主动承担其监督的责任；另一方面当地涉及环境保护或环境污染相关的企业与社会组织，也应积极响应政府号召，减少环境污染、加强环境治理等。对于当地社会公民而言：一方面要响应政府的环境整治工作，规范自身行为；另一方面则要积极行使监督权利，配合政府监管工作。企业、社会组织及社会公众的配合与响应并非法律法规、政策条例所明文规定的，也缺乏强制性保障手段，但确是社会规范、公序良俗所要求或期望的。履行这些行为，不仅可以使其避免遭受社会道德的职责，还可能获得社会声誉上的提高与发展环境上的改善。

由于契约固有的不完备性与法律的高成本性，非正式契约是目前社会管理中更为普遍的契约执行形式。

6.2.2 社会管理主体间的心理契约

所谓心理契约（psychological contract），表现为契约各方对彼此的相互期望与相互信任，信任对方能够意识到并履行其自身所承担的责任与义务，同时期望自身能够获得与支付相当的回报。

6.2.2.1 相互期望的心理契约

组织心理学家 Argyris（1960）在其著作《理解组织行为》中最早提

---

① 吴志军．生态工业园企业合作非正式契约的博弈分析［J］．经济管理，2007（4）：92—96.

② 吴德胜，李维安．非正式契约与正式契约交互关系研究——基于随机匹配博弈的分析［J］．管理科学学报，2011，13（12）：76—85.

出了心理契约的概念，用以描述工头与雇工之间的关系①。此后许多学者对心理契约做出概念界定：Levinson 等（1962）指出心理契约是“组织与雇员间相互期望的总和，是一种未书面化的契约”②；Kotter（1973）认为心理契约是“个体与其组织之间的一种内隐契约，用以将双方的期望具体化”③；Schein（1960）将心理契约描述为“每个成员与管理者及其他人之间在任何时候都存在着的没有明文规定的一整套期望”④。此后，关于心理契约的研究划分为了两大学派，其中 Rousseau 学派（Rousseau，1990⑤；Robinson，Kraatz & Rousseau，1994⑥；Morrison & Robinson，1997⑦）认为，心理契约是雇佣双方建立在对承诺的主观理解上的，对相互义务的系列理解与信念，且这种信念不一定被意识到；而古典学派（Herriot & Pemberton，1995⑧；Guest，1998⑨）则强调这种相互义务和责任来源于主观的理解与认知。

综上所述，关于心理契约的定义尤其强调契约各方基于承诺建立而成的对于相互义务的主观感知，以及对彼此之间的相互信任与期望，这种承诺可以是书面的或是口头的，正式的或是非正式的，具体的或抽象的……因此可以认为，心理契约是对约定契约的一种补充，反映了契约各方对约定契约所规定的义务的感知理解、执行意愿与相互期望。

虽然学者们关于心理契约的概念大多将其限定于“组织－员工”的雇佣关系中，但本书认为社会管理主体间同样存在着类似的心理契约。在社

---

① Argyris C. Understanding organizational behavior [M]. London: Tavistock Publications, 1960.

② Levinson H, Price C R. Manden K J, et al. Men, management and mental health [M]. Cambridge: Harvard University Press, 1962.

③ Kotter J P. The psychological contract: managing the joining—up process [J]. California management review, 1973 (15): 91—99.

④ Schein E H. Organizational Psychology [M]. NewJersey: Prentiee Hall, 1980.

⑤ Rousseau D M. New hire perspectives of their own and their employer' s obligations: A study of psychological contracts [J]. Journal of Organizational Behavior, 1990, (11): 389—401.

⑥ Robinson S L, Kraatz M S, Rousseau D M. Changing obligations and the psychological contract: A longitudinal study [J]. Academy of M anagement Journal, 1994, (37): 137—152.

⑦ Morrison E W, Robinson S L. When employees feel betrayed: A model of how psychological contract violation develops [J]. Academy of management Review, 1997, 22 (1): 226—256.

⑧ Herriot P, Pemberton C. New Deals: The revolution in managerial careers [M]. Chichester: John Wiley & Sons, 1995.

⑨ Guest E D. Is the psychological contract worth taking seriously? [J]. Journal of Organizational Behavior, 1998, (19): 649—664.

会管理契约中，由于政府社会管理公器的法律地位，以及其占有社会管理资源的绝对优势，使其在实际意义上不可避免地占有主导权，而企业、社会组织以及社会公众则在政府的统筹安排下各司其职。因此，政府与其他社会管理主体之间实际上形成了类似于雇佣关系的模式——政府通过资源倾斜、政策保护及财政支持向其他社会管理主体购买社会管理行为，而其他社会管理主体则出于上述利益及后续的社会回报履行管理职责。因此，将心理契约纳入社会管理主体间分析是存在合理性的。

由此，社会管理主体间除了存在约定契约外，还存在心理契约——对于相互义务的主观感知与对于彼此的相互期望：政府意识到自己应当支付的资源倾斜、政策保护及财政支持，并期望其他社会管理主体严格履行他们在各自领域的社会管理职责，并不断提升社会管理的质量；其他社会管理主体意识到自己应当承担的社会管理责任，并期望政府能够对其行为进行报酬与奖励，同时采取培训措施等提升自己的社会管理效率。

6.2.2.2 心理契约的二维结构与三维结构

关于心理契约的内容结构，学界主要形成了两派观点，对于其属于二维结构或是三维结构展开了相关争论。

Rousseau 与 Parks（1993）将心理契约分为两大维度：交易型心理契约（transactional psychological contract）与关系型心理契约（relational psychological contract）。交易型心理契约强调对经济层面的、外在需求的满足，因此具有一定时间限制与范围限定，在社会管理市场中可表现为通过积极参与更多的社会管理活动以换取政府提供的更多资源与奖励；关系型心理契约则关注社会情感方面的满足，因而是无限期的、涉及更广泛领域的契约关系，可表现为管理主体希望以互相信任、共享利益作为基础建立长期合作关系①。

Rousseua 与 Tiojrimala（1999）通过实证研究发现心理契约可由三维度构成：交易维度、关系维度与团队成员维度②，社会管理主体之间同样存在着心理契约的三维结构。其一，交易维度：交易维度指政府为其他社会管理主体提供相应的社会管理资源与社会管理回报，其他社会管理主体

---

① Rousseau D M, McLean Parks J. The contracts of individuals and organizations ［J］. Research in organizational behavior, 1993（15）：1—43.

② Rousseau D M, Tijoriwala S.（1996）. It takes a good reason to change a psychological contract. Society for Industrial Organizational Psychology, April, San Diego.

承担在各自领域基本的社会管理任务；其二，关系维度：关系维度指社会管理主体间关注各方未来长期稳定的合作关系，追求利益分享与共同发展；其三，团队成员维度：团队成员维度是指社会管理主体构成了一个社会管理市场，处于这个市场中的所有个体注重人际的友好关系与良性互动。一旦三维度中的任意一维度遭到破坏，例如政府不再为其他主体提供资源与回报，社会管理主体间互相打击而不再追求利益共享，社会管理主体间的相互期望就将遭到破坏，进而导致心理契约违背现象产生。

心理契约的二维结构与三维模型之间其实存在内在联系，首先两者的交易维度一致，都强调了对基本约定契约的遵守；其次二维模型中的关系维度，实际上指向了社会管理主体在社会管理工作中所获得的管理成就感以及人情满足感，即三维模型中的关系维度与团队成员维度，三维模型将其具体化与深入化。笔者倾向于认为，心理契约包含三大层次的内容，不仅是对约定契约的遵守、对合作关系的追求，还有对人际关系的强调。

综上所述，社会管理市场中，社会管理主体之间存在着约定契约与心理契约两种契约形式。约定契约指现实存在、事先约定的契约，又可划分为正式契约，即由法律等第三方保障的契约；与非正式契约，即由社会公序良俗保障的契约。心理契约则是指社会管理主体间在心理上对相互义务的理解与和谐关系的期望。约定契约更加强调契约的责任性，而心理契约则更加强调契约的伦理性。

6.3 社会管理主体间契约伦理的博弈分析

“约定契约”与“心理契约”作为社会管理契约的两种基本形式贯穿于社会管理主体契约伦理决策的整个过程，本节将借助博弈矩阵从博弈论角度具体研究社会管理主体在约定契约过程与心理契约过程中利益与伦理的博弈，探讨其产生各类契约伦理决策的具体原因以及相互之间的影响。根据上文所述，政府在社会管理体系中占有相对主导的地位，一定程度上统筹着社会管理体系的运行，因此，在博弈分析中将其他社会管理主体归为一类，即社会上存在两大类不同的社会管理主体——政府与其他。而就某一地区而言，仅存在地方政府与其他社会管理主体，地方政府受到中央政府管辖。

6.3.1 约定契约责任的博弈分析

假设政府与其他社会管理主体均属于理性经济人即目标均是利益最大

化，且双方明晰自己的决策后果，但由于信息不对称无法知晓对方决策。同时，在约定契约中双方均需要为自己的违约行为承担相应契约惩罚，惩罚所得归对方所有。由此可以得到如表 6-1 所示的博弈矩阵。

表 6-1 约定契约责任的博弈矩阵

		其他社会管理主体	
		遵守	违背
地方政府	遵守	(R_1-C_1, R_2-C_2)	$(R_1-L_1-C_1+M, R_2-M)$
	违背	$(R_1-N-K, R_2-L_2-C_2+N)$	(R_1-L_1+M-K, R_2-L_2+N)

注：R_1，R_2 为地方政府与其他社会管理主体分别所能够获得的社会回报；
C_1，C_2 为地方政府与其他社会管理主体分别所需支出的社会管理成本；
L_1，L_2 为存在违约情况下地方政府与其他社会管理主体分别所需承担的损失；
M，N 为地方政府与其他社会管理主体违背契约需要承担的契约惩罚；
K 为地方政府违背契约时将要受到的中央政府的惩罚。
（当契约项目接受中央政府监督时存在，如国家级项目。）

从其他社会管理主体角度分析：当地方政府遵守约定契约时，其他社会管理主体遵守约定契约可获得收益 R_2-C_2，违背约定契约则可获益 R_2-M，效益差为 $M-C_2$，即其他社会管理主体选择的关键在于遵守约定契约的管理成本与违背约定契约的惩罚力度间的比较：当惩罚力度大于管理成本时其他社会管理主体将选择遵守约定契约，反之当惩罚力度小于管理成本时其他社会管理主体将选择违背约定契约。而当地方政府违背约定契约时，其他社会管理主体遵守约定契约可以获得效益 $R_2-L_2-C_2+N$；违背约定契约将获得收益 R_2-L_2+N，效益差为 $-C_2$，即当地方政府背叛约定契约时，其他社会管理主体必定选择违背约定契约责任。

从地方政府角度分析：当其他社会管理主体遵守约定契约时，地方政府遵守约定契约可获得收益 R_1-C_1，违背约定契约则可获益 R_1-N-K，效益差为 $K+N-C_1$，即地方政府选择的关键同样在于遵守约定契约的管理成本与违背约定契约的惩罚力度之间的比较，与社会管理主体不同的是地方政府在国家级合作项目及部分地方合作项目中还将接受中央政府的管辖与监督：当总惩罚力度高于管理成本时地方政府将选择遵守约定契约，低于管理成本时则将选择违背约定契约；而当其他社会管理主体违背约定契约时，地方政府遵守约定契约可以获得效益 $R_1-L_1-C_1+M$，违背约定

契约将获得收益 R_1-L_1+M-K，效益差为 $K-C_1$，即当其他社会管理主体产生违背时，政府选择的关键也在于中央政府的惩罚力度与社会管理的成本支出之间的比较。

然而在现实生活中，由于受到契约本身规范性与法律成本高昂性的限制，社会管理领域违背约定契约责任的惩罚力度往往并不大；又由于受到信息不对称等竞争机制的伦理缺陷限制，社会管理领域对于违背约定契约责任的监督技术也不完善。因此在地方级项目的约定契约上，由于 M、N、K 可以被忽略不计，双方均会选择“违背”作为自己的占优策略（dominant strategy），最终形成的纳什均衡（Nash equilibrium）[①] 为 {政府违背，其他社会管理主体违背}，陷入非合作博弈的囚徒困境；而在国家级项目契约中，由于中央政府的严格监督和严厉惩罚（K），则会形成 {政府遵守，其他社会管理主体违背} 的纳什均衡，而其中无论是哪一种均衡，都将是对契约责任的违背，都将无法实现社会管理效益的最大化。

6.3.2 心理契约伦理的博弈分析

心理契约存在于管理主体的内心活动中，具有较强的主观性、个体性的特点，也更具伦理性。由于其形成面临着诸多复杂的不确定因素，本节假设地方政府选择遵循心理契约伦理的概率为 p（$0\leqslant p\leqslant 1$），选择背叛心理契约伦理的概率为 $1-p$；其他社会管理主体选择遵循心理契约伦理的概率为 q（$0\leqslant q\leqslant 1$），选择背叛心理契约伦理的概率为 $1-q$。由此可以得到如表 6-2 所示的博弈矩阵。

表 6-2 心理契约伦理的博弈矩阵

		其他社会管理主体	
		遵循（q）	背叛（$1-q$）
地方政府	遵循（q）	(R_1-C_1, R_2-C_2)	$(R_1-L_1-C_1+M, R_2-M)$
	背叛（$1-q$）	$(R_1-N-K, R_2-L_2-C_2+N)$	(R_1-L_1+M-K, R_2-L_2+N)

首先，从其他社会管理主体角度分析：若其他社会管理主体遵循心理契约，则其可能获得的期望收益为 $E_1=p\cdot(R_2-C_2)+(1-p)\cdot$

① Nash J F. Equilibrium points in n-person games [J]. Proc. Nat. Acad. Sci. USA, 1950, 36 (1): 48－49. Nash J F. The bargaining problem [J]. Econometrica: Journal of the Econometric Society, 1950: 155－162.

$(R_2-L_2-C_2+N)$；若其背叛心理契约，则可能获得的期望收益为 $E_1'=p\cdot(R_2-M)+(1-p)\cdot(R_2-L_2+N)$。令 $E_1=E_1'$，能够得到其是否遵循心理契约伦理的临界值

$$p^*=\frac{C_2}{M} \tag{6-1}$$

根据对上述博弈矩阵的分析，当地方政府遵循心理契约的概率 $p>p^*$ 时，$E_1>E_1'$，其他社会管理主体最优选择是遵循心理契约，则此时｛政府遵循，其他社会管理主体遵循｝构成了纳什均衡——社会管理双方较好地遵循了心理契约伦理，预期期望得到满足，形成了彼此互信与利益共享的长期良好合作关系，同时社会管理效率也实现了较好发展；相反，当 $p<p^*$ 时，$E_1<E_1'$，理性的其他社会管理主体会选择背叛心理契约伦理，而此时构成的纳什均衡为｛政府背叛，其他社会管理主体背叛｝，其他社会管理主体可能产生背叛心理契约伦理的行为，而契约双方也无法形成基于信任与共享的利益合作，心理契约伦理遭到严重破坏。

其次，从地方政府角度分析：若地方政府遵循心理契约，则地方政府可能获得的期望收益为 $E_2=q\cdot(R_1-C_1)+(1-q)\cdot(R_1-L_1-C_1+M)$；若地方政府背叛心理契约，则其可能获得的期望收益为 $E_2'=q\cdot(R_1-N-K)+(1-q)\cdot(R_1-L_1+M-K)$。令 $E_2=E_2'$，则能够得到地方政府是否遵循心理契约伦理的临界值

$$q^*=\frac{C_1-K}{N} \tag{6-2}$$

根据对上述博弈矩阵的分析，当其他社会管理主体遵循心理契约伦理的概率 $q>q^*$ 时，$E_2>E_2'$，地方政府的最优选择是遵循心理契约伦理，则此时｛政府遵循，其他社会管理主体遵循｝构成了纳什均衡——社会管理双方均较好地遵循了心理契约伦理，预期期望得到满足，并且形成了彼此互信与利益共享的长期良好合作关系，同时社会管理效率也实现较好发展；相反，当 $q<q^*$ 时，$E_2<E_2'$，此时地方政府究竟做何选择将根据“社会管理成本”与“中央政府惩罚”的比较决定，若契约项目接受中央政府监督且惩罚力度较强，地方政府仍然选择遵循心理契约伦理，实现的纳什均衡为｛政府遵循，其他社会管理主体背叛｝；若契约项目为地方级项目并不接受中央政府监督或惩罚力度较弱，地方政府可能选择背叛心理契约伦理，实现的纳什均衡为｛政府背叛，其他社会管理主体背叛｝，心理契约伦理遭到破坏。

综上所述，其他社会管理主体是否遵循心理契约伦理一定程度上取决于地方政府遵循心理契约伦理的概率，地方政府遵循心理契约伦理的概率越高，则其他主体遵循心理契约伦理的概率也会相应提高。地方政府是否遵循心理契约伦理的原因亦然，同时还与中央政府对其的监督密切相关。而两者对于心理契约伦理的遵循，则会直接影响到其实际的社会管理行为。由此可见，契约双方间对于彼此的期望与信任以及由此形成的社会管理契约关系，一方面能够督促自身以及对方充分意识与理解自身所承担的契约责任与义务，进而帮助其做出遵循契约伦理的最终决策；另一方面则有利于双方和谐关系的实现，促进双方的利益分享与共同发展。

社会管理主体在社会管理的过程中实际上形成了两种契约关系，即约定契约关系与心理契约关系，两种关系共同构成了契约双方的社会管理关系。其中约定契约关系是双方合作关系形成的前提，或通过法律条款，或借助公序良俗限定了双方在社会管理领域中的合作内容、支付成本与共享价值；而心理契约作为约定契约的补充，是通过契约双方对自身契约责任自觉或无意识的感知，以及对彼此的心理期望，促使双方坚持遵循契约伦理，并在合作过程中追求利益共享、持续合作的和谐互动关系。

6.4　社会管理主体间契约伦理的博弈矩阵

根据政府与其他社会管理主体间在“约定契约”与“心理契约”的博弈过程中，对于契约责任遵守或违背、契约伦理遵循与背叛的不同选择，笔者将其进行相互组合，尝试将社会管理主体之间的契约博弈关系划分成四种类型：和谐共生型、情感依赖型、破碎瓦解型与任务敷衍型，同时对每一类契约关系展开分析，如图 6－1 所示。

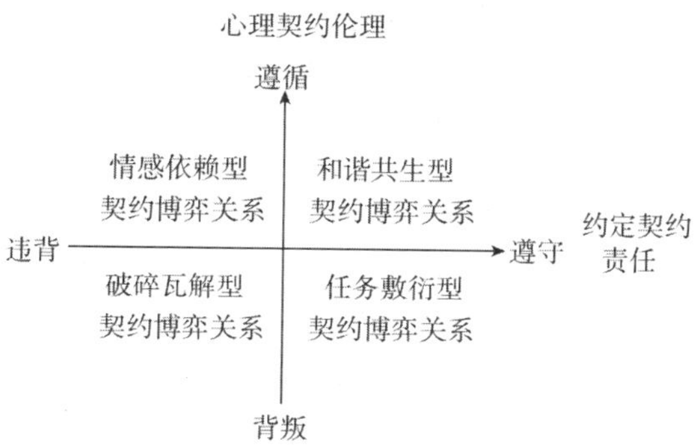

图 6－1　社会管理主体间的契约博弈关系

6.4.1 和谐共生型契约博弈关系

“和谐共生型契约博弈关系”，指政府与其他社会管理主体一方面在约定契约限定的范围内自觉承担相应的社会管理支出、履行各自的社会管理责任；另一方面在心理契约范围内全面认识到自身的契约伦理责任、充分信任对方拥有契约伦理觉悟，同时追求与其他契约主体在未来形成长期稳定、良性友好的合作关系与利益分享。“和谐共生型契约博弈关系”是社会管理主体间契约伦理博弈关系中最为理想、最符合伦理道德的状态，能够有效地实现约定契约责任与心理契约伦理的有机统一与社会管理效率的最大化。

案例： 2006 年 1 月，北京京港地铁有限公司注册成立，并与北京市政府于当年 4 月签署项目特许经营协议，主要负责北京地铁 4 号线的融资、建设与管理事宜，成为国内首例以 PPP 模式运作的城市轨道交通项目。京铁 4 号线的建设分为 A、B 两部分，A 部分采用 TOT 模式，政府投资建成后由 PPP 公司完成“移交—运营—移交”过程；B 部分采用 BOT 模式，由 PPP 公司完成“建设—运营—移交”。2011 年 9 月北京市发改委对京铁 4 号线的评估表明其在五个方面带来了明显的经济效益。PPP 模式比传统模式减少财政支出约 98.8 亿元，同时其市场化运营方式也获得了较高的社会满意度。[①][②]“北京地铁 4 号线”作为政府与社会资本合作的典型成功案例，展现了当政府与企业在实现了约定契约与心理契约的情境下，不仅能够减少社会管理成本，也能够有效提升社会管理效率、实现社会满意度增长，虽然我国的 PPP 项目发展持续进行，但如此成功的案例并不多见。

6.4.2 破碎瓦解型契约博弈关系

“破碎瓦解型契约博弈关系”则正好相反，是指政府与其他社会管理者一方面在约定契约限定的范围内出现契约违背现象，并未按照约定承担相应的社会管理支出、履行各自的社会管理责任；另一方面在心理契约领域中也无法意识到自己应承担的契约伦理责任，对彼此缺乏基本的信任与信心，无法接受利益共享，甚至企图占有他者利益。在“破碎瓦解型契约博弈关系”这一双违背的情境下，契约双方在实际上已经失去了合作基

---

① 王之君，闫其鹏．企业如何把握 PPP 模式发展机遇及典型案例分析［C］．2015 年度中国总会计师优秀论文选，2015.

② 郝伟亚，王盈盈，丁慧平．城市轨道交通 PPP 模式核心要点研究——北京地铁 M 号线案例分析［J］．土木工程学报，2012（10）：175—180.

础，彻底破坏了契约伦理，其契约关系也将无法继续，彻底破碎。

案例：由香港会津公司投资兴建的沈阳第九水厂 BOT 项目被称为“沈阳水务黑幕”之一，由于在约定初期会津公司与沈阳自来水总公司约定的回报率较高（第 2～4 年 18.50%，5～14 年 21%，15～20 年 11%），因此沈阳自来水总公司向其支付了远高于平均供水价格的水价，进而导致自来水公司产生巨大亏损（2000 年该公司亏损达到 2 亿元以上）。而这笔本该由政府财政填补的亏损，却遭到了政府的拒绝，沈阳市自来水总公司只能申请变更合同。由此，契约双方的约定契约与心理契约遭到全面破坏，契约关系破裂①。该案例虽然发生时间较早，但具备一定特殊性，因此选取其展开分析。在政府与社会资本合作项目中，政府往往承担着企业经营无力而被迫回购的风险，许多契约关系破裂的案例都源于企业的逐利性，而该案例则揭示了政府内部的贪污腐败与不作为，导致的契约关系破裂。

6.4.3 情感依赖型契约博弈关系

“情感依赖型契约博弈关系”，指政府与其他社会管理者中至少存在一方没有遵守约定契约责任而导致的契约合作失败。或是政府没有履行社会管理责任使得其他社会管理主体的社会管理行为缺乏官方引导和资源支持，进而无法有效开展；或是其他社会管理主体没有遵守契约使得政府无法在专业性领域中发挥有针对性的社会管理措施，导致管理低效甚至无效；或是契约双方均未能够履行社会管理责任。“情感依赖型契约博弈关系”中，虽然约定的契约责任遭到违背，但心理契约伦理却并未遭到背叛，因而并未影响到双方的互信与互期。这类关系在现实社会中发生的数量较少。

案例：鸟巢是利用 PPP 模式建造奥运场馆的典型，由中信联合体与北京市国有资产经营有限公司共同组建项目公司，负责国家体育场的设计、投融资、建设、运营和移交。根据特许经营协议，中信联合体拥有赛后 30 年特许经营权，期满后由北京市政府收回。然而由于鸟巢项目的招标流程不完全符合 PPP 要求，与当时的财务、法律制度存在矛盾，同时没有重视其赛后的运营管理能力导致其较低的盈利能力，中信联合体无力承担赛后运营费用，最终政府收回了鸟巢的经营权，该案例中由于契约本身存在的

---

① 亓霞，柯永建，王守清．基于案例的中国 PPP 项目的主要风险因素分析［J］．中国软科学，2009（5）：107－113.

问题导致双方无法履行契约责任，但这并未打破双方间的心理契约，中信联合体转而获得了其永久股东身份。该案例解释了由于契约本身不完善等问题，容易导致契约双方无法继续履行契约关系，但却并不会实质上影响到双方关系。

6.4.4 任务敷衍型契约博弈关系

"任务敷衍型契约博弈关系"，指政府与其他社会管理主体或出于法律规定，或出于道德限制，被迫承担相应的社会管理支出、履行各自的社会管理责任。处于该关系情境下的社会管理主体，对于约定契约采取敷衍的执行态度，或是利用契约漏洞减少自身开支；同时其心理契约伦理则产生全面背叛：契约双方对彼此并不存在信心与希望，也不愿与他人分享利益，甚至企图侵占他人利益。在现实社会中任务敷衍型契约关系非常普遍，通常表现为地方政府、相关企业以及社会组织在法律规定下不得不承担起约定契约所限定的责任内容。

案例：天津市双港垃圾焚烧发电厂是我国规模最大的垃圾焚烧发电厂，是由天津市政府与泰达股份有限公司所合作的 BOT 项目，其中泰达公司投资 5.4 亿元，拥有为期 30 年的特许经营期。然而其目前项目运营的状况并不乐观，一方面来自其焚烧垃圾所产生的污染传播致使周围居民不满，群体事件接连不断；另一方面则由于契约中未对政府提供财政补贴数量进行明确定义，导致泰达股份有限公司承担了收益不足的风险。如 2012 年财政补贴不足 5800 万元，仅占公司主营业务收入的 1.25%。政府在约定契约上的敷衍与在心理契约上的背叛，导致企业进退维谷。[①] 在这一案例中，政府对约定契约完全采取敷衍态度，抓住原本契约的漏洞，将本该由政府承担的责任推诿给企业，使得企业承受巨大的社会管理成本与风险。对约定契约的敷衍也在实质上体现出了对于心理契约伦理的背叛。

综上所述，约定契约责任与心理契约伦理共同承载着社会管理主体间的合作与共享，要实现社会管理主体间的有效合作与社会管理项目的效率最大化，必须实现社会管理主体间和谐共生型的契约关系——契约各方对于约定契约责任与心理契约伦理的共同遵守。

---

① 铭鼎人咨询.【案例】国内外九个 PPP 项目失败案例及评价［EB/OL］.（2015－09－18）. http://huanbao.bjx.com.cn/news/20150918/664971.shtml.

6.5 本章小结

本章从中观角度出发，对影响社会管理主体契约选择的经济学因素及其作用机制进行分析。一方面，讨论了社会管理主体之间基于共同利益实现的契约伦理，并根据契约违背的两类基本形式“逆向选择”与“道德风险”探讨了契约伦理背叛的形成机理；另一方面，提出了社会管理市场概念，具体分析了政府、企业等社会管理主体在社会管理市场竞争中将要面临的“约定契约”与“心理契约”，及其在这两类契约选择中的博弈与竞争。最后，根据社会管理主体在两类契约博弈中的不同选择，构建契约关系矩阵，将社会管理主体间的契约博弈关系划分成为四大类别并展开简单分析，以明确社会管理主体间和谐的契约博弈关系对社会管理市场发展的重要意义。

7 社会管理中社会网络主体间的契约关系

在中国特有的“关系”情境下，社会管理主体间契约合作被赋予了复杂的关系嵌入性，倡导自由平等、诚信履约的契约伦理价值观受到了来自社会网络中关系压力的挑战。本章基于关系契约理论，分析了正式契约与关系契约在社会契约中的协同作用，并通过对社会关系网络格局及信任关系的阐释，对社会网络中的契约机制进行了深入剖析。进而以政府为社会管理主体中的主导，对政府与社会组织、企业、社会公众三种关系契约中的典型契约模式——政府向社会组织购买公共服务、政府和社会资本合作、税收契约进行了深入细致的探讨，在此基础上得出了关系契约中的关系强度和信誉评价对社会管理主体间契约伦理决策的影响机制。

7.1 契约的实施机制与关系契约

契约是社会秩序得以正常运转的基本保证机制，通过道德、信誉、法律三种不同的实施机制协同作用。在社会网络的背景之下，关系契约是正式契约之外的一个重要理论，通过对其加以分析，可以构建更为完整的契约作用体系。

7.1.1 道德、信誉和法律机制

道德、信誉和法律作为社会管理的三种约束机制，不仅保证了契约的有效实施，也保证了社会秩序的稳定。道德是社会秩序的基础，信誉是社会秩序的隐形约束，而法律则是社会秩序的根本保证，它们既可以互补，也可以相互进行一定程度的替代，从而协同产生社会治理的效用。

自古以来，道德对社会秩序的调节作用就是学者们争相探讨的问题①，无论是以洛克等人为代表的英美传统哲学、康德哲学或是以卢梭等人为代表的欧陆传统哲学都认为文明社会需要一个文明的基础，即道德共识。在中国传统儒家文化中，以“仁”为核心的道德行为在社会治理中扮演着重

① 龙兴海．论道德与市场经济秩序［J］．道德与文明，2000（6）：30—34.

要角色。道德可分为两个方面，一是社会公共道德，二是身份道德①。前者是一般公民所应该遵守的规范，如尊重他人的基本权利，后者则主要包括职业道德和家庭伦理道德，如不同职业应尽的义务和赡养老人等。职业道德和家庭道德是等位、分立的，且都与社会公共道德存在交集，三者共同构成整个社会道德。从契约的角度来看，道德可以视作个人作为家庭成员、职业人员或者一般公民与社会缔结的一份总体契约——道德契约，而道德准则就是契约的条款。在大的社会公共道德之下，家庭成员之间的关系依赖于家庭契约道德，而一般社会人员之间的关系则依赖于普通契约道德，如图 7-1 所示。

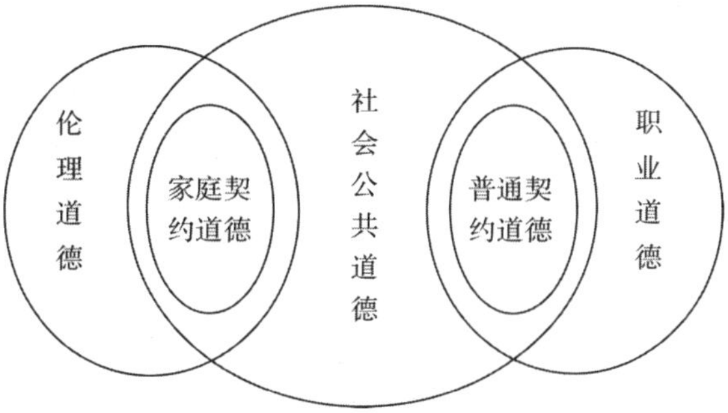

图 7-1 道德结构与契约的道德基础

信誉是另一种契约约束机制，是指处于一定社会交换关系中的行为主体（个人、集体或组织）在长期利益权衡与践约能力基础上所建立的评价与声誉（李士梅，2005）②。其作用机理大致是：在社会关系互动中，当一方不履行诺言或者进行欺骗时，另一方会立即终止合作，而当这种违约消息散布出去之后，潜在的合作者也会拒绝与其合作，因此为了自身的声誉和未来的利益，信誉主体会约束自己的违约行为。也就是说，只有当事人为谋求长远利益时，才有积极性建立一个守信的声誉，否则信誉就不可能建立和延续（张维迎，2002）③，这一分析建立在“理性经济人”假设的基础上。道德是通过良心谴责来加大心理成本进而约束契约双方，而信誉主

① 刘仁军．交易成本、社会资本与企业网络——关系契约理论及应用［D］．武汉：华中科技大学，2004.

② 李士梅．信誉的经济学分析［M］．北京：经济科学出版社，2005.

③ 张维迎．法律制度的信誉基础［J］．经济研究，2002（1）：3-13.

要通过失信造成经济以及声誉损失来制约，信誉机制则是人们为了长期利益或者未来利益而放弃短期利益。

法律是契约最根本的保证机制，不仅可以提升社会道德，也能激活信誉机制，三者形成互补和相互加强的关系。从契约实施的约束方来看，道德是一个自律机制，通过个体或群体自身的心理、情感、素质等发挥约束作用，因而为第一方契约实施机制；信誉是一个外部评价机制，需要缔结契约的另一方或潜在的缔约者来约束违约行为，因而为第二方契约实施机制；法律通过国家强制力（主要是司法机关）来保证实施，因而为第三方契约实施机制。理论上看，在契约的实施中，道德、信誉和法律各自分工，其中法律机制保证契约中条款的有效实施，道德机制约束个体行为，信誉机制弥补契约中的隐形条款。但在实际情况中，三者之间也可以产生一定程度的替代，例如用道德和信誉机制来替代法律机制解决契约中的隐含问题。一般来说，最有效的契约保障机制就是能够使缔结和履行契约的成本最小的机制，因而在社会管理中，道德和信誉机制的应用较为普遍，而法律机制则是只有在特殊情况下才会启用的强制措施。

7.1.2 关系契约与社会资本

关系契约理论是美国当代契约法学家麦克尼尔（Macneil）在20世纪70年代提出的，该理论试图运用社会学的研究方法将社会现实中作为契约背景的事实关系纳入契约的领域，通过对契约背景的考察，来追求当事人之间的实质公平。麦克尼尔指出，契约的约束力来源于个人所生活的社会之中，在这样的背景下，个人并非是完全孤立自利的，而是相互关联的，契约意味着具有交换关系的人之间的关系①。在麦克尼尔看来，关系是通过情景、感情等关联在人与人之间建立连接的纽带，而契约是在关系的基础上达成的有关规划将来交换过程的主体之间的一种显性或隐性的约定②。

在关系契约理论中，契约不是一次性的、个别性的交易，而是一种过程性的、关系性的交易，它意味着已经发生的、正在进行的以及将要产生的交换关系，并试图从契约背后的社会关系和共同体的规范中寻找契约的

① 麦克尼尔．新社会契约论［M］．雷喜宁．潘勤，译．北京：中国政法大学出版社，1994.

② Macneil I R. Relational contract theory: challenges and queries［J］. Northwestern University Law Review，1999，94（3）：877—907.

约束力。埃及著名法学家娜格拉·纳萨尔（Nassar，1995）认为，关系契约的主要内容有如下几点：第一，契约是人类社会在不断探索中创造出的一个有助于自身发展的制度，研究契约应将其置放于一定的社会环境中，重视契约产生的效果。第二，交易只有在社会分工的条件下才能存在。分工促进交换，交换需要契约。第三，自主选择、社会需求、公正和诚实守信等现实要求共同促进了契约的形成。第四，虽然契约是对未来可能发生的情况的制约，但未来的不定性使得制订一个详细的实施计划不太现实，因此需要一个弹性的应对机制①。总的来说，社会环境、社会分工、自主选择和未来意识是关系契约的四个根源。关系契约理论在法学、经济学和管理学等领域产生了较大的影响，不同学科的侧重点虽有所不同，但具有一些共同的特征。我国学者孙元欣（2010）认为，关系契约具有关系嵌入性、时间长期性、自我履约性、条款开放性的特点②。

由于社会管理主体的多元性，它们所构成的关系网络要超出二元关系分析情境，而由互惠双边信誉机制形成的关系契约解释这种多边关系是不全面的，因此笔者将社会资本理论与关系契约理论相结合。关系契约具有自我履约性，认为信任是在双边关系中两个各有利益预期的个体之间不断互动中产生的，这与波茨的“理性嵌入”相符。但是当双方被置于更广泛的网络中时（结构性嵌入），信任会因相互预期而增加，波茨称之为“可强制推行的信任”③。科尔曼则认为社会网络结构和关系性质能够影响网络中个体之间的信任水平④，因此考察契约的实施机制必须将之嵌入在社会结构背景中。

此外，根据社会资本理论，人自一出生就处于一种社会结构中，在其成长的过程中会形成越来越复杂的社会关系，并不断累积自己的社会资本。由于在亲友和熟人关系中比陌生人中拥有较多的社会资本，并存在更高的信任度；而对陌生人则会产生伺机获利的机会主义行为。这也解释了在与不同类关系的个体进行交易时，契约的实施机制具有显著性差异。社

① Nassar N. Sanctity of contracts revisited：A study in the theory and practice of long－term international commercial transactions [M]. Kluwer Law Intl，1995.

② 孙元欣，于茂荐. 关系契约理论研究述评 [J]. 学术交流，2010 (8)：117－123.

③ 李惠斌，杨雪冬. 社会资本与社会发展 [M]. 北京：社会科学文献出版社，2000.

④ 詹姆斯·科尔曼. 社会理论的基础（上）[M]. 邓方，译. 北京：社会科学文献出版社，1992.

会资本的研究者们认为社会资本来源于社会网络中个体间的关系互动，这弥补了单纯根据物质或人力资本来解释关系契约的不足，强调人际关系及组织间关系对关系契约形成的作用。

7.2　社会关系网络中的契约与信任

从关系契约的角度，契约必须嵌入在社会关系中才具有实质意义，对比分析中西方的社会关系网络格局的差异有助于对契约关系的深入理解。信任关系是契约实施的基础，在社会关系的背景下分析信任为契约伦理决策的探究奠定了基础。

7.2.1　中西方社会关系网络格局对比

社会关系是社会生活中人与人之间关系的总称，即指人与人之间的一切相互关系。马克思曾指出“人的本质是一切社会关系的总和”[①]，强调了“关系”而非“实体”对人的现实存在的重要性。齐美尔（Simmel）认为，个人因在群体中受到群体规则的约束而建立的基本关系就是社会关系[②]。西方的社会关系是基于个人主义、契约思想建立起来的“团体格局”，中国的社会关系是基于家族主义、儒家伦理建立起来的“差序格局”[③]。

西方的社会关系是建立在个人权利和自由意识之上，个体在被团体接纳为一分子后，团体就是一个统一的整体，且团体中的每个个体都以独立的存在与团体存在相同的关系。在团体中，由于个体的权利与责任都是相对明确的，团体规则对他们具有相同的约束作用。同样地，个体对在团体中的去留问题也拥有自由选择权。这种以团体为单位的社会格局被费孝通称为“团体格局”。但是，从根本上来说，团体中的个人并不是紧密联系在一起的，而是都以独立的个体身份与其他人产生关系，这种关系建立在个体间相互选择的基础之上。

中国的社会关系则是建立在家族、亲缘等概念之上，其逻辑起点是以己为中心，以血缘关系、亲缘关系、地缘关系为基础逐渐向外推移，形成一个扩散的关系网络。在人际交往中，越靠近个人的中心，就越容易被其

---

① 马克思，恩格斯．马克思恩格斯选集（第1卷）[M]．北京：人民出版社，1972：56.

② Simmel G. Conflict and the web of group affiliations [M]. Simon and Schuster, 2010.

③ 费孝通．乡土中国 [M]．北京：北京大学出版社，1998.

接纳，达成亲密的合作关系；反之，越远离个人的中心，越容易被其排斥。这种社会结构被费孝通称为“差序格局”。在差序格局中，社会关系是私人关系叠加所构成的关系网络。这种社会网络是因关系的强弱而具有弹性的，因此其范围也具有一定的限度。在可及范围内的关系人都被视作是自己人，而外围群体则被视为陌生人或者外人，个体对待自己人和陌生人的态度存在差异。

根据差序格局的观点，社会成员之间的互动程度会因关系的远近而产生差别，据此，若将社会成员视作一个圆点，那么存在一个与该成员由近及远、由亲及疏的如扩散的水波纹一样的关系圈。在此基础上，杨国枢（2004）将中国人的人际关系按亲疏程度分为家人关系、熟人关系和生人关系三大类①，黄光国（2004）把中国的社会关系分为情感性关系、工具性关系和混合性关系②，沈毅（2007）结合二人的表述，制作了一个从“差序格局”看“工具－混合－情感”关系分类模型③，如图 7－2 所示。而结合格兰诺维特的相关研究，罗家德（2007）也将差序格局与社会网络研究中的弱关系、强关系等概念联系在一起，建立了一个差序格局下的个人社会关系网模型④，如图 7－3 所示。

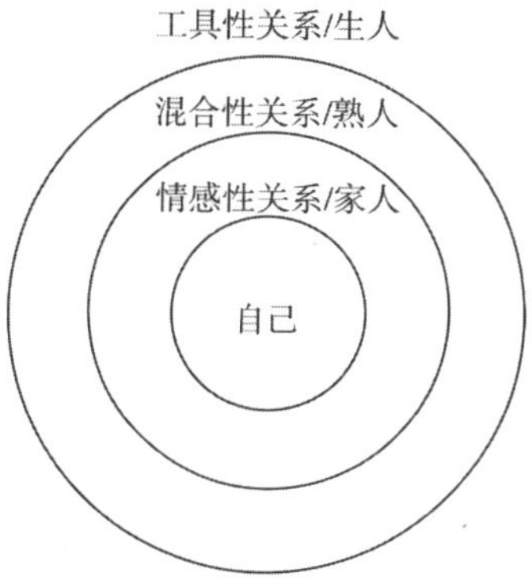

图7－2　差序格局下的工具—混合—情感关系

---

① 杨国枢．中国人的心理与行为：本土化研究［M］．北京：中国人民大学出版社，2004.

② 黄光国．面子：中国人的权力游戏［M］．北京：中国人民大学出版社，2004.

③ 沈毅．“差序格局”的不同阐释与再定位——“义”“利”混合之“人情”实践［J］．开放时代，2007（4）：107—117.

④ 罗家德，叶勇助．中国人的信任游戏［M］．北京：社会科学文献出版社，2007.

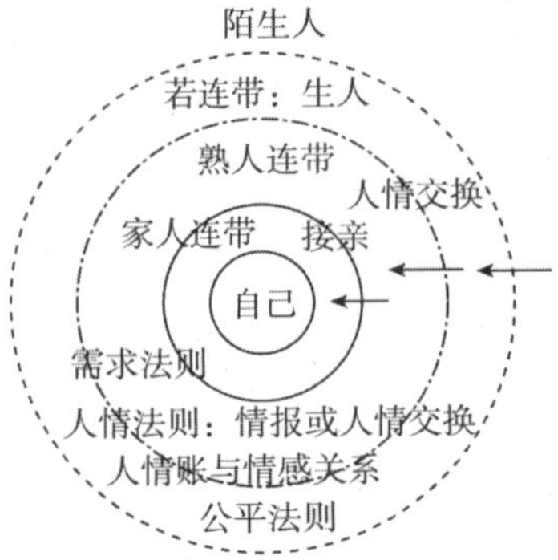

图7-3　差序格局下的个人社会关系网

7.2.2　社会网络中的信任关系

社会信任是风险社会下个体与个体、个体与群体、群体与群体之间达成合作的必要条件。关于信任的含义，学者们从社会心理学、社会学、经济学、政治学等不同视角都做出了解释。

20世纪50年代，美国心理学家Deutsch对囚徒困境人际信任的研究、Hovland等对人际沟通中信源可信度的研究开启了社会心理学中信任研究的先河，心理学家们把信任看作是个人心理特质（预期、信心和信赖）的表现，但却忽视了具体的社会环境和社会交往中关系的巨大影响。社会学的研究弥补了这一缺陷，卢曼（Luhmann，1979）认为信任是对风险的外部条件所做出的一种纯粹的内心估价[①]，巴伯（Barber，1983）从社会行动者在社会交往中彼此寄予的预期出发理解信任[②]，列维斯和维加尔特（Lewis & Weigert，1985）将信任理解为人际关系的产物[③]。综合社会学、经济学的解释，科尔曼（Coleman，1990）从社会资本角度对信任做出了分析，他认为信任是社会资本的一种形式，可以减少公共治理中监督和惩罚的成本[④]。格兰诺维特（Granovetter，1985，1992）从社会网络的角度建构

① Luhmann N. Trust and power［M］. Chichesrer：John Willey & Sons Ltd，1979.

② Barber B. The logic and limits of trust［M］. New Brunswick，NJ：Rutgers University Press，1983.

③ Lewis J D，Weigert A. Trust as a social reality［J］. Social forces，1985，63（4）：967—985.

④ Coleman J. Foundations of social choice theory［M］. Cambridge，MA：Harvard University Press，1990.

了经济行为的“嵌入性”理论，认为一切经济行为都嵌入在社会关系网络之中[①]，信任主要产生于社会关系而非制度或是道德[②]。通过这些定义可以看出，社会心理学突出个体的心理预期，社会学则强调信任受具体的社会关系和社会情境的影响，经济学主要从成本—收益角度理解信任。本书重点研究信任关系，即将信任置于具体的社会关系网络中进行分析。

分析社会网络中的信任关系，学者们大多从理性（rationality）与情感（emotionality）两个维度将信任划分为认知型信任和情感型信任[③]。认知型信任主要关注对方的能力、可靠性和为共同利益而执行一项任务的决心（Pinto，Slevin & English，2009）[④]，经常由弱联系和组织间联系发展而来（Smith & Lohrke，2008）[⑤]。情感型信任重点在于关系双方的情感纽带或互惠互利的信念，通常以强联系和社会嵌入式联系为主。这两个维度的信任并非是完全分立的，而是互惠相关的。认知型信任是信任得以建立和维持的基础，与情感型信任成正相关，也就是说，随着认知型信任的加深，情感型信任也逐渐增加。而当情感型信任建立起来时，说明关系双方已经建立起了情感纽带，那么信任则会向更高阶发展。依据列维奇和邦克的观点（Lewicki & Bunker，1996）[⑥]，二者的关系呈现如图 7－4 所示的演进趋势。中国的差序格局的社会关系下，在首级团体关系（家庭）中，信任主要表现为以情感为主；而在次级群体关系中，信任主要以理性为主。

---

① Granovetter M. Economic action and social structure：The problem of embeddedness ［J］. American journal of sociology，1985：481—510.

② Granovetter M. Economic institutions as social constructions：a framework for analysis ［J］. Acta sociologica，1992，35（1）：3—11.

③ Mcallister D J. Affect— and cognition—based trust as foundations for interpersonal cooperation in organizations ［J］. Academy of Management Journal，1995，38（1）：24—59.

④ Pinto J K，Slevin D P，& English B. Trust in projects：An empirical assessment of owner/contractor relationships ［J］. International Journal of Project Management，2009，27（6）：638—648.

⑤ Smith D A，Lohrke F T. Entrepreneurial network development：Trusting in the process ［J］. Journal of Business Research，2008，61（4）：315—322.

⑥ Lewicki R J，Bunker B B. Developing and maintaining trust in work relationships ［J］//Kramer RM，Tyler TR（Eds.）. Trust in organizations：Frontiers of theory and research. Administrative Science Quarterly，1995，43（1）

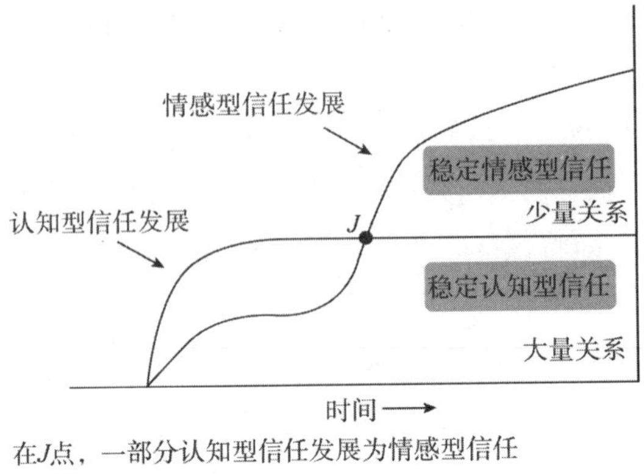

图 7－4　两种信任关系的演进

信任关系是一种风险性关系，也是进行社会关系交换和交易中不可或缺的基础。契约是人类在长期的交换实践中，设计出的一套规制交换或交易风险的制度性保证，它实质上是对交换双方给予对方信任、转移资源、完成交易的风险控制，因此，契约本身包括有作为先决条件的信任（Durkheim，1984）①。这里的契约包括书面、口头、默认等类型的契约，超越了仅仅具有法律效力的契约，而是指代有关规划将来交换双方的各种关系的约定。也就是说，一切的契约必须在社会关系中才具有实质意义，而信任关系是契约实施的基础。

7.3　社会管理主体间的契约关系及伦理选择

为分析社会管理主体间的契约关系及其伦理选择，笔者从政府与社会组织、政府与企业、政府与社会公众这三个社会管理主体间关系中分别选取了一个典型的契约关系模式加以分析，分别为政府向社会组织购买公共服务、政府与社会资本合作、政府的税收制度。

7.3.1　公共服务购买中政府与社会组织间关系

在公共服务领域，政府与社会组织的关系是学者们关心的重点，综合已有研究，较为突出的关系理论主要有三种：冲突关系、互补关系和合作关系②。笔者着眼于二者关系中的合作关系，分析政府在向社会组织购买

① Durkheim E. The division of labour in society［M］. Macmillan Education UK，1984.

② 张文礼．合作共强：公共服务领域政府与社会组织关系的中国经验［J］．中国行政管理，2013（6）：9—13.

公共服务中的模式与契约管理。政府向社会组织购买公共服务（Purchase of Service Contracting，POSC）是指政府将原来由自己直接提供的公共服务事项，通过直接拨款或公开招标方式，交给有资质的社会组织来完成，最终根据择定者或者中标者所提供的公共服务的数量和质量来支付服务费用（王浦劬 & 萨拉蒙，2010）①。

7.3.1.1 公共服务外包的购买模式

政府向社会组织购买公共服务是一种政府作为购买方支付相应的资金，社会组织（非营利）作为承接方提供公共服务，从而建立契约关系的模式。与政府组织相比，社会组织能够提供更多样化的公共服务，从而满足多元化的社会需求（Kingma，1997）②。同时，社会组织提供公共服务的交易成本相对较低，组织制度的认可度较高，是一种有效的公共服务提供方式（Ostrom，2000）③。

20世纪60年代，美国学者奥斯特罗姆夫妇对公共服务的提供和生产进行了区分，他们认为一项公共服务的提供者与生产者不一定是同一主体。据此，政府向社会组织购买公共服务的过程可分为三个基本环节——公共服务的供给、生产和消费，这三个环节又分别对应三类主体——公共服务的购买者、承接者和使用者，共同构成一个“三元主体”的分析框架，如图7-5所示。

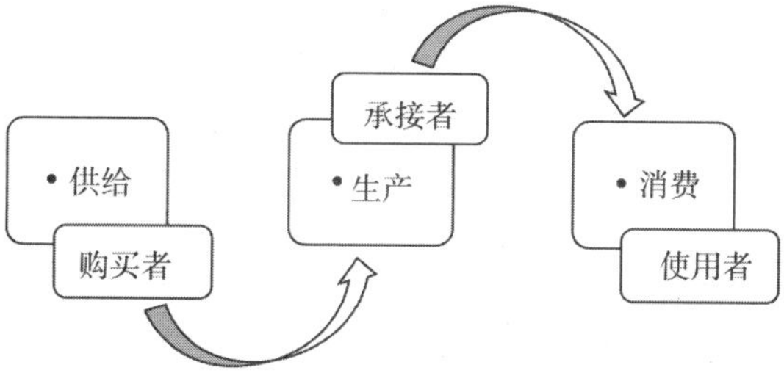

图7-5 “三元主体”分析框架

---

① 王浦劬，萨拉蒙．政府向社会组织购买公共服务研究：中国与全球经验分析［M］．北京：北京大学出版社，2010.

② Kingma B R. Public good theories of the non-profit sector: Weisbrod revisited［J］. VOLUNTAS: International Journal of Voluntary and Nonprofit Organizations，1997，8（2）：135－148.

③ 埃莉诺·奥斯特罗姆．公共事物的治理之道［M］．余逊达，陈旭东，译．上海：上海三联书店，2000.

政府购买公共服务本质上是公共服务的契约化提供模式（贾西津等，2009）[①]。根据国外的公共服务购买实践，按照承接公共服务的社会组织与政府是否相互独立，并结合购买程序是否具有竞争性，可以将政府向社会组织购买公共服务分为依赖竞争性购买、依赖非竞争性购买、独立竞争性购买、独立非竞争性购买四种工作模式，而在中国实践中主要表现为后三种模式。

7.3.1.2 社会服务购买的契约伦理

公共服务外包实质上是政府与社会组织通过契约的方式实现合作的模式，其契约的主体是政府和社会组织，契约的制定程序是通过直接资助、项目申请、公开招标、签订合同等方式达成合作关系。其中，政府购买公共服务的合同管理是典型的契约管理，遵循着平等自愿、诚实信用等基本原则与契约精神。合同制在公共服务购买中的基本做法是：政府与社会组织签订服务合同，根据合同约定的条款政府向社会组织支付一定的资金用于社会组织承接相应的公共服务项目并提供给大众使用。在实际购买服务的过程中，签订合同是服务供应链和社会服务供给网络形成的基础，严密的合同内容拟定和严格的合同履行是购买服务契约管理的关键。

据民政部消息，截至2016年第一季度，全国依法登记的社会组织达到66.48万个。在差序格局的中国社会，大多数的社会组织都处于外围关系网中，因此，建立政府与社会组织间的信任机制尤为关键。相比于欧美发达国家，我国开始公共服务购买的进程较晚，仍存在一些问题，总结起来可归结为以下几点：①政府购买服务的形式化。在我国政府购买的实践中，购买方式和程序还不够规范，竞争性不足，依赖关系和定向购买占据很大的比重，这意味着公开透明、竞争择优的原则仍未得到有效体现。②社会组织能力不足。我国的公共服务购买中，政府占据着绝对优势地位，而社会组织独立性弱、专业能力缺乏，难以形成竞争性格局。社会组织的谋利倾向也造成其公信力不足。③三元主体互动中的信任缺乏。在我国，政府对社会组织的管控较多，依赖关系购买模式受到青睐也从侧面反映出政府对社会组织的不信任（政府更愿意选择自己“熟悉”的社会组织），而政府的资金拖欠问题也使社会组织对其产生信任危机，最终的不良成效造成社会公众对二者丧失信任。这些问题都直接或间接地反映出了

---

① 苏明，贾西津，孙洁，等．中国政府购买公共服务研究［J］．财政研究，2010（1）：9—17.

当前我国政府与社会组织契约合作中的伦理失范现象。

政府与社会组织契约合作的达成需要许多条件，范斯莱克（Van Slyke，2007）认为，信任是促进政府与社会组织合作的诸多因素中最关键的一个①。信任资源的积累需要一个长期的过程，我国是典型的强政府、弱社会的国家，政府对自身主导地位的维护使其对社会组织始终保持着高度警惕，这种态度并不会在短期内发生根本性改变。社会公众对政府的信任要远高于对社会组织的信任，归根结底仍是社会组织职能发挥不足的表现。此外，社会公众作为政府购买公共服务合法权利的授予者和公共服务的使用者，有权以监督者的身份介入政府购买的过程中去，但其参与意识、责任意识和公共精神的缺乏与我国的传统文化和社会性质相关联，让社会公众主动参与公共生活仍需要一定的时间。因此，社会组织只能在参与中不断地获得认同，不断积累信任资源。

7.3.2 PPP模式下政府与企业间契约关系

政府和社会资本合作模式②（Public-Private Partnership，PPP）是指公共部门（政府）与私人部门（企业）为提供公共产品或服务以契约为主要法律依据而建立起来的一种风险共担、利益共享的长期合作式伙伴关系。该契约模式鼓励私营企业、民营资本与政府进行合作，参与公共基础设施的建设，达成参与各方的“双赢”或“多赢”。

7.3.2.1 PPP模式的契约主体与契约网

2016年10月13日，财政部联合相关部委公布了《第三批政府和社会资本合作示范项目名单》，此次的示范项目全国共516个③。其中，市政工程、交通运输、生态建设和环境保护、城镇综合开发四类行业项目数最多、投资额最大，合计分别占比达70%和87%，显示出第三批示范项目的较高的行业集中度。而这也从侧面反映了PPP项目的契约主体间关系网络变得越来越复杂和密集。

---

① Van Slyke D M. Agent or stewards: Using theory to understand the government nonprofit social service contracting relationship [J]. Journal of Public Administration Research & Theory, 2007, 17 (2): 157—187.

② 在理论研究中，通常将“Public-Private Patnership”称为“公私合作制”或“公私伙伴关系”，而在中国的政策实践中通常称为“政府和社会资本合作模式”。

③ 中国政府网. 关于联合公布第三批政府和社会资本合作示范项目加快推动示范项目建设的通知 [EB/OL]. (2016－10－13). http://www.gov.cn/xinwen/2016－10/13/content_5118643.htm.

PPP 项目的契约主体是多元的，包括政府、金融机构、社会公众以及参与的各类企业等，其中政府和企业是交易过程中的核心主体，这些主体共同构成一个不完全契约网①，网络的中心是项目。围绕着 PPP 项目的投资、建设和运营，契约主体之间依据相互的契约关系进行资源的合理配置。这些契约关系可以分为四类：①投资人（政府、民营企业、金融机构等）与项目公司缔结的融资契约；②项目管理者与项目公司缔结的人力资本契约；③承包商等与项目公司缔结的工程契约，包括工程设计与施工、监理咨询、材料供应等；④各主体间的隐性契约。具体如图 7-6 所示。

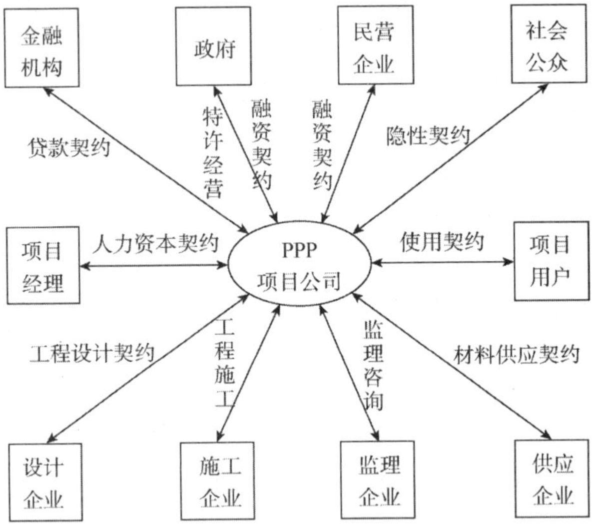

图 7-6　PPP 项目的契约网

此外，在工程项目的实施中还存在一些通识的契约，如工程相关的法律法规和社会道德规范，它们对所有的项目契约主体具有相同的约束作用。

7.3.2.2　关系契约在 PPP 模式中的治理功能

PPP 模式中主体间关系可以被看作一个契约关系网络，契约作为一种约束机制通过有效地分配利益和权责对模式本身起到了很好的治理作用。这种治理机制可分为两个方面：明确契约关系的治理和隐性契约关系的弹性治理。在分析 PPP 项目时，关系契约的治理作用被理解为一种弹性治理

① 如果一个契约不能准确地描述与交易有关的所有未来的可能性状态以及每种状态下契约各方的权利和责任，这个契约就是不完全契约，即契约中总包含缺口和遗漏条款。

机制，它反映了契约的不完全性，并且普遍存在于项目成员之间和项目成员内部的关系网络之中。作为能够影响项目成员行为的非正式协议和各种不成文的非正式规范，关系契约由未来关系的价值所维系，并随着时间的推移而不断展开。

在实际操作中，PPP 模式往往具备两个典型的特征：一是时间的长期性；二是契约主体间存在一系列合作或交易。这意味着，PPP 模式不仅具有经济属性，还具有社会属性，即合作伙伴会在长期的交互中形成社会化关系。中国是一个重视关系的社会，忽略 PPP 模式中的社会关系属性，便无法真正揭示其内在契约机制。由于 PPP 项目的复杂性和风险性，通常会采取正式契约与非正式契约结合的方式来约束契约主体的机会主义倾向。也就是说，在 PPP 项目中，契约主体除了通过正式契约（如签合同）约定一些基本的条款之外，往往还会根据非正式契约或者说关系契约，来协调一些正式契约所不能囊括或解决的问题。

关系契约对 PPP 项目合作效率提高的促进作用主要体现在这样三个方面。一是促进政府与企业、企业与社会公众等关系间的相互信任，大大降低信息交流与沟通的成本。二是帮助契约主体更加明确地认识到利益的相互性，即契约的存在使各方达到平等互惠，从而促进契约各方的和谐与统一，这也突出了麦克尼尔所说的“契约的团结性”的重要性。三是弥补正式契约中无法涉及的一些问题，因为一个正式契约必须在约定前以第三方可以验证的方式明确说明契约条款的内容，但关系契约可以建立在一个缔约各方对未来关系价值评估的基础之上，只要缔约主体认为他们之间的未来关系的价值足够大就不会轻易违约。

然而，这种关系契约中的伦理问题也是不容忽视的。由于契约的非正式性和政府在 PPP 模式中的主导作用，PPP 项目资源往往都流向了社会资本更加丰富的企业，致使一些中小企业或者是处于社会网络边缘、缺乏官方关系背景的企业无法获得项目关怀，这也从侧面反映出了政府在选择社会资本合作者时的资源倾斜问题。其次，这种缔约方式的风险性也远远超出了正式契约，因为一旦契约的任何一方认为他们之间的关系的未来价值不会超过其违约的获益，关系契约就可能破裂。这种弹性的契约机制无法对主体的伦理选择做出有效的约束。也正因此，在实际的 PPP 项目中，往往需要关系契约与正式契约相互作用，相辅相成，共同维护项目的顺利执行。

7.3.3 税收契约中政府与公众间关系

税收契约是国家（委托政府）与公众间的一种契约关系，是公众为了获得政府提供的公共产品或服务而实施的财富让渡[①]。公众向国家纳税是为了更好地享有其他自然权利，并且在其权利受侵犯时可以寻求国家的公力救济；国家征税是为了更有效地、最大限度地满足公众对国家的要求。在时间逻辑上，公众先同意纳税并授予政府权力，政府才能征税，因此政府征税是以人民同意纳税的意志为前提的。

7.3.3.1 税收契约的实施和履约机制

公众将其一部分财富让渡给国家时与之形成了一种契约关系，但同时也保留了其最高权力——立法权，进而国家代表公众利益实施立法。因此，在某种程度上，公众与国家签订的税收契约是为了实现自身福利的最大化，那么这种契约关系必然是自由、平等、正义的。在现实实践中，国家与公众间的这种契约关系往往需要通过政府来进行实现，政府是公众所授权的社会管理者，代表着公众的利益。从而，公众与政府之间形成了一种“委托—代理”的关系，即政府征税是源于人民的授权。征税的标准或依据来自人民授权的（政府）立法机关预先制定的、具有强制性的、带有普遍公意的税收法律，并通过财政支出的方式提供合乎公众意愿的公共产品或服务。

由于税收契约的不完全性，其履约机制可分为自我履约和强制履约两种，二者结合共同促进税收契约的有效执行[②]。自我履约机制以个体的声誉和信誉为基础，在没有第三方参与执行的情况下，声誉可以作为确保契约有效实施的手段[③]。当个体的声誉价值超过其违约行为的收益时，对于损失的畏惧就会使其自动履约。个体处于社会网络之中，其声誉是在多次过往交易中积累起来的，即使一次违约行为也会造成广泛的声誉损失，使其失去有利的社会资本。强制履约机制需要借助法律机制来实施，从经济角度来看，法律是通过第三方实施的行为规范，因此较为权威。更为本质的原因在于，在强制履约机制中，违约会面临一定的经济赔偿。在两种履约机制的作用下，税收契约才能得以有效实施，如图 7-7 所示。

① 张美中．税收契约理论研究［M］．北京：中国财政经济出版社，2007.

② 蔡昌．论税收契约的运行机制［J］．财会学习，2014（11）：45—50.

③ 陈郁．企业制度与市场组织［M］．上海：上海三联书店，1996.

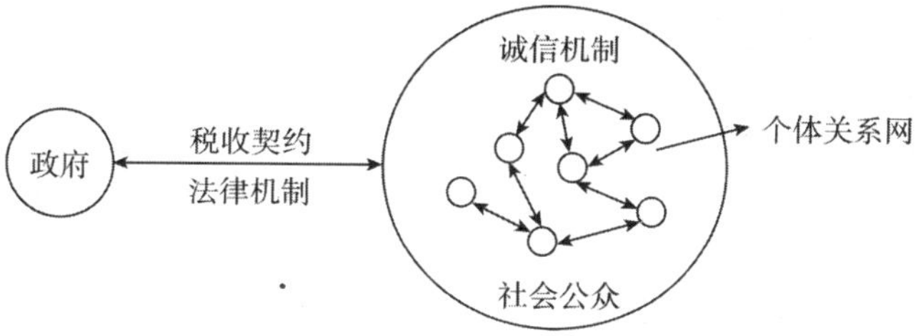

图 7-7 税收契约的履约机制

7.3.3.2 税收契约中的政府与公众诚信

税收契约指出，政府作为税收契约中的征税方，其履约首先要求政府的法制性，这样政府才是一个合法的政府，国家才会形成法制程序；但是，法律作为社会的外在制度，只有服从社会的道德、文化、习俗、惯例等内在制度才能发挥其有效性①。要实现税收契约中纳税人的福利最大化，法制无疑比人治更为有效、平等、可靠，可以保证政府行为不受政府官员个人偏好与私利的影响，而是依法以社会公众的利益为根本目的来进行征税纳税。但是，政府法治的范围是有限的，因此需要德治来加以辅助。由于政府为公众提供的公共产品和服务来自纳税人的税款，所以在进行财务规划时需要非常谨慎，诚信办事、妥善管理，否则便会失信于公众，不利于持续有效的管理，因此政府的道德在税收契约中也至关重要。

对于政府来说，征税信用与用税信用是影响契约伦理的两个重要因素。当前我国的税收立法仍然缺乏稳定性，各地违反税收制度征收税款的现象也时有发生，而且存在税务执法人员随意曲解滥收税款的情况；其次，税务机关以权谋私的情况也不难见到，一部分税务执法人员在征税过程中出卖“人情税”“关系税”，进行钱权交易、监守自盗、知法犯法，也使得征税信用大大降低。另外，政府征得税款后，若未能给公众提供相应的高质量的公共产品和服务，或者滥用税款，则会挫伤纳税人诚信纳税的积极性。因此，要提高税收契约的伦理性，政府需提升自身的征税与用税的信用。

根据税收契约理论，公众出于自身福利的提高和更好地消费个体不能分散提供的公共产品和服务，整体理性选择了政府作为公共产品和服务的提供主体，并通过代表纳税人意愿的立法机关制定全体纳税人都必须遵守的法律，以此作为征纳双方严格遵守的正式契约关系。但是，税收法律并不能涵盖社会经济生活实践的全部内容，因此需要法制以外的其他制度来

① 柯武刚，史漫飞．制度经济学［M］．韩朝华，译．北京：商务印书馆，2008.

进行约束。类似于政府的法治与德治，作为纳税方的公众也需要法律制度以外的道德约束，形成纳税文明。

由于纳税是整体纳税人而非个体纳税人的理性选择，个体纳税人在消费公共产品和服务时往往会存在一种“搭便车”的心理，如若个体的道德意识不强，则很可能出现偷税、避税等行为。在我国的税收实践中，偷税漏税是违法行为，避税虽未触犯法律，但利用法律漏洞来减少应承担的纳税金额的做法却是不道德的。这些做法都是公众在税收契约中丧失诚信的表现，而在社会网络的背景下，偷税漏税也呈现出集体效应，个人的偷税行为若未受惩罚则会形成不良示范效应，引发其他人的效仿，进而严重影响纳税文明。因此，加强违背税收契约伦理的惩罚机制也至关重要。

7.4 社会网络中契约主体间的伦理决策

通过上文分析可知，在政府与其他三个社会管理主体的关系互动中，契约存在两种不同的表现形式：一种是以法律、合同为主的显性契约或称正式契约，另一种则是以人际关系或组织关系为主的隐性契约或称关系契约。两种契约形式相辅相成，共同约束着契约主体的伦理选择。在正式契约中，明确的惩罚机制是约束社会管理主体机会主义倾向的强制性规则，它以道德为根基从而获得权利的正当性[①]；在关系契约中，则主要是根据关系强度和信誉评价来加以约束。而道德作为最基本的、最普遍的规则，是这两种契约形式的内在基础，如图 7-8 所示。

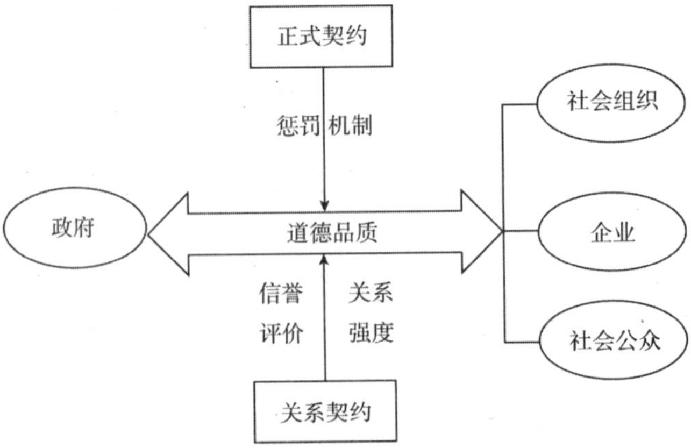

图 7-8 社会管理主体间的契约机制

① 强昌文．契约伦理与权利［M］．济南：山东人民出版社，2007.

从社会网络的视角来看，本章着重考虑关系契约中的关系强度和信誉评价对契约伦理的影响。关系强度指缔结契约的主体之间的关系远近程度，可根据Granovetter（1973）的关系长度、情感强度、亲密程度和互惠程度这四个维度将其分为强关系和弱关系①。关系长度指契约主体间建立关系的时间，通常时间越长，关系越强；情感强度指主体间彼此的情感投入程度，情感程度越高，关系越强；亲密程度以主体间有一定数量和质量的信息交换为外显，亲密程度越高，关系越强；互惠程度则是指为对方利益着想的程度，互惠程度越高，关系越强。我国社会结构是典型的差序格局，具有很强的关系导向性，如在购买公共服务时，政府倾向于选择其熟悉的（关系强度较强）的社会组织；在PPP模式中，政府人员与关系密切的企业在招标过程中暗箱操作；在税收契约中，政府公职人员也更多地向熟人出卖"人情税"。究其本质原因，契约主体间的关系越强，越倾向于对对方产生情感型信任，这种信任处于较为高阶的水平，因此虽畏于可能的关系损失不会轻易违背契约，但却更容易联合起来采取对他人不平等的契约非伦理行为。

信誉评价是关系契约中影响社会管理主体契约伦理决策的另一个因素。关系契约指出，契约主体会根据对未来关系的价值判断来进行当前的契约伦理决策，若主体认为与缔约的另一方有未来合作的可能性，且这种合作的收益会大于当前合作中的违约获益，则会遵守契约，这是一种基于长远关系的理性选择。社会管理的四大主体虽职责和属性有所差异，但在契约关系中，对其信誉的评价机制却是类似的。信誉是根据契约主体在多次社会关系互动中的诚信表现所建立的，在契约关系中，各主体首先会根据对方的信誉评价决定是否缔结契约；缔约后，主体若采取违约的非伦理手段，虽可能获得短期集中的收益，但不得不考虑违约的成本问题，即违约所带来的声誉损失以及间接的经济损失（其他主体可能会因其不良信誉记录拒绝与其合作）。因此，契约主体可能因为担心更广泛的声誉损失，而选择维持良好的信誉，继而遵守契约的伦理规范。现实中，契约主体往往会在短期利益的诱惑下选择无视信誉损失，会出现如政府未按合同要求拖欠钱款、企业接受政府资本后建设的公共设施不达标、政府出资的社会组织没有提供相应的公共服务等社会管理主体间非伦理契约行为，这些行

① Granovetter M. The strenght of weak ties［J］. American Journal of Sociology，1973，78（6）：1360－1380.

为都给社会契约文明造成了极其恶劣的影响，其最终结果都损害了社会公众的利益。因此，建立健全我国的信誉评价机制是当务之急。

7.5 本章小结

本章从社会网络的视角，考察了社会管理主体所嵌入社会关系对其契约伦理决策的影响。首先，对契约的三种实施机制（道德、信誉和法律）和关系契约理论进行了简述。其次，对中西方社会关系网络格局进行了对比，表现为西方社会的团体格局和我国社会的差序格局，并结合社会关系网络，分析了契约实施的基础——社会信任。再次，选取政府为社会管理主体中最主要的契约主体，并以公共服务购买、政府与社会资本合作模式、税收契约三种契约形式为代表，分析了政府与社会组织、政府与企业、政府与社会公众间的契约关系及伦理选择。最后，在理论与典型模式分析的基础上，总结了契约主体间伦理决策的决定因素，其中，道德是最基本的准则，正式契约的惩罚机制是根本保障，而结合中国的具体情境，关系契约中的关系强度和信誉评价则是社会网络背景下的两大重要因素。

8 社会管理中的网络舆情与网络暴政事件分析

互联网的开放性、快捷性，使得网络信息呈现出急速性、无序性。鉴于我国庞大的网民基数及特殊的具体国情，网络舆情在现阶段呈现出失序情况。互联网技术的普及是一把“双刃剑”，一方面促进了新型民主的发展，另一方面又产生了网络暴政问题。本章梳理了 2012 年至 2016 年我国国内 30 起网络暴政事件，试从时空特征、所涉群体与事件类型出发，分析我国网络暴政事件的特征与属性，并站在政府视角，为防治网络暴政提出建议，以期促进网络舆情和社会管理的良性循环与健康发展。

8.1 多数暴政、网络暴力与网络暴政

随着通信技术的发展和互联网的普及，中国网民人数成倍增长。据中国互联网络信息中心（CNNIC）报告显示，截至 2016 年 6 月，我国网民规模达 7.10 亿，网络普及率达到 51.7%，超全球平均水平 3.1 个百分点①。互联网已成为大多数人获取信息及表达言论的重要平台，与民意和公共舆论的重要聚集地。中国庞大的网民数量，决定了网络舆情对现实社会举足轻重的影响。越来越多的网民通过互联网表达自身意见、实现政治参与，促进了言论自由及新型民主政治的建设。然而，网络的虚拟性和匿名性以及网民的非理性与聚集性增加了网民产生负面情绪和激进言论的可能性，促使一部分网民对社会事件发表不正当言论，并在“沉默的螺旋”作用下发展成为强势“民意”，使得舆情朝着极端方向发展，进而产生网络多数暴政。

8.1.1 从多数暴政到网络暴政

在传播技术高速发展的信息社会，民主被赋予了网络的属性，使得传

---

① 第 38 次中国互联网络发展状况统计报告［EB/OL］. http：//www. cnnic. net. cn/hlwfzyj/hlwxzbg/hlwtjbg/201608/t20160803 _ 54392. htm.

统集会与政治领域在网络空间得到扩展与加强①，大量私人信息迅速地涌入公共空间。互联网的虚拟环境一方面为网络民意的表达提供了自由空间；另一方面，网民素质的良莠不齐及那些情绪化、非理性化的信息泛滥，也加剧了公共危机的发生。当公共事件发酵到一定程度，事实真相易被某些居心叵测的谣言所取代，使得事件被严重情绪化甚至产生对立化。而且，网络空间的虚拟性、匿名性也导致网络主体去责任化及群体极化等问题，加之传播过程中“沉默的螺旋”导致的强势“民意”问题、舆情传播中“羊群效应”导致的盲目随从问题，共同触发了网络暴政，对网络秩序及社会管理造成了严重影响。

“网络暴政”，又称“网络上多数人的暴政”，由“多数暴政”的概念演变而来。多数暴政由近代法国政治思想家托尔维克（Alexis de Tocqueville，1856）提出，他认为，多数暴政是通过对个人施加各种压力，迫使其抛弃自身个性而顺从社会的主流看法或感觉，屈从礼俗或时尚②。“多数暴政”是民主制度下的一个漏洞，是指在少数服从多数原则下，多数人凭借话语权和舆论的压力形成了对少数人的暴政，并侵害和压制他们的思想和权益。其中最典型、最惨痛的例子就是纳粹德国通过了对犹太人歧视、屠杀的法律以及美国白人对黑人的歧视。多数暴政轻则损害少数利益，重则灭绝少数、造成社会动荡。而多数暴政发展到今天，不单单指政治、种族等方面的暴政，它结合了互联网特性，借由网络媒介技术通过人机界面实现感官化功能，对当事人身体、财产等方面造成实质损害③，它已由高度的暴政转化为实体的“暴力”。从 2006 年的“虐猫女”“铜须门”“最毒后妈”到“成都女司机被打”“台湾嫩模自杀”，再到“王宝强离婚案”“央视女记者跳楼案”，网络暴政逐步激发了舆论的兴奋点。

对于“网络暴政”的确切概念，学界可谓是众说纷纭，总结起来，主要有以下三种观点，其一，基于道德层面上的暴力行径。这一观点是基于赛博空间的虚拟现实性及网络脱域性，即认为由现代科技构造的互联网体系成为映射现实的主要场域，互联网实际上是一个集有形与无形于一体的

---

① Poster M. Cyber democracy：The Internet and the Public Sphere［M］//David Holmes Virtual Politics：Identity & Community in Cyberspace. London：Sage Publication，1997：212－228.

② 王焱．自由主义与当代世界［M］．北京：生活·读书·新知三联书店，2000：66.

③ 姜方炳．“网络暴力”：概念、根源及其应对——基于风险社会的分析视角［J］．浙江学刊，2011（6）：183.

公共空间，人们在其中的行为即是现实行为的反映，舆论事件发生后，互联网会将与其有关的所有内容都集中放大，人们站在道德伦理制高点，将事件放大化、严重化，并对当事人进行道德审判。这种暴力并不是传统意义上的暴力，而是通过舆论的集结，以达到强制性干涉他人的目的，其基本工具是洛克所谓的“名誉之法”，实质是一种道德约束①。其二，基于言论表达的异化说。互联网的虚拟性在为网络民意表达提供自由空间的同时，其匿名性及网民素质的良莠不齐又易导致网民情绪化、非理性化。在这种情况下，一定规模的、有组织的或者临时组合的网民，可以利用网络平台向特定对象发起群体性的、非理性的、大规模的、持续性的舆论攻击，对被攻击对象造成人身、名誉、财产等损害②。并且，当公共事件发酵到一定程度，事实真相易被某些居心叵测的谣言所取代，导致事件本身被严重情绪化及对立化，谩骂和攻击替代了理性。其三，基于现实层面的利益损害说。有学者认为，网络暴政是社会言论的扩大及社会暴力的延伸，因其擅自公开他人隐私，极具煽动性和攻击性，表面上满口“仁义道德”，实际却主张“以暴制暴”③。网络暴政不仅表现为线上的暴力，发酵到一定程度后也会演化为线下的行为暴力，对当事人造成现实层面的利益损害，会严重影响当事人生活，更甚者会对当事人产生生命与财产的威胁，触及法律范畴。

8.1.2 网络暴力与网络暴政的内涵界定

根据上述分析，“网络暴政”是备受争议且颇具研究价值的社会问题，因此对其进行准确定义是后续分析的基础。众多学者将“网络暴政”等同于“网络暴力”，但两者的概念有本质的区别。根据《辞海》的解释，“暴力”泛指通过武力侵害他人人身、财产等权利的强暴行为，“网络暴力”指由网络行为主体的交互行动而发生交叠，继而可能致使当事人的名誉权、隐私权等人格权益受损的一系列网络失范行为，主要包括言语攻击、形象恶搞、隐私披露等形态④。“网络暴政”与“网络暴力”是两个极为相

① 张淑华．网络民意与公共决策：权利和权力的对话［M］．上海：复旦大学出版社，2016：168－169.

② 张瑞孺．“网络暴力”行为主体特质的法理分析［J］．求索，2010（12）：140－142.

③ 赵淑岩．网络暴力现象及其引导和调控研究［D］．长春：东北师范大学，2009.

④ 姜方炳．“网络暴力”：概念、根源及其应对——基于风险社会的分析视角［J］．浙江学刊，2011（6）：181－187.

似的概念，就形态而言两者区别不大，其区别在于以下三点。

首先在行为主体上，“网络暴政”的行为主体是网民的“大多数”，而“网络暴力”的行为主体可为大多数也可为个体，并以个体居多；其次在影响范围上，“网络暴政”相较于“网络暴力”的影响范围广泛、恶劣；最后在所属关系上，“网络暴政”属于“网络暴力”，“网络暴政”是较高层次的“网络暴力”，具有干扰社会管理的巨大影响。同时，“网络暴政”在行动主体、形态表现上与“网络群体性事件”极为相似，“网络群体性事件”指网民群体围绕某一主题、基于不同目的，以网络聚集的方式制造舆论、触发社会行动的传播行为，这种行为可以是有序健康的，也可以是无序非法的[①]。然而“网络暴政”中主体的行为只会对客体产生有害影响，因此它又有别于“网络群体性事件”。

综上所述，“网络暴政”是一个发展于多数暴政与网络暴力，而又与两者有所区别的独立概念，其是多数暴政的网络化表现，也是网络暴力的群体化发展，本章将继续对此概念进行进一步分析。

8.2 社会管理视角下网络暴政的再定义

“网络暴政”是一种依托虚拟网络平台，兼具实在暴力因素的网络失范行为。根据《大辞海》的解释，“暴政”指统治者残酷地剥削、镇压人民的政治措施。而“网络暴政”则是指网络上“多数人的暴政”，有别于政治概念的暴力行径，因此在界定“网络暴政”时不能将传统意义上的“暴政”和“暴力”简单移植过来。基于此，本书对“网络暴政”界定如下：网络暴政指一定规模的网民群体借由网络媒介技术通过人机界面实现感官化功能，对特定对象发起大规模的、非理性的攻击，将对当事人身心、名誉、财产等方面造成实质性损害，并且影响到社会价值观的树立与社会管理的有序发展。

8.2.1 广泛参与和利益危害

由于“网络暴政”是“多数暴政”与“网络暴力”的发展与演化，又不同于两者，因此其兼备两者的特征并发展出自身独有的特点。一般来说，网络暴政的特点包含以下六点，共同导致了网络暴政的不良社会

① 杜骏飞．网络群体事件的类型辨析［J］．国际新闻界，2009：76—80.

影响。

广泛自发参与性。一方面，基于互联网的匿名性及其参与过程的易操作性，网络暴政事件的影响极易扩散与加剧；另一方面，网民为保持自身与时代热点的与时俱进，或是为了解网络热点作为自己茶余饭后的社交资本，纷纷加入到本与自身无关的网络暴政事件中。

盲目从众性。由于信息不对称，网民在事件发生时往往无法掌握完整信息，当网络上形成某一热点时，一旦出现与当事人有关的信息，网民便会不假思索地疯狂转载评论，无视信息真假。与此同时，我国网民易受网络意见领袖的影响，并且在表现欲及求知欲的驱使下，越来越多地参与到热点事件阵地中。

初始动机朴素正义性。“正义”被视为人类社会最崇高的理想和追求，是中华民族的基本价值取向。历年网络暴政事件有许多涉及备受争议、触犯基本伦理道德的因素，广大网民习惯将自己视为捍卫正义的道德卫士，利用正义感对当事人进行道德审判，促使其在舆论驱使下回归道德底线。这种正义感在“最毒后妈事件”中表现为对虐待儿童的痛斥，在“PX 事件”中表现为对污染环境的谴责，在“王宝强离婚案”中表现为对婚姻不忠的愤怒……

价值观扭曲性。传统价值观是一个民族在长期历史积淀中形成的对处事标准的基本看法和态度。网络暴政事件本身往往触犯到传统价值观的底线，当事人所宣扬的价值观往往与社会基本价值观相悖，跳脱大众价值观，对网络大众造成价值观扭曲，这也是网民常说的“三观尽毁”。

个人利益侵害性。网络暴政以个体的人格权益为攻击对象，其后果往往具有一定的人身依附性，并常常导致实质性的严重后果。从语言攻击到人肉搜索，再到间接的现实影响，都会对当事人的身心、财产等造成直接或间接的伤害，更甚者会危害到当事人的生命安全。

恶意制裁性。互联网的匿名性、去责性使其成为网民情绪宣泄的温床，网民打着“道德卫士”的旗号实质上在进行非理性攻击，臆想、歪曲事实，对当事人不分青红皂白地恶意制裁。在“成都女司机案”中，当“别车门”逐步演变为“开房门”后，网友纷纷谩骂当事女司机，歪曲其家世背景，并对其家人展开恶意攻击。

8.2.2 言语暴力到线下集群

2012 年 9 月，钓鱼岛事件将中日关系降到冰点，由网络抵制日货热潮引发了线下打砸抢烧等损害国民财产的暴力行径；2013 年 12 月，一高中生购物盗窃视频被店主公布，同日，该高中生所在学校、家庭住址均被曝光。次日，当事人不堪压力跳河身亡；2014 年 6 月，一段“地铁 9 号线男子摸女生大腿”的视频在网上热传，随后该男子及其妻女的照片、电话、住址、单位等具体信息被曝光，男子家庭被不断骚扰，男子最终被单位开除；2015 年 5 月，一成都女司机因多次别车被男司机痛殴，随后该女司机家庭背景、道路劣迹、违章记录、开房记录等详细信息被网友曝光，舆论一时间转向谴责该女司机，并顺带攻击无辜的家人，多数网友称其“活该被打”；2016 年 11 月，一央视女记者因未婚夫出轨跳楼自杀，一时间，其未婚夫及“小三”个人信息被曝光，网友曝光其照片及工号，号召网友将两人赶出公司，对两人生活造成极大影响……

纵观近年来网络暴政事件，其焦点主要集中在违背伦理道德、涉及个人利益的争议性事件上。我国现阶段正处于社会与经济转型时期，各种社会问题及矛盾尤为明显，一旦被激发便很可能引发广泛关注与热烈讨论，在舆论的风口浪尖中，人们常常失去理性，而部分非理性、情绪化的语言反而获得大量赞赏，更被公众视为民意的表达。此外，部分网民甚至打着“替民除害”的幌子，无端地开展伤害与自己无关的当事人的恶劣行径，严重干扰当事人正常生活、损害当事人利益。而这种冒险倾向则来源于他们自身所感知的强大群体中，他们认为自己是团体利益的代表，应当代替团体行使“团体义务”，轻则言语谩骂，影响当事人名誉；重则实质性暴力，涉及当事人生命安全。总结起来，目前我国的“网络暴政”问题主要表现为以下形态。

言语暴力。福柯曾尖锐地指出，话语并不是被动地反映一种“预先存在的现实”，而是一种“我们对事物施加的暴力”①。舆论通过不断对当事人进行话语攻击，对相关利益者造成心理负担或实在伤害。我国社会结构与发展阶段的变迁，致使各类社会矛盾较为明显，网络中充斥着多数暴政与网络暴力现象，这种非理性的发现往往来自群体间的相互讨论与影响，在风险共担与难以追因的条件下形成更具冒险性的一致决策——Stoner 将这种现象称为风险转移（risky shift）②，这也是网民们会对原本与自己无

① 路易丝·麦克尼·福柯［M］．贾堤，译．哈尔滨：黑龙江人民出版社，1999：103.

② Schmookler J. Invention and economic growth［M］. Harvard University Press，1966.

关的当事人义愤填膺、恶语相向的原因，因为这种网络暴力言语不需要承担实际责任，并且有相当数量的群体做依靠。而言语暴力的初衷从根本上可分为仇官仇富、济贫扶弱、立己反异，它主要表现为话语攻击、恶搞、道德审判、谣言诽谤等。

隐私泄露。隐私泄露以及人肉搜索是近年来网络暴政的最主要表现形式，其威力不可小觑，严重侵犯了当事人隐私，对当事人造成了精神性及现实性损害。网友不负责任地曝光当事人视频、照片等详细信息，在经过舆论推动之后往往会演变成一场声势浩大的人肉搜索，它就像一张非官方的“通缉令”，一张无边无际的深网渗透到各个角落，让被搜索者无处藏身。互联网让信息的流动变得比以往任何时代都更为自由①，任何普通人都有可能被有意或无意的“网络猎人”列入搜寻范围。互联网使得“六度分割”从理论转变为现实——社会网络所构建的弱联系是人肉搜索的基础，它大大提高了揭示真相的效率，扩展了舆论监督的范围；然而与此同时，这种逾越了人权与道德边缘的人肉搜索对当事人却造成了本不该承受的无法挽回的恶劣影响。例如，在“成都女司机被打案”中，在经过网络舆论的持续发酵后，网友甚至公布出了女司机家庭背景、丈夫信息，并调用官方职权查出其道路劣迹、违章记录、开房记录等极其私密性的信息，使得该女司机被冠上“娼妇、恶霸”等罪名，一时之间身败名裂，最终被迫向公众道歉。人肉搜索的内在动因往往与自我实现意识密不可分，网民表面上是在追求人性完满、社会价值和自我奉献②，但这种朴素正义的初始动机在“娱乐至死”的时代会被不断扭曲，直至偏离基本道义。

线下恶性群体性行为。线下恶性群体性行为是网络暴政的所有类型中对客体伤害最直接、最恶劣的一种类型。在网络舆情事件持续发酵的过程中，受众会受到感染机制的影响。感染理论认为，情绪感染是引发群体行为的基本要素——在群体性事件中，人们有意识的人格已经消失，而无意识的人格将占据主导地位，受到情绪和观念的感染以及暗示的影响，人群的心理会朝极端方向发展、演变，并且产生将暗示的观点立即转变为实际

① 丹尼尔·沙勒夫．隐私不保的年代［M］．林铮顗，译．南京：江苏人民出版社，2011：22.

② 殷俊．从舆论喧嚣到理性回归［M］．成都：四川大学出版社，2009：57.

行动的倾向[①]。在网络舆情事件中，初始正义动机会使得成千上万孤立的个体成为一个拥有共同目标的临时“整体”。而在无限的网络互动中，网民的参与感会被大大激发，戈夫曼的剧场理论认为，人与人之间的互动就像剧场演出一样，在某一环境中个体编排节目的同时，也在接受他人的演出，他们会倾向于发展共同情境的定义[②]。因此在舆论事件中，网民的行为具有带入感，每个参与者都是戏剧中的一员，当他们的“表演”潜意识地向道德批判转向之时，他们之间的互动就显得更有对抗性，加之网络具有责任分化作用，“舞台”极易由线上转为线下，对当事人造成现实攻击。

综上所述，“网络暴政”导致的诸多不良社会影响决定了其应当得到社会管理主体进一步的重视与管理，笔者将借助案例与文献对目前我国的“网络暴政”现状与发展展开进一步分析，尝试为解决网络暴政问题提出策略和建议。

8.3　网络暴政的特征及类型转变

“网络暴政”概念自2006年“虐猫门”开始正式走入公众视野。近年来网络暴政事件频发，而学术界大都将其归于“网络暴力”和“网络舆情事件”，未能充分意识到其危害的严重性。而对于“网络暴政”的研究，则多浮于概念阐述或从个案出发，缺乏量化的系统研究，无论在广度或是深度上都不足以揭示网络暴政的发展趋势与本质特征。因此，本书旨在对2012年以来的网络暴政事件进行系统性分析，摸清网络暴政的基本脉络与发展趋势，进而为政府实现有效网络管理提供依据，提高政府应对重大舆情事件的能力。

笔者主要以百度及新浪微博为检索平台，对近五年来的网络暴政事件进行样本筛选，样本选取的标准严格按照上述关于“网络暴政”的定义，并且同时满足广泛自发参与性、盲目从众性、初始动机朴素正义性、价值观扭曲性、个人利益侵害性、恶意制裁性等特性。在剔除百度搜索相关条目少于1万条的事件之后，最终选定2012年年初至2016年年底我国网络暴政事件共30起，通过对这些案例的关键要素，如时空、所涉群体、类

① 勒庞．乌合之众：大众心理研究［M］．冯克利，译．北京：中央编译出版社，2014：125.
② 孙聪，沈强．网络暴政的社会学分析［J］．学理论，2011（4）：61－62.

型、信源、传播途径、影响程度等进行逐一分析，以全面、系统、翔实的数据阐释我国网络暴政事件的基本情况，力图对我国网络暴政事件的引导及解决提供有效参考。

8.3.1 网络暴政事件的时空分布特征

借助对2012—2016年五年来我国网络暴政事件的统计分析，本节主要阐述了网络暴政事件发生的时间特征与空间特征，以对我国的网络暴政现状构成大致的认知与了解，从而为后文对其的深入分析以及应对策略的有效建构，奠定一定基础。

8.3.1.1 时间特征：呈现逐年增加趋势

通过对2012—2016年我国网络暴政事件数量的统计，笔者勾勒出了近五年来我国网络暴政事件的走势图谱，如图8-1所示。

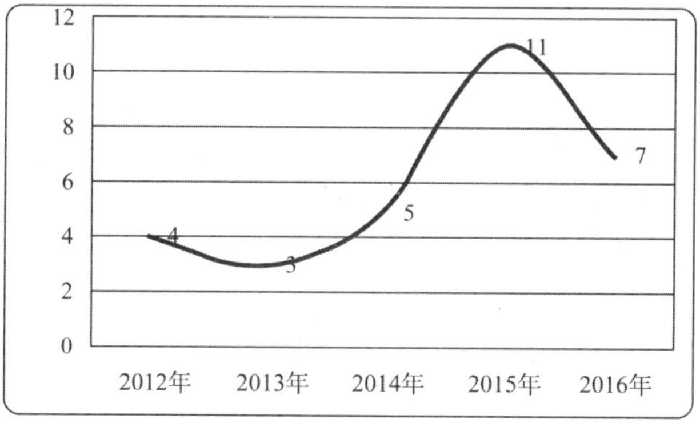

图8-1 2012—2016年我国网络暴政事件数量走势图

由图8-1可知，近五年来我国网络暴政事件呈曲线上升趋势，年平均增长率约为11.84%。2013年至2015年网络暴政事件数量急速上升，增长率为267%，至2015年达到顶峰，共11起，超过近五年网络暴政事件总数的1/3。

而网络暴政事件激增的原因主要有三：第一，互联网技术的普及与发展为网民的言论表达提供了技术支持；第二，我国网民数量不断上升，截至2016年6月，我国网民总数已达7.1亿，大量文化程度与社会地位较低的受众正在逐步被卷入网络舆论大军之中，而巨大的网络使用群体又构成了强大的网络舆论主体；第三，我国的民主化进程不断加速，近年来我国政府致力于推行信息公开与言论自由，在网络民主化进程不断发展而网民素质未能相应提升的情境下，言论失范、行径失常等现象频繁发生，成为阻碍我国网络秩序健康、和谐发展的毒瘤。

8.3.1.2 空间特征：区域表现不均衡

在探究近五年来我国网络暴政事件的空间分布规律时，我们以地域为分类标准对网络空间进行划分，从地理位置上，我们将网络空间分为东、中、西三个部分，结果显示源自东部地区的网络暴政事件最多，占比77%，中部及西部地区与其相差较大，分别占比6%和17%。再对比2012年至2016年每年的地域分布情况（见图8-2），可知网络暴政事件在东部地区逐年增多，其走势与近五年来网络暴政数量总体走势一致。

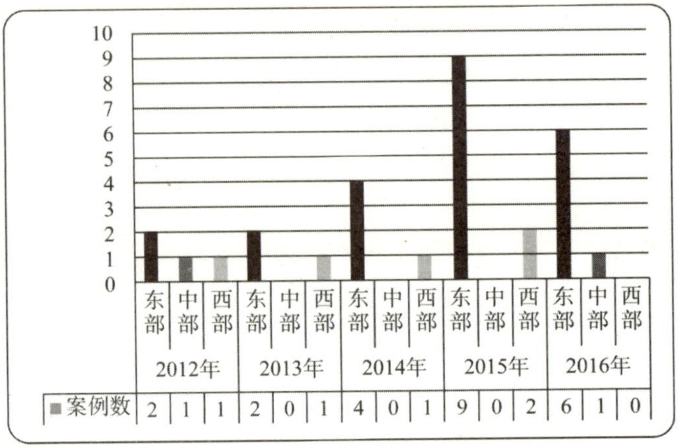

图8-2　2012—2016年我国网络暴政事件各年空间分布

在此基础上，笔者再将具体城市根据人口数量、城市规模、经济水平划分为大城市、中小城市及农村偏远地区这三种城市类别，可知事发地源自大城市的网络暴政事件达28起，约占总体的93%，而中小型城市及农村偏远地区近五年来各发生1起网络暴政事件，这从侧面反映出我国城乡差距、数字鸿沟依旧显著。

在对近五年来我国网络暴政事件的空间研究过程中我们发现，网络暴政事件逐步在向东部发达地区迁移，源自东部发达地区的网络暴政事件占比由2012年的50%上升至2016年的86%（见图8-3）。我国东部发达地区的人口素质、开放程度和言论自由度较高，而在以东部发达地区为示范中心的网络民主化建设过程中，网络暴政以不同的形式逐年频发。因此，在提升网络民主化进程中，网络秩序的建立及伦理的引导不可小觑。

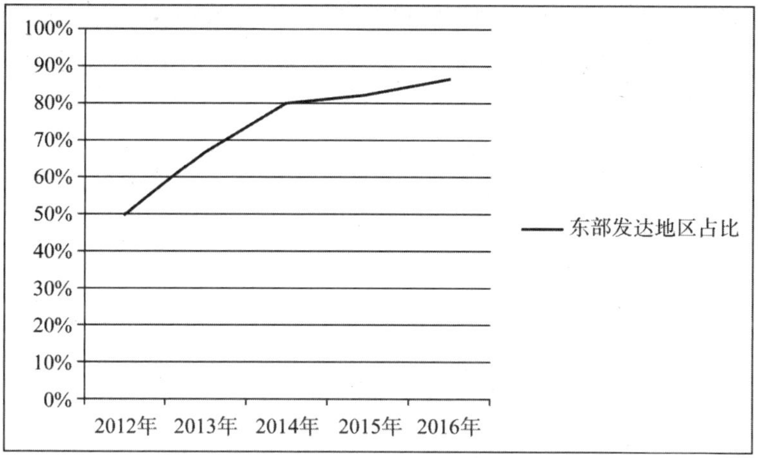

图 8－3　2012—2016 年东部发达地区网络暴政事件占比趋势

8.3.2　网络暴政事件类型特征的转变

8.3.2.1　结构性暴政转向事件性暴政

绝大部分网络暴政在最初爆发时以单个事件的形态出现，但就其原因和本质而言，可分为“事件性”与“结构性”两种。“事件性”网络暴政事件是指以单个事件为爆点的、偶发的事件，暴政状态随事件的平息而终结，如“王宝强离婚案”中网友对其妻马蓉的暴政、优衣库事件中网友对两位当事人的暴政等；“结构性”网络暴政是指表面上看起来像是偶发事件，但实际所引发的社会讨论却涉及一些“结构性”的社会问题、政策漏洞甚至是制度缺陷[①]。同类“结构性”网络暴政一般不会单独发生，一个爆破点往往会刺激同类事件的连锁爆发，暴政不会因为事件的平息而彻底消除，一旦有另一同类事件发生，则暴政风潮会卷土重来。这类事件最典型的代表是房叔事件，由其引发的大面积网络反腐，导致一系列房哥、房姐的曝光，这类事件表面上是网络反腐，但其本质却反映了网友仇官、仇富的扭曲心理，而在这种高调网络反腐的进程中，不可否认其确实在短期内实现了对腐败官员的惩罚与警示，但这种人肉搜索、隐私曝光及言语暴力一方面对当事人造成了无法挽回的名誉伤害，另一方面也直接挑战了我国法律体系与政府管理的权威性，甚至会使社会走向无序的状态。

① 涂光晋，陈曦．“非典”十年来中国政府危机特点的变化与反思［J］．国际新闻界，2013，35（5）：16—25.

根据议题和性质，笔者对这 30 起事件进行类型统计，凡同类案件超过两个及以上，即归为一类，例如，本书将涉外关系、政治意识形态统归为政治关系，将言论自由、思想自由统归为社会民主，将盗窃、赌博、打架斗殴归为违法犯罪，得到的结果如图 8-4 所示。

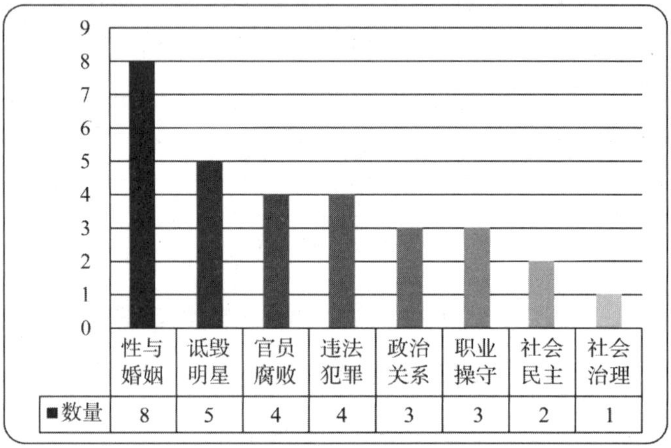

图 8-4　2012—2016 年网络暴政事件类型

由图 8-4 可知，近五年来网络暴政事件的诱发原因以“性与婚姻”为首，占比约 27%，其次是“诋毁明星”，占比约 17%。由于我国长久保守的历史文化与社会风气，“性”一直是一种不可暴露的隐秘话题，而长期积累的压抑与好奇使其成为国民的舆论兴奋点。2015 年“优衣库不雅视频”一经流出便迅速席卷各大社交平台，一时间引爆舆论，随之而来的人肉搜索、恶性谩骂，已经大大影响到当事人生活。这是一个“娱乐至死”的时代，我国的新闻与舆论逐步向娱乐化沦陷，近年来各大媒体热衷于挖掘明星丑闻，在“王宝强离婚”“林丹出轨”“刘恺威深夜剧本门事件”中，当事人无一人免遭网络暴政的攻击，“出轨”“性”“小三”成为社会热门话题，网友们纷纷充当道德卫士，极力鞭笞当事人。在新闻娱乐化进程中，媒体极力追求话题性，因此对于议题进行娱乐化的议程设置，导致相当一部分网友沦陷在媒体所设的娱乐化议题中，跟随大流对明星不分青红皂白地诽谤与谩骂，成了当今网络社会中最大的恶。

与此同时，笔者将这 30 起事件的类型按照“结构性”与“事件性”划分，可发现“官员腐败”“政治关系”“社会民主”“社会治理”均属于“结构性”暴政事件，而“性与婚姻”“诋毁明星”“违法犯罪”及“职业操守”是偶发事件，不涉及政治、社会结构及制度问题，均属于“事件性”，通过对近五年来各年“事件性”与“结构性”暴政事件进行统计，可得出这两种类型的网络暴政趋势图，如图 8－5 所示。

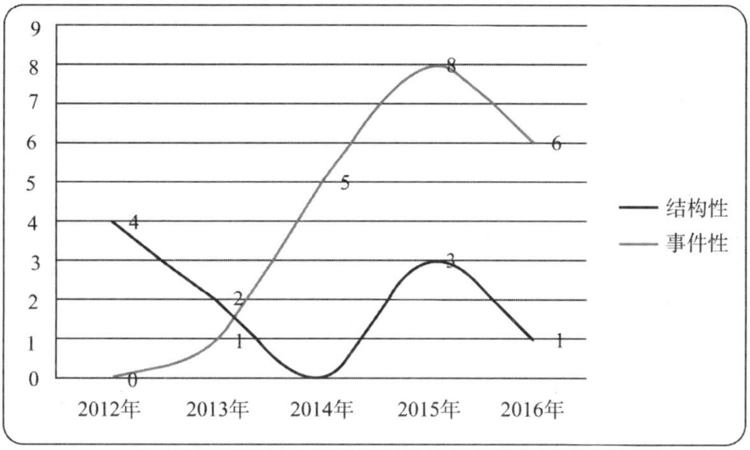

图 8－5 2012—2016 年“结构性”网络暴政与“事件性”网络暴政趋势

分析图 8－5 可知，近五年来“结构性”网络暴政逐年曲线下降，而“事件性”网络暴政急速增长，从 2013 年至 2015 年，增长比率为惊人的 700%，可见社会关注度逐步由批判制度、政策及政治环境转向偶发的个体事件。

“结构性”网络暴政属于网友抨击政治形态、社会制度、仇官、仇富等心态的间接体现。2012 年堪称我国的网络反腐元年，全年共发生网络反腐事件 20 余起；而同年 11 月，十八大将反腐提升到一个新的高度，在随后四年里反腐有条不紊地进行，逐步改变了自下而上的反腐状态。通过图 8－5 也可发现，“结构性”网络暴政自 2012 年达到顶峰后开始波动下降，同时这五年来中国的社会环境、经济发展及意识形态都得到大幅度提升，抨击社会环境的言论也在逐年减少，可见政府对网络暴政的介入在社会治理及经济发展上取得了一定成就。然而，我国的“事件性”网络暴政数量与网络暴政总体数量曲线上升，说明政府及社会管理主体对于网络暴政的管理还存在较大的空白。

8.3.2.2 政治性事件转向娱乐性事件

为进一步探究近五年来遭受网络暴力的群体特征，笔者依据职业属性及个人影响程度，对这 30 起事件中受暴者进行统计，凡同类群体达到两个及以上，即归为一类。同时将艺人明星、具有社会影响力的学者统归为社会公知人物，将学生、普通职员统归为普通大众，最终发现近五年来遭受网络暴力的人群主要分为政府官员、企业高层、社会公知人物及普通大众四类，其中社会公知人物遭受的网络暴政最为严重，占比54%，其次是普通大众，占比30%，再次是政府官员，占比13%，最后是企业高管，占比3%。此外，通过对政府官员与社会公知人物的对比分析，还可以发现社会公知人物所遭受的网络暴政逐年攀升，而涉及政府官员的网络暴政逐年减少。

公众的关注度逐步由国家管理者转向社会公知人物，且涉及明星的网络暴政事件在所有社会公知人物中占比约81%，由此推断网友关注度由政治性事件转向娱乐性事件。

为进一步验证结论，笔者对近五年的网络暴政事件类型进行分析，发现2012年至2013年的网络暴政事件类型主要集中在“政治关系”“官员腐败”和“社会民主”上，而自2014年起网络暴政事件开始大量转向“性与婚姻”及“诋毁明星”,“政治关系”“官员腐败”“社会民主”及“社会治理”事件统称为“政治性事件”，而“性与婚姻”和“诋毁明星”这类事件大多涉及娱乐圈，主体多为明星，因此将此类事件统称为“娱乐性事件”。

随着中国媒介产业市场化程度的不断加深，经济效益已经成为考量媒介优劣的重要标准。因此媒介作为实体行业，为了追逐利润最大化而迎合受众需求，从而产生“格雷欣法则”问题，即在各媒介集团争夺受众的竞争之中，具有噱头和娱乐性的诽谤性、煽情性新闻会驱逐严肃性新闻，导致高雅的、精英的新闻逐渐退隐，低俗的、娱乐的新闻充斥市场，从而产生网络暴政事件由政治性向娱乐性转变的趋势。从2013年起，网络暴政事件伴随着众多舆情事件逐步卷入“娱乐狂欢”，近四年来娱乐性网络暴政事件呈急速上升趋势。从最初“郭美美炫富”到“刘翔离婚”，从“杨颖整容”“袁姗姗滚出娱乐圈”到“王宝强离婚”“林丹出轨”，媒体致力于深扒明星私人生活，利用议程设置将网民带入一场灾难性的娱乐窥探，这种媒介趋利性的错位引导致使广大网民深陷娱乐性网络暴政。

8.3.2.3 多米诺效应显著增强

多米诺效应是指在一个相互关联的大系统中，一个很小的初始能量就可以产生一系列的连锁反应，导致“牵一发而动全身”，“一倒都倒”。最典型的例子即是2012年的网络反腐系列事件——自2012年“陕西微笑表哥案”起，网络反腐迅速在全国展开，全年共出现网络反腐事件20余起，网络将反腐举动推向一波又一波的高潮。随之而来的便是夹杂在网络反腐中的网络暴政：自网友对“微笑表哥”进行人肉搜索及言语暴力后，这一类型的网络暴政事件迅速蔓延，同年“房叔案”“雷政富案”等事件迅速曝光，其中“房叔案”更是导致一系列贪污违纪的“房姐”“房哥”曝光，随之而来的便是网友对当事人的网络暴政。

当网络反腐大潮过去后，媒体开始将注意力转向更易激起舆论风波的艺人明星。2014年“文章出轨”闹得沸沸扬扬，占据各大新闻媒体头条，网络将网民们带入对窥探社会公知人物的感情世界里，随后的几年，“马蓉出轨”“林丹出轨”“刘恺威出轨”迅速席卷网络舆论场，“王宝强离婚案”更是被多家国外媒体报道，其影响范围之大前所未有。在一系列“出轨门”被曝光后，网友们对当事人的网络暴力已经渗入到现实生活中，例如“王宝强离婚案”中，马蓉“有家不敢回”、全民“通缉”马蓉等闹剧的发生。

同时，“多米诺效应”不仅影响整个系统，更在单个网络事件的系统发展中有所体现。在2014年被曝光的“蓝翔校长斗殴案”中，蓝翔校长共遭受五次网络暴政大潮：首先，“跨省打架”引起网友人肉搜索及言语暴力；随后迅速被网友爆出“超生”，矛头直指校长利用职权违法问题；接下来更有网友曝出“暴力校规”，舆论开始谴责其霸道招生，退学不退学费的问题。而随着深陷暴力旋涡的兰荣祥指责其妻子隶属邪教成员，掀起了关于其妻子的第四轮网络暴政；最终其妻举报其私生活混乱，“私生子”事件由此曝光，网友对兰荣祥的网络暴政达到顶峰……从“跨省打架”“校长超生”，到“霸道校规”“邪教成员说”，再到“私生子”，多米诺效应迅速蔓延，网络暴政掀起一波又一波的高潮。

而在2015年被曝光的“成都女司机被打事件”中，在驾驶视频曝光后，网友们由同情被打女司机迅速转向谴责、谩骂，随后其个人资料、驾驶违规记录、开房记录等如多米诺骨牌迅速倒下般被无情曝光，致使网友对其的网络暴政变本加厉，由攻击其个人扩大到攻击全家，使得当事人身败名裂。当事女司机不堪网络暴政，不得不恳请网友停止对其人肉搜索。

综上所述，网络暴政的事件性、娱乐性与扩散性，致使其影响范围不断扩大且影响程度不断加剧，因此社会管理主体必须对网络暴政进行有效治理。

8.4 从失范的暴政走向契约式的信息自由

网络作为社会化的大熔炉，在形成和发展的过程中与社会公众以及社会事件一直存在频繁的互动，各式各样的碎片化信息在硕大的信息流中川流不息。基于庞大的中国网民数量及特殊国情，从众、极化现象普遍，网络舆情事件极易触发网络暴政。在探究了我国网络暴政基本情况及发展趋势后，笔者从以下四点为网络暴政的治理提出相关的治理建议。

第一，加大对东部发达地区的网络舆情治理，建立以北京为首的网络示范点。网络舆情事件通过媒体及公众相互作用后发酵，形成网络暴政事件。因此，政府要建立健全不同阶段的网络预警机制，在舆情事件爆发后能够启动积极的干预、引导机制，同时建立健全网络舆情的相关法律法规，首先从法律层面强制契约来约束网民的言行。此外，通过建立以北京为首的网络示范点，一方面重点提升该地区网民的网络素养及社会伦理观，塑造有序、契约式的网络舆情环境，另一方面作为失范代表，由点及面，逐步推广至其他地区。

第二，建立“事件性”网络暴政数据库，摸清“事件性”网络暴政的本质规律，建立一套治理标准及机制。近五年来，我国网络暴政逐步由“结构性”转向“事件性”。虽然“事件性”舆情事件单独、偶发，但其影响不容小觑，通过归类后不难发现其规律。因此，政府要全面做好对“事件性”网络暴政的数据搜集，从始发到舆情，再到影响范围，为“事件性”网络暴政事件建立数据库，将不同事件分类，摸清“事件性”网络暴政的本质规律，才能“对症下药”，提高干预、治理网络暴政事件的效率。

第三，加强新闻媒体契约式自律，避免媒体泛娱乐化。我国网络暴政事件正逐步由政治性事件向娱乐性事件转变，这与媒体本身的泛娱乐化密切相关。因此，媒体需要契约式自律，不应一味迎合大众审美，过分热衷于深扒艺人明星的私人生活，为博眼球不断提供低俗而无价值的娱乐新闻，而应当肩负起社会发展、国家喉舌的重要职责。因此国家应当注重对新闻媒体的监管与引导，充分利用好议程设置，为社会塑造和谐的网络氛围与优秀的大众文化。

第四，提升公民网络素养，培养网民的网络心理契约。在网络“多数暴政”中，网友们过于片面地强调“民主”与“正义”，以“少数服从多数”等看似公正的理由来侵犯少数人的合法权益。这种多数人的暴力，往往具有迷惑性与危险性①。近年来我国网络暴政呈现出多米诺效应，对当事人及社会危害极大。因此，政府需注重对网民素养的提升，构建其心理契约，让其自觉、自主分辨媚俗、虚假消息，避免随波逐流参与到网络暴政事件中，同时应注重引导其不良情绪的宣泄，以提升公共议题的真诚与理性，避免由网络暴政引起的悲剧发生。

8.5 本章小结

本章以网络暴政的视角对我国2012—2016年以来的网络舆情事件进行了具体研究。首先通过对多数暴政、网络暴力与网络暴政三者关系的清晰化，明确网络暴政的特殊性与危害性；其次，在以上基础上提出了网络暴政这一极具争议的概念，并对其内涵、特征与形态进行了阐述与划分；再次，通过对近五年来我国网络暴政基本情况的案例搜集、数据统计与分析，刻画我国网络暴政的基本图谱与发展趋势；最后，针对网络暴政的事件性、娱乐性、扩散性趋势，为社会管理者共同治理网络环境提供了具有参考价值的有效建议。

① 张春华．网络舆情社会学的阐释［M］．北京：社会科学文献出版社，2012：174.

9 社会管理中的危机混沌情境与协同治理

人类已进入一个高风险的社会，我国社会面临着类型多样、因素复杂的公共危机。本章选取社会管理中的危机管理作为研究切入点，从混沌情境视角重新认识危机，剖析危机的非线性特征与复杂情境；从多元主体协同治理视角重新认识危机管理，明确危机管理中多元主体协同治理的基本格局，了解危机管理中多元主体之间的利益诉求和契约关系；在混沌情境与危机管理 3R 模型的社会环境与理论基础之上，结合我国危机管理主体目前面临的困境，为危机管理主体间契约伦理的建构提出建议。

9.1 危机管理的混沌情境

人类对危机的认识共经历了三个阶段。当今社会中，危机特征愈加模糊，其原因也难以准确追溯，导致有效的危机管理变得更加困难。因此将危机视作混沌情境下的非线性事件可以更好地理解危机的复杂性。在此基础上，我国学者提出的危机管理 3R 模型，为混沌情境下的危机管理提供了新的优化思路。

9.1.1 危机与公共危机

“危机”一词来源于希腊语中的“Krinein”，最开始是一个医学术语，指人濒临死亡、游离于生死之间的状态[①]。在危机研究不同时期，学者们从不同层面解释了危机的含义。从决策层面理解，赫尔曼（Herman，1972）认为，危机是一种超出决策主体意料的情境状态，在这种情境中，主体的目标受到威胁，而改变决策的反应时间非常有限；罗森塔尔（Rosenthal）等人认为，危机是对一个社会系统的基本价值和行为准则产生严重威胁，并且在时间紧迫性和结果不确定性极高的情况下，必须对其做出关键性决策的事件。从影响力层面理解，巴顿（Barton）认为，危机是会引起潜在负面影响的、具有不确定性的大事件，这种事件的严重后果可能对组织及其人员、产品、服务、资产和声誉等都造成不可估量的损

① 中国现代国际关系研究所．国际危机管理概论［M］．北京：时事出版社，2003.

害。国内学者较倾向于罗森塔尔的定义，认为他更为准确地阐述了危机的内涵①。

综合国内外学者的观点，本书从危机管理的角度来界定危机的内涵，即把危机定义为因严重自然灾害、安全事故、社会冲突等不可抗因素所引发的各类事件，其结果往往会给社会正常的生产、生活秩序带来极大影响，同时给公众的生命、财产安全带来极大损害，而且必须采取非常措施加以应对。

公共危机属于危机的一种，国内外学者并没有将危机与公共危机进行严格的区分。有学者认为，公共危机是指社会偏离正常轨道的过程与非均衡状态②。另外一些学者认为，公共危机是由于社会内部或外部高度不确定的变化因素，对社会安全和公共利益产生严重威胁的一种危险情境和紧急状态③。公共危机主要用来表示与个人危机、企业危机相对应的概念，它与个人危机、企业危机的主要区别在于责任主体，公共危机管理的决策者主要是政府。

从“公共”的角度来思考，可以对公共危机有更清晰的认识。“公共”代表社会的共同领域、共同利益等，因此公共危机突出的是危机影响程度和范围的深度、广度。公共危机的应对需要以政府为主体的公共部门在巨大的压力下和极短的时间内做出及时准确的关键性决策，并动员全社会力量、整合全社会资源来化解危机。因此，与危机相比，公共危机的内涵至少应包括三个基本要素：一是公共性，即此类危机必定会影响到公共领域；二是突发性或紧迫性，即此类危机一般是突然发生的，不及时处理则后果不堪设想；三是危害性和破坏性，即此类危机可能带来巨大的损害。因此，公共危机可以被定义为突然发生的、对社会共同利益和安全产生严重威胁的一种危险境况或紧急状态。

我国《国家突发公共事件总体应急预案》根据公共危机的发生过程、性质和机理，将其分为四类：自然灾害、事故灾害、公共卫生事件、社会安全事件。此外，公共危机类型还有多种划分方式，如按照危机发生和终结的速度划分为龙卷风型危机、腹泻型危机、长投影型危机、文火型危

① 薛澜，张强，钟开斌．危机管理——转型期中国面临的挑战［M］．北京：清华大学出版社，2003：25.

② 斯蒂尔曼．公共行政学［M］．潘世强，等译．北京：中国社会科学出版社，1988：144.

③ 王茂涛．政府危机管理［M］．安徽：合肥大学出版社，2005：3.

机[1]；按照公共危机的产生诱因，可以划分为自然型、经济型、科技型、政治型、社会管理型、文化型、国际型、个人型和复合型[2]。站在危机管理角度，由于危机发生的不同领域有着不同的危机管理方式，可以将危机划分为政治危机、社会危机、经济危机、生产危机和自然危机[3]。

9.1.2 危机传播的非线性特征与混沌情境

自然界中大多数系统都有非线性特征，人类社会的大多数系统也是非线性的。自然界中的非线性，是指变量之间的数学关系不是直线而是曲线、曲面或不确定的属性。类比自然界中的非线性，人类社会中的危机也呈现出非线性特点。首先，危机处于不断变化的过程之中，危机爆发的时间、状态、影响等方方面面具有不确定性。危机爆发前，人们很难根据经验对危机发展方向做出准确预测；当危机发生时，常规管理措施与政策很难发挥作用，管理者很难掌握完全、确定的信息，做出有效决断；危机发生后，可能伴随着各种各样的负面影响，处理不当会引起次生灾害。危机的这些特点往往使管理者陷入抉择困难境地，呈现为一个“吊诡的问题”(wicked problem)。

根据崔晓明（2013）的归纳，人们对于危机的认识经历了三个阶段。第一个阶段，将危机定义为一种例外情境，强调了危机有悖于常态的特征。第二个阶段，将危机定义为一种事件情境，这种观点以库布斯(Coombs，2002）等人为代表，将其划分成不同类型与情境，强调根据不同的危机类型和情境，采取不同的危机应对策略。但这两种观点都有着较为明显的弊端。在“例外情境”和“事件情境”中进行危机管理研究，能够处理驯服的问题（tame problem)，却无法处理“吊诡的问题”。“驯服的问题”认为人们可以清晰地定义危机，准确地追溯其原因，全面地认知其发生情境，并有效地解决该问题[4]。因此，人们开始提出认识危机的第三种观点，即将其看作是一种混沌情境。在非线性理论中，整个系统的运行，处于一种复杂的混沌状态。“混沌”（chaos）作为非线性的、确定性的系统，描述了子系统之间看似无序实则有序的互动关系，是对危机特征最

---

① 刘刚．危机管理［M］．北京：中国经济出版社，2004：17.

② 郑涛．转型期我国面临的公共危机及政府对策［J］．城市与减灾，2006（1）：11－13.

③ 杨冠琼．危机事件的特征、类别与政府危机管理［J］．新视野，2003（6）：45－46.

④ Camillus J C，铃木泰雄．Strategy as a wicked problem［J］．Harvard Business Review，2009，34（86）：60－66.

恰当的表述①。

在混沌情境中，危机表现出以下几个鲜明的特点。第一，问题无法清晰定义，情境无法被准确认知。危机管理者和利益相关者往往涉及多个主体，不同主体有不同的利益诉求，从自利性角度出发，对同一个危机事件会产生不同定义，导致意见分歧。此外，在混沌情境中，情境是动态且复杂的，每个相关主体都是情境的创造者而非局外人，情境中复杂的契约关系使问题变得更加模糊。第二，无法准确追溯原因。危机的产生可能是个别系统的原因，也可能是多个系统同时出现了问题，系统之间的互动导致问题的复杂化，使危机的产生机制无法被准确察觉与掌握，危机成因更加复杂化。第三，有效危机管理更加困难。首先，由于危机问题无法清晰定义，情境无法被准确认知，原因无法被准确追溯，危机管理缺乏基本条件。不同于常态管理，危机管理的开展环境是动态复杂的，而不是稳定的，混沌情境下的危机管理更不能以效率为出发点，而要统筹考虑多方面利益。

近年来，我国发生了多起危机事件，涵盖了多种危机的类型。例如2015年四川乐山地震、上海外滩踩踏事件、东方之星沉船事件、福建PX项目爆炸事件、天津港爆炸事件，以及2016年电信诈骗案、百度魏则西事件等。这些危机事件的爆发和影响呈现出非线性特点，涉及政府、公众、媒体、社会组织等多个主体的利益，受到诸多因素的共同作用，信息系统、管理系统、人员系统、沟通系统等多系统出现问题，问题之间相互影响，使危机复杂化。混沌的情境下危机管理难度加大，次生危机频发，造成了严重的负面影响。

在第四次传播革命冲击下，危机情境的混沌性进一步彰显。第四次传播革命，不仅是传播载体与介质的发展，在传播过程中，话语权的掌握者发生了变化，由最初经营层面掌握话语权的主权性得到慢慢消解，到各自掌握话语权、众声喧哗的时代，然后再到影响力决定的时代②。信息的不确定性，使危机管理的主体对情境的判断和危机原因的追溯更加困难。

---

① 崔晓明，姚凯．危机管理：混沌情境中的契约建构——2013年危机管理成败的证据［J］．经济理论与经济管理，2014（11）：73.

② 谢金林，杨维东．网络舆论危机下政府形象管理研究［M］．北京：人民出版社，2015：42.

9.1.3 混沌情境下的危机管理方法

西方关于社会危机管理研究的热潮始于20世纪60—80年代，研究领域从政治领域向经济、社会领域扩展，并开始发展成一门学科。格林（Green）认为危机管理的任务是尽可能控制事态，在危机事件中把损失控制在一定范围内，在事态失控后要争取重新控制住①。阿金（Arhen Boin）认为，危机管理应该被分成三个阶段：①准备期，组织或社会为应对可能发生的未知情况而进行充分的准备；②应对期，危机管理者在不确定性、时间压力及极端威胁的情形下做出正确的决策，并确保快速、有效地实施决策；③恢复期，危机管理者努力让受到影响的系统复原，并将习得的教训应用到实践中以避免同类危机再度发生②。

而我国学者认为，危机管理应包括对危机的事前、事中、事后全方位的管理，正如张成福（2003）所说："所谓的危机管理是一种有组织、有计划、持续动态的管理过程，政府针对潜在的或者当前的危机，在危机发展的不同阶段采取一系列的控制行动，以期有效地预防、处理和消弭危机"③。孙多勇（2004）等认为，有效的危机管理需要做到这样几方面：转移或缩减危机的来源、范围及影响；尽早开始危机的初始管理并加强危机预警；改进危机冲击的反应管理；完善危机后期修复管理，以便能迅速而有效地减轻危机造成的损害，杜绝二次损害的发生；重视危机事后的总结、学习④。

基于危机情境理论和阶段分析理论，危机管理的研究成果不断涌现，这些危机管理方法基本形成了一个固定的思维模式：准备危机预案、实施危机计划、进行危机沟通、完善形象修复。但在混沌情境中，危机管理的基础发生了改变，危机从例外事件转变为常态事件，危机从简单事件转变为复杂事件，危机从独立事件转变为联动事件，传统危机管理的思维模式产生了一定的局限性。传统的危机管理讨论特定的危机类型和情境模式，而缺乏对危机本质的探索。出于这种考虑，学者们开始从混沌情境的角度

① 罗伯特·希斯. 危机管理［M］. 王成，等译. 北京：中信出版社，2001：18—19.

② Boin A. Lessons from crisis research［J］. International Studies Review，2004，6（1）：165—194.

③ 张成福. 公共危机管理：全面整合的模式与中国的战略选择［J］. 中国行政管理，2003（7）：5—10.

④ 孙多勇，鲁洋. 危机管理的理论发展与现实问题［J］. 江西社会科学，2004（4）：138—143.

出发，在传统危机管理方法基础上，寻找危机管理的其他路径，完善危机管理的方法——我国学者崔晓明和姚凯（2014）提出危机管理 3R 模型，如图 9－1 所示。

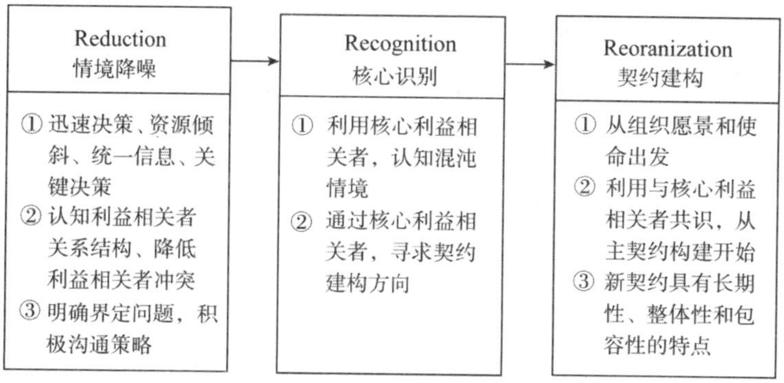

图 9－1 危机管理 3R 模型

3R 模型是危机发生后处于事中阶段的管理模型。包括①情境降噪：在混沌情境中认识并简化问题。②核心识别：针对核心利益相关者进行危机管理，并利用核心子系统去改变其他子系统的互动形式，以使组织从混沌情境中寻找到突破点。③契约建构：对多个子系统构建具有包容性的新契约，帮助组织借助危机实现可行的变革。这三个过程的核心内容分别是认知情境、理解情境和契约建构①。模型提出后，需在实践中验证，发现问题，不断完善，才能成为真正可行有效的方法。下文的讨论将以该模型提出的危机管理方法为基础。

9.2 危机管理的多元主体协同治理

在传统观念下，人们习惯于把危机治理责任归于政府工作。但是实际上，仅依靠政府的力量很难做到危机应对的高效、快速、灵活和协调，我国正逐渐形成以政府为主导，社会组织和公众共同参与的危机管理格局。每一个危机管理主体都有着自身的特定角色，并且与其他主体之间存在契约关系。

9.2.1 危机管理的多元主体协同治理格局

随着人类社会的发展，自然科学中协同论与社会科学中治理理论交叉

① 崔晓明，姚凯．危机管理：混沌情境中的契约建构——2013 年危机管理成败的证据［J］．经济理论与经济管理，2014（11）：78.

衍生出了“协同治理”这一新兴的理论。1971年，德国理论物理学家赫尔曼·哈肯创立了协同论，其基本假设是：新的、井然有序的结构在无生命物质中也会从混沌中产生出来，并随着恒定的能量供应而得以维持①。在社会科学中，治理理论最初指涉及国家公共事务的管理活动及相关问题。随着人类社会的不断发展，治理理论的内涵也不断延伸，主要表现在五个方面：①治理理论的前提是，存在着一个开放的、复杂的社会系统，其间存在着多元化的行为主体，既包括政府组织，也包括非政府组织；②在社会系统中，各个行为主体之间以竞争或合作的方式存在着交互关系，而且这种交互是建立在信任与共利基础之上；③在社会系统的竞争与合作过程中，会产生与国家相对独立的自组织网络，这种自组织网络是一种新的系统模式或者结构，而且自组织是社会治理过程中的协调模式之一；④存在于治理过程中的系统协作不仅仅是一种资源分配过程，更是一种分配规则（或游戏规则）的建立过程，因此也可以说治理是关于游戏规则的活动；⑤治理与秩序之间存在紧密的联系，治理的直接目标是形成某种稳定的秩序（平衡的结构），而且其根本目标是实现公共利益的最大化（系统功效的最优化）②。

在危机治理中，治理主体是危机应对成败得失的关键之一。传统观念下对待危机，一方面人们习惯于把责任归咎于灾难发生前政府没能做好预警，灾难发生后政府没能做好补救措施。虽然作为公共服务提供者和公共事务管理者，政府在公共危机管理中起主导作用，但若政府想包揽危机中的一切责任，就必须是全能型、垄断型的政府，实际上政府并不具有这种力量，仅依靠政府力量很难做到危机应对的高效、快速、灵活和协调。

近年来，我国一些群体性公共危机已经深刻表明中国旧有的社会控制系统已经不能够适应频发的现代危机。这为我们提供了反思危机的另外一个通道。我国正逐渐形成以政府为主导、非政府组织企业和公众共同参与的危机管理格局。非营利性社会组织的发展壮大、独立性的不断增强，企业社会影响力的不断扩大，公众参与意识的不断觉醒，使危机管理多元主体协同治理的格局势不可挡。

融合协同与治理的内涵，协同治理理论包含这样一些特征：治理主体

---

① 赫尔曼·哈肯．协同学——大自然构成的奥秘［M］．凌复华，译．上海：上海译文出版社，2005：1.

② 李汉卿．协同治理理论探析［J］．理论月刊，2014（1）：138－142.

的多元化，即治理的主体不仅仅是政府，还包括其他非营利性社会组织、企业以及公众等，每个主体都掌握了部分资源，有着自身的价值选择和利益诉求；子系统之间的系统性，即不同治理主体之间应保持平等对话与协作的关系；共同规则的制定，即各主体之间制定统一的规则。

根据协同理论的科学原理，张立荣教授（2008）尝试性地提出构建公共危机协同治理模式的主张[①]，危机管理主体间的协同关系在图 9-2 中被表示出来。

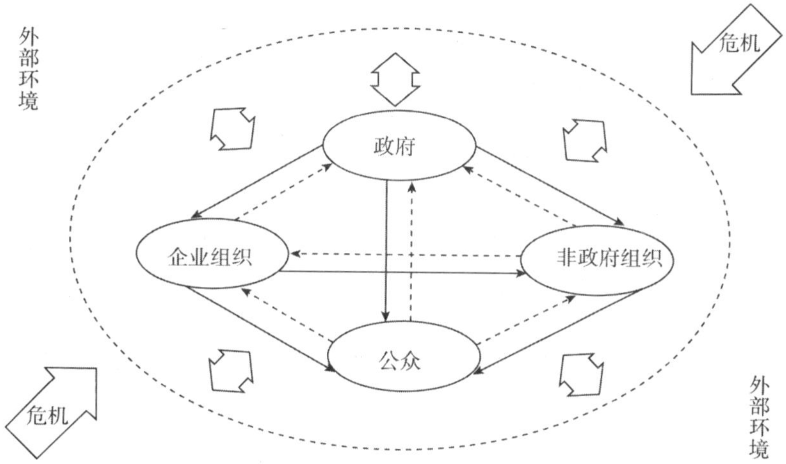

图 9-2 公共危机协同治理模式

张立荣教授（2008）认为，“公共危机协同治理”即是公共危机管理主体——包括政府部门、社会组织、企业以及公民个人——通过自觉的组织活动，并在一个行为目标和规范相对统一的网络结构中，利用互联网等现代科技手段，把公共危机管理系统中各种相互之间无规则、无秩序的要素有机地组合起来，使其由无序状态转变为具有一定规则和秩序的、相互协同的自组织状态。同时应实施系列的控制手段应对潜在的或是已经显现的危机，以期有效地预防、处理和消除危机[②]。

9.2.2 危机管理多元主体之间的契约关系

在危机管理的多元主体协同治理格局下，每一个危机管理的主体都有

① 张立荣，冷向明．协同治理与我国公共危机管理模式创新——基于协同理论的视角［J］．华中师范大学学报（人文社会科学版），2008，47（2）：11－19.

② 张立荣，冷向明．协同治理与我国公共危机管理模式创新——基于协同理论的视角［J］．华中师范大学学报（人文社会科学版），2008，47（2）：11－19.

着自身的特定角色，并且与其他主体之间存在契约关系。

9.2.2.1 政府——危机管理的主导力量

政府作为国家管理的执法机关，依法对国家政治、经济和社会公共事务进行管理，承担着重要的职责。政府通过发挥其公权力的作用，对外保护国家安全、对内维持社会秩序，对社会经济生活和文化事业进行管理，是社会管理最为重要的主体之一。在危机管理中，政府也承担着重要的责任。由于政府在我国的核心领导地位，其在危机管理中自然也是核心领导者、组织者和协调者，是信息公开的主体。从理论上讲，公共危机管理是政府以突发性公共危机事件为目标指向，对事件本身及其关联的所有事物进行管理的活动，旨在通过提高政府对危机事件发生的预警能力、对危机发生过程中的应对和控制能力以及对危机事后的救助能力，及时、高效地处理危机，以使社会尽快恢复正常的秩序。从实践来看，政府作为公共事务的管理者，有义务和责任去承担突发性事件所引起的一系列连锁反应，而且在社会秩序遭到破坏而使得社会处于失衡和混乱状况时，也只有政府才具备危机管理的合法性与统筹力①。

9.2.2.2 企业——危机管理的坚实后盾

企业是危机管理的坚实后盾。社会转型期，我国社会危机频发，企业参与危机管理的意识越来越强。企业在某些突发性危机事件中本身就是责任主体，因此企业自身做好危机防御，可以降低社会风险，减少危机的发生。在危机应对过程中，企业可通过多种方式帮助社会应对危机。例如，企业可以在危机过程中，通过捐赠提供物质或金钱支持，或是通过自身的科研力量提供解决危机的智力支持，并且在危机时期保障内部的职工群体和顺应市场机制也是稳定社会秩序的表现。紧急情况下，企业在协调政府与社会组织关系中的表现也极其重要。而由于企业通常具备一定的专业优势，因此可以帮助政府更快、更好地处理一些危机情境，使社会尽快地恢复到秩序状态。实践证明，企业内部的员工具有高度的组织性和协调性，这样庞大的群体能够在危机状态下成为政府危机管理有力的后备军②。

9.2.2.3 社会组织——危机管理的重要支持

由于政府自身在资源配置、人员结构、组织体系等方面存在一定的局

---

① 崔凯．政府在危机管理中的角色与定位分析［J］．行政管理，2009（5）：82.

② 陈改玲．我国公共危机管理中多元主体良性互动研究［D］．西安：陕西师范大学，2009：22.

限性，社会组织凭借其独立性、公益性等优势，在危机管理中扮演着重要的角色。首先，社会组织是危机的发现者和预防者。这是因为这一类组织往往具有较强专业性，且植根于基层，有敏锐的洞察力。其次，社会组织是危机应对资源的筹集者和监督者。面对短时间内对于大量人力、物力等资源需求的急剧增加，社会组织能以其灵活广泛的行动方式，面向广泛的公众、企业筹集资源，弥补了政府在这一方面的不足。此外，社会组织还是危机恢复的协助者、重建者，积极动员社会公众，向受害者提供医疗、物资、资金、教育以及心理方面的支持，协助政府完成危机的恢复工作。

9.2.2.4 社会公众——危机管理的中坚力量

随着危机管理理念的转变与公众社会管理意识的觉醒，公众开始主动参与到危机管理中，成为危机管理的中坚力量。虽然在互联网信息传播发展下，公众取得了一定的话语权，但是在多元主体利益关系面前，公众的声音仍然十分微弱，而公众在许多情况下都是危机事件最直接的受害者，公众的利益应该是危机管理的核心目标，因此公众的角色转变有着重要意义。公众可以参与到政府与非政府组织的危机决策，提高决策的合法性，有利于决策的顺利实施。公众也可以通过为非政府组织提供志愿服务、捐赠物资等方式投入危机应对和恢复工作中。同时，公众也可以对政府、非政府组织及企业的行为进行监督，互联网成为公众手中的“利器”，防止社会管理过程中的行为失范。

总而言之，在危机管理的多元主体协同治理格局中，政府、企业、社会组织与社会公众各司其职，分别构成了契约关系的重要节点。其中，政府是危机管理的主导者，统筹和协调了其他主体的资源和信息，并受到其他主体的协作和监督。企业及社会组织是危机管理的重要保障与坚实后盾，既要协助和监督政府的危机管理工作，提供经济、人力、科技等多方面的支持，同时对公众负责并接受来自其他主体的监督。而公众是危机管理的中坚力量，在危机管理过程中配合且监督政府、企业与社会组织的工作。多危机管理多元主体的协同治理格局涵盖了多元主体间合作与监督的不可分割的契约关系。

9.3 混沌情境下多元管理主体的伦理困境

危机管理的多元主体有各自的利益诉求和互动方式，在对混沌情境下的危机进行协同治理的过程中面临伦理困境。这种伦理困境在价值层面表现为多元利益诉求下价值选择的冲突，在互动层面则表现为多元主体间的“囚徒困境”和“委托一代理”问题。

9.3.1 价值层面：多元的利益诉求

在混沌情境的危机管理中，要做到多元主体的协同治理，进一步认识和理解危机情境，实现情境降噪与核心识别，需要危机管理主体充分认识到利益相关者关系结构、减少利益相关者冲突并且明确核心利益相关者的利益诉求。错综复杂的利益相关者关系和冲突的利益相关者诉求是危机混沌情境的主要生成因素。不同的利益相关者往往因其利益诉求的差异，而采取相互冲突应对策略，构成契约伦理困境。

政府的利益诉求：政府是公共性与自利性的矛盾统一体，其作为人民的公仆，必须充分代表人民意愿与公共利益，并以此作为基本的伦理取向。然而政府官员本身却是无法避免“自利倾向”的“理性经济人”，他们对自身利益的追求，导致了政府的自利性，使追逐自身利益也成为政府的价值取向之一①。在危机面前，中央政府的核心利益诉求往往能够代表公共利益，将危机的损害降到最低，但地方政府则不同，其可能为了获得中央政府的认可与奖励，或逃避危机责任与中央政府追责，产生区别于中央政府、社会大众的利益诉求。

企业的利益诉求：企业作为营利性组织，其核心利益诉求在于对利益的追求。逐利性致使企业一开始就成为某些社会危机的创造者，而在其他社会危机面前，为了节约成本降低开销，企业也可能采取回避状态。虽然近年来企业主动承担社会责任、积极迎合社会公众需求、充分配合政府等其他社会管理者的危机管理行为的现象愈加频繁，越来越多的企业认识到了身处社会之中应当承担起的责任以及这些责任行为对自身发展的重要意义，然而其目的归根结底，一方面是希望为自身的发展创造和谐稳定的环境，另一方面是为了塑造自身形象赢得公众认可，核心的追求依然只是利益。

社会组织的利益诉求：社会组织的利益诉求不同于其他主体，其核心利益诉求建立在公共利益基础上，却不仅限于保障公共利益，还包括了扩大社会影响力，扩大组织规模，增强自身的独立性。我国没有形成针对社

---

① 彭海东，尹稚．政府的价值取向与行为动机分析——我国地方政府与城市规划制定［J］．城市规划，2008，32（4）：41—48.

会组织的完备法律体系，使得许多非营利性社会组织不具有合法身份，还有许多与政府间仍然存在暧昧关系，不少非营利性社会组织由于自身实力不够而依附于政府，官僚作风严重，这使得我国的一些非政府组织面临着合法性困境和独立性危机。而在社会危机管理中，非政府组织可通过特定的行动向社会证明自身能力和存在合理性，扩大社会影响力。

社会公众的利益诉求：在危机状态下，公众往往是危机的直接受害者。因此公众的核心利益诉求是自身的权利。这种状态下的公众权利主要指公众作为权利主体在自然灾害、事故灾害、公共卫生事件和社会安全事件等紧急情况下，所具有的特定的人身权利和财产权利。公共危机中的公众权利从性质上说是一种法律权利①，这些权利包括生命权、财产权、受救济权、知情权等，由于这些权利或许涉及群体，或许涉及单独个体，具有较强的复杂性与不确定性，使得其他危机管理主体在危机管理过程中很容易忽视公众的利益诉求，损害公众的权利。

在具体的危机事件中，由于危机的具体情况不同，诱发危机的主体、危机的受害者以及旁观者都会出于自身的利益诉求做出行为决策，在不同程度上表现出利己性倾向。不同的利益相关者基于自利性的利益诉求，忽略甚至伤害其他主体的利益诉求，就事件做出相互矛盾的解释，加深了危机情境的混沌特征，阻碍了危机管理主体识别问题和理解情境，使契约的构建更加困难。

9.3.2 横向互动层面：多元主体的“囚徒困境”

“囚徒困境”是非合作博弈的典型，指假设两个嫌疑犯正被进行审讯，检察官认为二者皆有犯罪嫌疑，但又缺乏足够的证据指证他们。为获取所需的口供，警察将两个人分别关押以防止他们串通。此时这两个嫌疑人分别有两种选择：坦白或者抵赖——双方均坦白，则各判 8 年；双方均抵赖，则各判 1 年；一人坦白一人抵赖则坦白者予以释放，抵赖者受到严惩而判刑 10 年。那么此时，按照理性人的假设，每个嫌犯都会做出使其支付最小化的决策，则无论嫌犯 A 的决策如何，嫌犯 B 均会选择坦白；而无论嫌犯 B 的决策如何，嫌犯 A 同样选择坦白，即无论对方做出什么选择，嫌犯 A 和 B 均会优先选择坦白，（−8，−8）是博弈中唯一的纳什均衡（见表 9-

① 全永波．公共危机视野下的公众权利保障机制构建［J］．辽宁师范大学学报（社会科学版），2010，33（3）：21−25.

1)。然而这一结果并非帕累托最优的。“囚徒困境”模型反映了个人理性的矛盾，以及个人理性与集体理性之间的矛盾——从个人理性出发有时不能实现个人利益的最大化，从个人的利益出发往往不能实现集体利益的最大化。

表 9-1 囚徒困境规范式模型

		嫌犯 B	
		坦白	抵赖
嫌犯 A	坦白	(−8，−8)	(0，−10)
	抵赖	(−10，0)	(−1，−1)

转型期的中国社会关系复杂，社会危机频发，社会管理的多元主体有着各自的利益诉求，在缺乏沟通的情况下很容易陷入“囚徒困境”。危机管理的主体包括政府、企业、社会组织、社会公民等多元主体，在协同治理状态下，不合作的行为难以被发现，或者是合作者惩罚不合作者的成本太高，导致个别主体或少数几个主体很容易采用非合作策略。此外，“囚徒困境”的破解方法包括支付改进和重复博弈。然而危机的非线性特征和混沌情境给困境破解带来了困难——支付改进主张补偿参与人，使其做出符合集体利益而不是个人利益的选择，从而克服个人利益和集体利益的矛盾。但在危机面前，补偿机制的建立需要花费一定时间，补偿方式缺乏统一标准，补偿效果也难以估量。而重复博弈主张通过多次博弈，参与人可能会放弃短期利益而追求长远利益，从而选择合作策略。但危机的出现经常表现出突发性或紧迫性，危机管理的主体很难在短期内进行重复博弈，往往只考虑短期的利益最大化，选择非合作策略。

在“囚徒困境”模式下，危机管理的多元主体面临着合作与利益选择的困境。个别主体只认识到自身的利益诉求，而忽视核心利益相关者的利益诉求，导致危机管理 3R 中的“核心识别”过程无法顺利进行。个别主体追求自身利益的做法并不能实现集体利益的最大化，反之会有损害其自身利益的可能性，不能将危害降至最低，转为危机，这也构成了我国危机管理多元主体协同治理的瓶颈。

案例：雾霾危机中的“囚徒困境”。

近年来，雾霾已经成为威胁我国国民健康的重要危机议题，其危害程度甚至超越了伦敦雾霾事件。例如整个 2015 年，北京有 179 天处于污染状态；曾有“国家环境保护模范城市”之称的沈阳，在2015年11月也遭遇了6级严重雾霾污染；在南方，江苏南京自2015年10月13日遭遇入秋以后最严重的雾霾天；深圳在12月2日PM2.5浓度达到了爆表值的3倍之多。

政府为应对雾霾危机采取了多重策略，例如实施新兴能源以从源头减少污染物排放；对重点行业进行脱硫脱硝除尘改造，淘汰落后产能等，但效果甚微。一方面，是由于我国的经济发展模式积习已久，难以短期内转型；另一方面，则是由于地方政府与企业为追求各自的利益而陷入“囚徒困境”。对于企业来说，治理雾霾需要成本，必然会降低其短期利润，因此企业会想方设法地逃避责任。同时地方政府为了提升区域经济发展的业绩水平，也会引入污染密集型企业，对这些企业的污染排放睁一只眼闭一只眼。虽然在这种情境下政府与企业均实现了利益最大化，但却伤害了社会整体利益。

9.3.3 纵向互动层面：多元主体的“委托－代理”

学术界已有研究将博弈论中的“委托－代理”模型引入危机管理中，来理解危机管理中中央政府、地方政府及群众的博弈问题。而当多元主体共同成为危机管理的主体时，每个主体都掌握了部分资源，有着自身的价值选择和利益诉求，这种“委托－代理”关系也更加复杂化。

在“委托－代理”模式中，委托人往往无法直接观测到代理人的行为选择，而是只能观测到部分不完全信息，其问题在于如何依据这些信息正确判断代理人是否履行行为责任并以此对其进行奖惩。目前学术界已有的研究多以政府作为危机管理的核心，认为上级政府为“代理人”而下级政府为“委托人”，上级政府对下级政府的鉴别机制存在两种可能：一是鉴别机制有效，即上级政府能够对地方政府行为做出准确识别，判断其是良好治理或是虚假治理，并给出合适的奖惩机制。二是鉴别机制失效，也就是无法识别下级地方政府的努力行为或虚假治理，导致下级政府积极性减弱或管理无效化。下级政府同样可能产生两种行为模式：一是良好治理，即进行标本兼治的治理。二是虚假治理，即仅依据简单需求，采取信息遮蔽手段做好表面文章。

在此基础之上，按照“委托－代理”模型的个体理性约束条件，比较地方政府在接受与上级政府完全协同的情况下的期望收益和不接受时可能产生的最大收益，可以分析地方政府的行为选择，如表9－2收益矩阵所示。

表 9-2 危机管理中的下级地方政府不同行为选择下的收益矩阵[①]

		下级政府期望收益	
		良好治理	虚假治理
上级政府期望收益	鉴别机制有效（A）	$R-G$	$-(P+C)$
	鉴别机制无效（$1-A$）	$R-G$	$R-C$

注：R——危机良好治理后下级政府整体收益；

G——危机良好治理时下级政府需要支付的治理成本；

C——下级政府虚假治理时蒙蔽上级所需要支付的成本；

P——下级政府虚假治理被上级政府发现的惩罚成本；

A——下级政府虚假治理被上级政府发现的可能性，体现出上级政府的鉴别机制（$0\leqslant A\leqslant 1$）；

模型中的参数原赋值均为正。

通过该收益矩阵，我们可以计算出下级政府良好治理的期望收益为$R-G$，虚假治理的期望收益为$-(C+P)\times A+(1-A)(R-C)$。要使下级政府选择良好治理，就要使良好治理的期望收益大于虚假治理的期望收益，即

$$-(C+P)\times A+(1-A)(R-C)<R-G$$

简化为$AR-G+C+AP>0$

当上级政府无法有效鉴别下级政府行为时，A趋近于0，要使等式成立，需使$C>G$，即造假成本大于良治成本；当上级政府有效鉴别下级政府行为时，A趋近于1，要使等式成立，需使$R+C+P>G$，即良治收益、造假成本以及惩罚成本之和大于良治成本。

通过比较可以发现：上级政府对下级政府行为的鉴别能力与下级政府选择良性治理的可能性成正相关。因此，提高治理收益、造假成本和惩罚成本，降低良治成本，才是促进下级政府良治的关键[②]。

在复杂的危机情境下，多元主体参与到危机管理中，政府的“委托—代理”契约关系虽然以政府为核心，但并不限于中央政府和地方政府之

① 薛澜，张强，钟开斌．危机管理［M］．北京：清华大学出版社，2003：315.

② 薛澜，张强，钟开斌．危机管理［M］．北京：清华大学出版社，2003：315.

间。如图9－3所示，公众与政府之间存在“委托—代理”关系，公众作为政府的委托人，其利益诉求是将危机对自身利益的损害降至最低；中央政府与地方政府之间存在“委托—代理”关系，中央政府作为委托人，要求地方政府进行积极的危机治理；政府与其他部门之间存在“委托—代理”契约关系，政府作为委托人，委托私人部门和非营利性组织积极承担社会责任，配合政府工作，进行有效的危机应对。

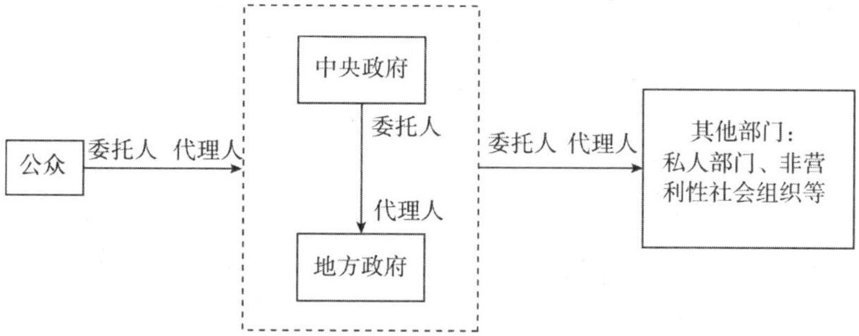

图9－3 多元主体间的契约－代理关系

多元主体的协同治理使“委托—代理”关系变得复杂，“委托—代理”的层级增加，“委托—代理”模式中的一些问题也显露出来。第一，委托人和代理人的权责问题。由于我国尚未形成完备的危机管理体系，在复杂危机情境中社会管理主体的权责模糊，各个主体没有正确认识自身与其他主体间的“委托—代理”关系，缺乏全局观念，没有认清其他利益相关者的利益结构。第二，委托人的鉴别机制出现问题。由于管理主体的多元化，危机管理效果鉴别和行为监督难度加大，委托人难以准确判断代理人的行为，进行准确归责，更容易受到代理人的蒙蔽，即“委托—代理”模型中A的数值缩小，不利于代理人选择正确的危机治理策略。第三，造假成本降低问题。委托人可以通过向其他参与协同治理的委托人推诿责任，钻网络监管空子等手段，蒙蔽代理人，这些手段的成本较低，一旦委托人发现蒙蔽委托人的成本低于良治成本，则很有可能选择虚假治理的手段。第四，由于委托代理的层级增加，公众与私人部门和非营利性社会组织之间的联系不够密切，对其行为的监督和鉴别难度较大。

案例：“饿了么”网络订餐黑幕。

近年来，我国食品安全问题频发，威胁着公众的健康，成为重要的公共危机议题。2016年3月15日，央视3·15晚会曝光订餐网站“饿了么”的黑幕——北京、成都等地的多个店铺，网络页面展示的实体店面与真实地址存在较大出入，且其环境状况严重违反卫生规定。更骇人的是，该平台甚至默认无照经营的黑作坊入驻，而且这竟成为多家广受欢迎的网络订餐平台的普遍现象。

在食品安全的公共危机面前，“饿了么”作为政府的委托人，没有按照国家的法律要求选择符合集体利益的经营方式，而是选择了虚假治理的手段。究其原因，主要包括两个方面。第一，国家的鉴别机制出现问题，网络市场监管存在信息壁垒。在最新的食品安全法中，虽然已明确要求网络食品第三方交易平台要对入网经营者实名登记，但实际上，监管部门并没有掌握网络订餐平台线上商家的数据，难以进行有效的监管。第二，造假成本和惩罚成本均较低。“饿了么”与违法商家勾结可以在短期内大幅度提升自己的产品种类，创造高额利润，且由于网络订餐平台种类繁多，利用网络信息壁垒下国家的监管盲区，个别平台的不道德行为相对难以被发现，造假成本低。此外，在高额的利润面前，事件暴露后国家对其处罚不值一提，造成的舆论危机也可以通过低成本的“网络洗白”来完成，因此即使事件暴露也并不会给企业带来致命的威胁。甚至有记者在事发十余天后暗访发现，涉嫌无照经营、登记地址虚假、盗用后厨照片等行为仍大量存在于“饿了么”平台。

9.4 混沌情境下危机管理主体间契约伦理的建构

本节从混沌情境下危机管理的3R模型出发，结合混沌情境下危机管理多元主体面临的伦理困境，为契约伦理建构提出三点建议。多元主体的协同沟通可以有效突破信息壁垒，实现高效的情境降噪；利用利益相关者模型，可以帮助多元主体进行准确的核心识别；进行伦理的契约建构，需要摆脱个体理性约束，形成多元共利的思维。

9.4.1 协同沟通：高效的情境降噪

认识危机的混沌情境是有效应对危机的前提，危机管理的主体可以从危机的决策特征，利益相关者特征和组织参与特征出发，认知危机的混沌情境，进行情境降噪。从决策特征来看，混沌情境下危机的决策表现出决策时间紧迫性、资源有限性、选择多样性、信息爆炸性等特征，给危机管理的主体带来困扰；从利益相关者特征来看，混沌的危机情境常涉及多个利益相关者，利益关系复杂、利益诉求多样，并呈现出动态变化特征，在大型公共危机事件中，政府、社会组织、企业以及公众，既是危机的管理者，又是主要的利益相关者。从组织参与特征来看，不同主体的价值取向和行为选择都有可能影响危机的发展方向。在认识危机混沌情境的三个角度中，认识利益相关者特征处于核心地位，崔晓明（2014）等认为，危机中定义问题和认识情境，要从认识利益相关者的关系结构出发①。

但在多元主体的协同治理的过程中，信息沟通不畅导致的信息不对称，阻碍了危机管理主体的情境降噪。政府出于避免造成社会恐慌和破坏其公信力的考虑，有时会采取“报喜不报忧”的策略。媒体作为政府的喉舌，其对政府的遵从也会助长这种信息垄断。这样使其他危机管理主体无法有效获取信息，只能听从政府的命令，而不能充分发挥主观能动性，做出积极反应，甚至可能会怀疑政府的行为，割裂与政府间的关系，引发次生危机。企业为追求自身利益最大化，逃避社会责任，在危机应对中也常常出现隐瞒事实、封锁消息的行为，使得信息沟通不畅，危机更加复杂化。信息沟通不畅使危机管理主体之间更容易陷入囚徒困境，无法进行高效的情境降噪，将危机的损害降到最低。

因此，解决情境降噪的问题，需强化协同沟通的原则，危机管理的多元主体平等沟通、有效对话，打破信息不对称的局限。实现多元主体的协同沟通可以从以下几个方面出发。

第一，多元主体间树立正确的协同沟通意识。首先，政府要摆脱“官本位”的旧观念，着眼于多元利益相关者的诉求，在理念上树立平等对话的意识，及时为其他管理者和利益相关者提供有效的信息，实现全面信息公开。社会组织和企业作为危机管理的重要参与者和重要的代理人，应该积极推动信息的共享，而不是采取封锁信息的手段，蒙蔽其他利益相关者。公众作为危机管理的中坚力量，应正当行使知情权和参与权，向政府和社会组织发出自己的声音，作为“委托—代理”模式中重要的委托人，应对其他主体的工作进行积极主动的监督和鉴别。

第二，确立一致的协同沟通目标。在目前危机沟通实际中，存在着多元主体沟通目标不统一的问题，因此导致行动的分歧。在混沌情境的危机管理中，确立一致的协同沟通目标是统筹多元主体行动的关键。夏保成（2016）等认为以实现事件的最佳处理为总目标，在满足公众的感受和维

① 崔晓明，姚凯．危机管理：混沌情境中的契约建构——2013 年危机管理成败的证据［J］．经济理论与经济管理，2014（11）：77.

护公众的知情权之间寻找最佳结合点，可能是最好的选择[1]。在此，将公众的概念引申为利益相关者，也许更适合作为多元主体协同治理下的协同沟通目标，在满足利益相关者感受和维护利益相关者之间寻找最佳结合点。

第三，健全信息管理系统，完善信息沟通机制。我国的信息沟通机制尚不健全，缺乏完备的硬件设施和有力的制度保障。政府和包括企业在内的社会组织可增加危机管理信息库、技术参数数据库等危机管理数据库的建设投入，实现数据库之间的资源共享，体现信息在协同沟通公众中的价值。确立规程化的信息沟通机制，使信息沟通成为社会管理主体之间的基本日程，而不是在危机来临时采取无序的、低效的沟通。

9.4.2 利益相关者模型分析：准确的核心识别

认识了危机的混沌情境，危机管理者需要进一步理解情境，即进行核心识别，在错综复杂的利益关系中，必须认清最核心利益相关者与其他的利益相关者，以此提供契约建构的方向。

对于利益相关者的识别，许多学者给出了不同方案：混沌危机管理 3R 模型的提出者崔晓明和姚凯（2014）从组织视角开展利益相关者识别，他们认为组织与核心利益相关者的关系是多重关系中的主要矛盾，是整体契约的核心，在危机发生后第一时间，围绕核心利益相关者匹配的危机管理策略是危机管理的关键[2]。从利益相关者与危机事件的紧密程度、意愿水平和影响能力来看，利益相关者的类型是多样化的。仅仅从组织自身的角度出发识别核心利益相关者与非核心利益相关者的方法有一定的局限性，忽视了非核心利益相关者的特征和在危机中的特殊作用。因此，危机管理 3R 模型中的核心识别可以进一步升级，使用利益相关者的分析模型，进行更有效的利益相关者识别。根据郭其云（2014）等人从影响能力、意愿水平和紧密程度三方面构建起利益相关者的分析模型，可将危机的利益相关者分成四类，如图 9－4 所示，分别是：核心利益相关者、强势利益相关者、从属利益相关者以及关键利益相关者。核心利益相关者往往兼备公共利益的代表与危机管理的主导两种角色，主要有党委、政府等；强势利益相关者则是指在危机过程中起到较大影响力与参与度的组织与个体，如政

① 夏保成，王碧，迟菲．危机沟通的目标分析［J］．灾害学，2016，31（2）：145－151.

② 崔晓明，姚凯．危机管理：混沌情境中的契约建构——2013 年危机管理成败的证据［J］．经济理论与经济管理，2014（11）：77.

府的相关监管机构；关键利益相关者是指在受到影响后有能力参与社会管理的组织与个体，如媒体与公共部门；而从属利益相关者则是指对危机关注程度高、利益诉求明显却往往无力参与或产生影响的组织与个体，如社区、居民等①。

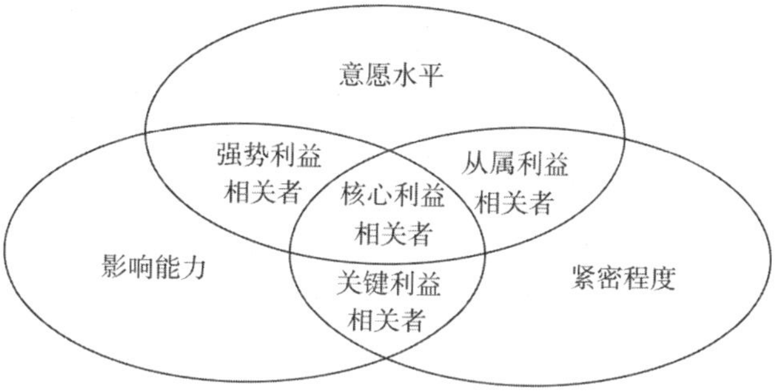

图 9－4 利益相关者分析模型②

危机爆发时，危机管理的主体使用利益相关者分析模型来对情境进行识别，可以为其策略的选择提供更加合理的方案，帮助其明确自身的权利与责任，树立统筹全局的观念。

9.4.3 多元共利：契约的伦理建构

在进行准确的核心识别的基础上展开多元共利协调策略，可以解决混沌情境下多元利益诉求的冲突，为契约伦理建构提供了方向。多元共利协调策略是危机管理主体在理解不同类型利益相关者的权利和责任、参与意愿、自身影响能力以及与危机事件的紧密程度等因素的情况下，通过与利益相关者的协同沟通所做出的既体现整体利益，又发挥不同类型利益相关者主观能动性的危机应对方案。

核心利益相关者应在危机管理中起到主导作用，解决其利益诉求是危机应对的关键；对于关键利益相关者，应当充分利用其影响力优势和专业优势，引导其承担社会责任，建立补偿机制，解除"囚徒困境"。并且由于这一类型的利益相关者在"委托－代理"模式中往往属于代理人，因此提升其参与危机治理的收益、提升其造假成本和惩罚成本，都是行之有效

① 崔晓明，姚凯．危机管理：混沌情境中的契约建构——2013 年危机管理成败的证据［J］．经济理论与经济管理，2014（11）：77.

② 崔晓明，姚凯．危机管理：混沌情境中的契约建构——2013 年危机管理成败的证据［J］．经济理论与经济管理，2014（11）：77.

的方法；强势利益相关者有着一定的权力和社会影响力，因此可以通过法律法规和相关制度来规范其行为；而对于从属利益相关者，应该以稳定情绪为主，采用实时沟通和监测的方法，避免极端情绪的出现，调动其参与危机应对的积极性。总体而言，互利是基础，协调是方法，沟通是关键。

9.5 本章小结

危机管理的多元主体面对呈现出非线性特征和混沌情境的危机时，个体理性往往无法指引社会管理主体做出最优选择，“囚徒困境”和“委托—代理”问题在复杂的危机情境中不断上演。而多元共利的视角，正是摆脱了个体理性的约束，创造整体利益的最大化，实现合作与共存的新思路。“用混沌预测混沌”或许是预测混沌系统的一种方案，但本章中探讨的模式更加强化了理性思维，以及基于理性思维的直觉、顿悟、灵感、潜意识等非理性因素的应用。多元共利式的协调应对策略，正是摆脱个体理性约束，平等合作、互利共生，打破“囚徒困境”的尝试。

10 社会管理主体间的契约伦理优化与体制创新

契约伦理并非是契约与伦理的简单叠合，而是以契约精神为核心在社会管理主体间展开的一种理想的契约情境。基于微观层面的道德哲学、中观层面的经济博弈与宏观层面社会互动，社会管理主体的契约决策呈现出不同的伦理偏向。针对契约关系中的非伦理现象，构建社会管理领域的契约伦理可根据上述三个层面寻找相应的战略启发与策略指导。本章旨在以“对话”为基础，探讨如何实现契约伦理工具理性与价值理性的有机统一，提出契约伦理建构的基本要求，并通过“自利经济人”与“道德经济人”的转变、“约定契约”与“心理契约”的合作、“信誉评价”与“关系强度”的约束，以实现社会管理主体间契约伦理的优化与体制创新的提升。

10.1 以对话为基础的社会管理主体间契约伦理建构

“对话”是21世纪混沌情境下的时代主题，也是解决社会管理主体间繁复契约关系的战略主旨。本节尝试还原契约伦理的内涵与实质、价值与要求，突显如何在对话当中实现契约伦理工具理性与价值理性的有机统一。同时结合本书前述成因互动部分的具体内容，探讨社会管理主体间道德对话、经济对话与社会对话对于契约伦理建构的重要价值。

10.1.1 契约伦理建构的内涵与思想

建构社会管理主体间行之有效的契约伦理体系，首先必须明确契约伦理建构的内涵，本节将通过回顾契约伦理的思想源流与现实诉求，揭示契约伦理建构的价值原则与基本要求。

10.1.1.1 契约伦理建构的思想源流与现实诉求

从人类文明发展史来看，人类社会经历了从“身份社会”到“契约社会”的转变。朱书刚（2004）认为，契约社会是以市场经济为基础、以契约关系为纽带的法治社会。“从身份到契约”的运动被西方主流思想看作是社会进步的主要标志[①]。18 世纪资本主义市场经济发展起来，启蒙运动如火如荼，理性主义的时代到来，使得从“身份社会”到“契约社会”的转变得以实现。

契约概念起源于古希腊，根据陈秀萍（2006）的概括，西方历史上至少出现了四种契约概念：作为经济法律概念，主要体现在罗马法中；作为宗教神学概念，主要体现在《圣经》中；作为社会政治概念，最早发展出现于古希腊罗马的思想家，而于近代霍布斯、洛克、卢梭等人的著作体现尤为明显；作为道德哲学概念，则主要体现于康德、罗尔斯等人的论述中[②]。

契约并不是诞生之初就被赋予了伦理的内涵，而是更多地包含了经济法律、宗教神学或社会政治等方面的内容。其中，经济层面的含义是其最根本、最原始的内涵所在，其他几个层面的内容皆源于此。经济层面的契约意味着两个及以上的主体在交往过程中对应做什么和不应做什么的问题达成一致。经过中世纪至近代的漫长演变，契约与伦理出现了逐渐融合的态势，并由此出现了统治契约论和社会契约论。统治契约论将国家中的人划分为统治者和被统治者，确定了统治者与被统治者间的关系，这种契约论并没有摆脱封建专制思想。而社会契约论则更进一步地讨论了制度本身所可能存在的伦理问题，从而将契约思想正式引入社会正义，真正的契约伦理由此形成[③]。这一理论的代表人物有霍布斯、洛克、卢梭、康德等，他们以理性或道德作为准则，认为国家及其所调控的社会秩序是人们订立契约的产物。

从近代契约与伦理结合的产物“社会契约论”的基本观点中可以概括出三个层面的伦理原则，分别是个人主义原则、意志自由原则和平等原则。个人主义原则即关注个体的生命与价值，这是商品经济得以正常运行的基础；意志自由原则是指契约双方在签订契约时可以自由选择缔约方、自由决定缔约与否，以及自由决定缔约内容及缔约方式的原则，意志自由原则是构成契约的前提；平等原则是指契约双方有着独立自主的关系和相

---

① 朱书刚．论契约社会与契约伦理在西方的生成和在当代中国的建构［J］．马克思主义与现实，2004（5）：48—52.

② 陈秀萍．契约的伦理内核——西方契约精神的伦理解析［J］．哲学研究，2006（8）：47—53.

③ 陈秀萍．契约的伦理内核——西方契约精神的伦理解析［J］．哲学研究，2006（8）：47—53.

互平等的地位。这三个层面的伦理原则层层递进，构成了社会契约的伦理意蕴。

改革开放以来，我国进入了从计划经济体制向市场经济过渡的转型期，市场（商品）经济体制的建立、健全和发展，内在吁求并必然孕育、催生出一个与之相适应的法治社会，这种社会就其实质而言乃是一个高度理性化（以契约、自治等为鲜明特质）的“市民社会”①。市场经济下的市民社会是一种自由交换、自由权力的社会，交易的主体是理性的，体现权利的平等和意志自由，即“契约”精神。在某种意义上，市场经济就是契约经济，市民社会就是契约社会。与此同时，在我国当代社会建设与管理中，政府本位的思想受到摒弃，多元主体参与到社会管理中来，形成了协同治理的新局面。但由于社会管理多元主体间利益关系复杂、权责模糊、信息不对称等多重原因，忽视个体价值、限制意志自由等现象仍十分普遍，构成了契约伦理困境，阻碍着我国社会的有序发展。因此，有效建构社会管理主体间契约伦理是社会协调有序发展的内在吁求。

10.1.1.2 契约伦理建构的价值原则

（1）自由与责任相统一

契约自由是契约基本的道德意蕴，契约双方在签订契约时可以自由选择缔约方、自由决定缔约与否，以及自由决定缔约内容及缔约方式。但契约自由不是绝对自由，契约自由是和责任联系在一起的。在伦理学视角下，意志的自由是道德个体履行道德责任的前提与基础，其道德责任是个体自由得以实现的具体体现②。作为契约主体，其意志自由是责任的前提，既然自由选择了缔约方与缔约的内容，就要受到它的约束。

社会是不断发展的，构成社会管理主体的个人也是发展变化的，因此自由与责任的意蕴也不是一成不变的。随着社会的发展变迁，社会管理的多元主体也将面临多样的道德环境，产生新的职能和社会责任。而我国目前出现了自由的滥用与权责不明等问题，强势的社会管理者欺压弱势的管理者，限制其发展的自由，而部分管理主体权责模糊、逃避责任等问题也常有发生。这说明我国社会管理的伦理化仍有待加强。

① 袁祖社．市场经济、“法治社会”与中国特色契约文化建设［J］．北京师范大学学报（人文社会科学版），2012（2）：134－140.

② 肖乐群．伦理学视域中的自由与责任探析［J］．中山大学学报论丛，2007，27（8）：211－214.

（2）个体利益与社会正义相统一

根据西方契约理论的人性基本假设，人是自利的个体。社会管理的主体也有着理性自利的特征。构成社会管理主体的个人有着自利的本性，社会管理的主体也有自身的需要和利益诉求。另外，人也是理性的个体。每个个体不是孤立的存在，而是凝聚着各种社会关系的矛盾统一体。契约与生俱来地带有对利益互惠与分享的追求，这种追求能够在一定程度上解决人类自身的内部矛盾、个人与环境的外部矛盾，从而成为个体自由发展的一种理性选择。社会管理的主体是理性自利的，在社会管理的主体追求自身利益的同时，与其他主体间的契约行为也必须与社会正义相统一。

从我国当代的实践来看，根据窦炎国（2008）的观点，人类社会关系（包含个人之间、个人与群体或组织之间、群体与组织之间的相互关系）的公平性、正当性，需要社会正义来予以确认与捍卫，而社会正义则通常表现为一种法律形式或道德形式。“法律正义”通过国家意志的形式进行表达，通过制度规范的方式对公民的合法权益与守法义务进行确认与保障；“道德争议”则以德行与良心的形式进行表现，通过伦理规范的方式对公民的伦理权利与道德义务进行确认与保障①。

10.1.1.3 契约伦理建构的基本要求

（1）自由合意

社会管理主体间伦理的契约关系体现了自由合意的精神，是契约关系的本质属性，是契约伦理建构的基本要求。社会管理主体间契约的制定与履行，是多元主体自由选择的结果。签订契约不是少数主体的特权，而是每个主体都具有的权利。社会管理的主体拥有选择缔约方和缔约内容的自由，有权拒绝不公平的契约行为。在享有自由的同时，社会管理的主体也受到责任的约束，应坚持自由与责任相结合的原则。在对社会管理主体间的契约关系进行伦理建构时，应充分考虑自由的体现，保障不同主体拥有平等的缔约权利、选择缔约者的自由，以及选择缔约内容和方式的自由。

（2）公平互利

社会管理主体间的公平互利是个体利益与社会正义相统一的原则的体现，是契约伦理建构的重要内容。每个社会管理的主体都存在特定的利益需求和自利倾向，不同的利益需求之间存在着矛盾和冲突，直接影响社会

① 窦炎国．法律正义与道德正义［J］．伦理学研究，2008（1）：57－62.

管理主体的行为决策。例如，企业追求经济效益，有时会忽视社会责任与环境责任；地方政府追求区域发展指标的完成，可能会与企业合谋以采取不利于社会有序发展的盈利手段；非营利性社会组织为彰显存在感可能导致服务对象骗他性局限，致使广大公众的利益受到威胁。而对于社会管理主体间的契约伦理建构正是要在不同主体间复杂的利益矛盾中寻找出路。社会管理主体间的契约伦理建构应体现公平互利的原则，超越主客体的二元对立和单向支配的关系，协调多元主体间复杂的社会矛盾，从社会的正义和整体利益出发，确立更加合理的契约伦理标准。

（3）诚信履约

诚信一直以来是引领中国人民的基本价值观念，也是中华民族的传统美德。随着社会的发展，诚信的内涵也有所延伸。崔宜明（2004）指出，“天人关系”是中国道德传统中诚信的渊源，以天赋良知为基，所展开的语境是纵向的义务服从关系。现代诚信渊源于“契约关系”，是一种指向他人的、横向的权利平等关系①。契约关系中的诚信是保证良好契约关系得以运行的重要前提，也是在自由合意与公平互利的基础上，社会管理主体间契约伦理建构的重要要求。契约社会应是诚信的社会。因此，所建构的社会管理主体间的契约伦理，应体现诚信精神，明确诚信的重要性。一方面，在社会管理主体的内部树立起诚信的意识；另一方面，健全监督机制，对不诚信的行为进行打击。

（4）平等对话

对话主义是社会管理主体间契约伦理建构的重要指导思想，是当今时代对社会管理主体间契约伦理建构提出的重要要求。随着社会的发展，社会分工的专业化程度加剧，社会管理主体也有着各自的职能和管理的领域，信息不对称使社会管理的多元主体常常陷入契约伦理困境。只有在事实层面以事实为依据展开平等的沟通对话与交流合作，才能在价值层面追求利益共享，承担社会责任，实现工具理性与价值理性的统一。平等的沟通和有效的对话能够打破信息不对称的障碍，为形成自由合意、公平互利、诚信履约的契约关系创造条件。因此，在社会管理的多元主体间建立有效的对话机制是契约伦理建构的重中之重。

10.1.2　以对话为基础的契约伦理建构

对社会管理主体间契约伦理的建构，实际上是对多元主体间契约关系

① 崔宜明．契约关系与诚信［J］．学术月刊，2004（2）：15－21.

伦理的建构。主客体二元对立的思维模式已经不符合社会管理的内在逻辑。而对话思想则超越了主客体的二元对立，实现了主客体的互动关系，成为构架社会管理主体间契约伦理的重要战略指导。

10.1.2.1 对话基础上工具理性与价值理性的统一

在当今的风险社会中，社会管理的主体面临着复杂境地，在这样的混沌情境下，对话的重要性得以凸显。胡百精（2013）认为，对话被认为是具有普遍性与优先性的问题解决方案，也是实现和谐、发展与善治的首选策略；与此同时，对话既是手段也是目的，在当今社会中对话本身就是一种德行。21世纪，对话已经成为时代主题①。

传统科学管理思想以理性和科学为标准，以效率为取向，竭力将个体经验、感情、非理性等因素排除在外，同时其与现代官僚制的结合也忽视了人的价值；人本管理思想作为其对立面，强调人的作用，但是无法处理好人与自然的关系，致使管理者与被管理者均陷入尴尬的两难境地，并且在该管理思想指导下也无法实现个体与他人、与群体的协调。对话管理作为一种超越科学管理与人本管理的新兴范式，迎合了当今社会的发展要求。对话超越了主客二元模式，是一种主体间性管理，符合社会发展的内在逻辑与社会管理的基本要求②。

构建社会管理主体间的契约伦理，要做到对话基础上价值理性与工具理性的统一。价值理性和工具理性实际上就是目的和手段以及理想和条件、内容和形式、实质和程序、结果和过程等内容的聚合式表达。价值理性以目的设定为首要原则，而工具理性则把手段的选择置于首位③。做到工具理性与价值理性的统一，社会管理的多元主体应以工具理性为基础和手段，以价值理性为方向和目的。其中，在事实层面以事实为依据展开平等的沟通对话与交流合作，在价值层面追求利益共享，承担社会责任。

10.1.2.2 对话基础上契约伦理建构的基本内容

关于契约伦理内容建构，主要可以从建构主体（多元的社会管理主体）、建构实质（对话关系的建构）以及建构层次（微观上的道德哲学、

---

① 胡百精．风险社会、对话主义与重建现代性："非典"以来中国公共关系发展的语境与路径［J］．国际新闻界，2013（5）：6—15.

② 安世遨．对话管理：管理历史发展的必然趋势［J］．科技进步与对策，2010，27（11）：131—134.

③ 王彩云，郑超．价值理性和工具理性及其方法论意义——基于马克斯·韦伯的理性二分法［J］．济南大学学报（社会科学版），2014，24（2）：48—53.

中观上的经济博弈与宏观上的社会互动）这三方面展开论述。

（1）建构主体：多元的社会管理主体

社会管理主体不是一元的而是多元的。郁建兴（2012）等认为，在协同治理的思想下，政府始终保护并尊重社会的主体地位以及社会自身的运作机制和规律，并综合运用行政管理、居民自治管理、社会自我调节以及法律手段甚至市场机制等多种方式，形成政府主导、社会协同、共建共享的社会治理新格局①。在多元主体的社会管理格局中，政府为主导者，其他主体协同参与。

在多元主体的社会管理格局中，参与社会管理对话的主体也是多元的，一般包含政府、企业、社会组织以及社会公众。首先，政府作为国家管理公器，依法对社会政治、经济与公共事务进行管理，承担着相对重要的统筹管理职责与对话主导地位，其通过发挥公权力的作用指导不同社会管理主体就社会生活的各个方面展开对话；其次，企业作为国家经济单位，其对社会资源的占有与社会经济的创造及企业的社会责任要求意味着企业需要承担仅次于政府的管理职责，因此其在社会管理对话中的角色十分关键，一定程度上决定了对话的实现效率；再者，社会组织则承担起了弥补政府调控与市场失灵出现的其他问题，并在公共服务供给方面满足居民异质性所带来的社会需求多样性；最后，公众既是社会管理主体，也是社会管理的客体与社会管理对话的根本监督力量，随着我国经济的发展和社会各项制度的不断完善，人民的公民意识和参与意识也在不断觉醒与成熟，公民在社会管理中的主体地位也日益凸显。因此，社会管理主体间的契约伦理建构应着眼于社会管理主体的多元化，从协同对话的视角出发，把握不同主体的职能、特色、发展现状，及其面临的伦理困境，等等。

（2）建构实质：对话关系的建构

契约概念本身属于关系范畴，存在于两个主体或者多个主体之间，并且契约主体是相互独立、意志自由的，契约主体有独立的理性与需求，处于平等地位。传统契约理论追求经济理性，认为在利益博弈中，契约关系如同利润一样，“一个人的增加等于另一个人的减少”②。而在现实社会实践中，这种契约观强调利益，忽视了基于关系的合作与互利，具有一定局

① 郁建兴，任泽涛．当代中国社会建设中的协同治理——一个分析框架［J］．学术月刊，2012，44（8）：23－31.

② 斐迪南·滕尼斯．共同体与社会［M］．北京：北京大学出版社，2010：92.

限性。20 世纪 60 年代，美国学者斯图尔特·麦克尼尔（Stewart Macaulay，1963）率先开辟了关系契约理论研究。该理论受到各国学者的重视，并在麦克尼尔的基础上不断丰富与完善。张艳（2014）认为，关系契约理论提出并且强调了“关系”这一契约要素，指出契约作为一种特定结合关系，本身具有特定价值和规范导引作用①。对社会管理主体间契约伦理的建构，实际上是关系层面的伦理建构，强调社会管理主体间合作互惠与利益平衡的契约关系。

社会管理主体并非只与特定的主体存在契约关系，而是与其他主体均存在着直接或间接的契约关系。社会管理主体间的契约关系不是单向的，而是双向的，同时受到外部社会经济、道德、法律环境的作用，形成契约关系网络。根据协同理论的科学原理，以及张立荣教授（2008）在探讨公共危机问题时所提出的协同主张②，可以构建社会管理主体间的契约关系网络，并将其嵌入广泛的社会网络，如图 10-1 所示。基于对话的契约伦理建构，就是要在契约关系网络中，实现所有主体之间平等的交流与对话。

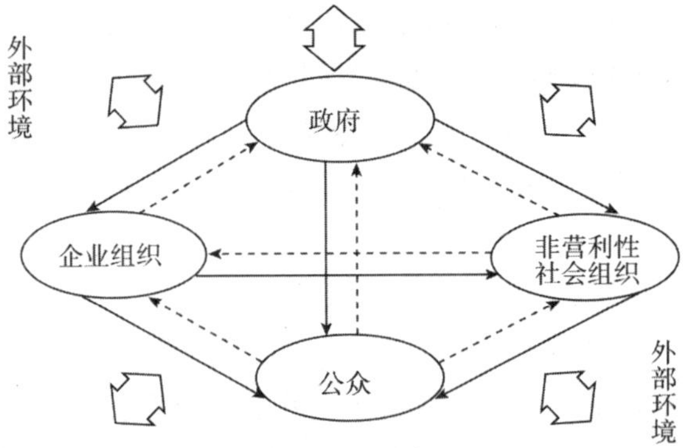

图 10-1 社会管理主体间的契约关系网络

（3）建构层次：三位一体的对话关系

基于本书的第 5、6、7 章节所展开的从微观道德哲学、中观经济博弈与宏观社会互动三维视角，要建构社会管理主体间以对话为基础的契约伦理，关键在于社会管理的多元主体间契约的制定与履行能否在三个层面均符合契约伦理的要求，形成三位一体的平等的对话格局。

① 张艳．关系契约理论对意思自治的价值超越［J］．现代法学，2014，36（2）：73—79.

② 张立荣，冷向明．协同治理与我国公共危机管理模式创新——基于协同理论的视角［J］．华中师范大学学报（人文社会科学版），2008，47（2）：11—19.

从契约制定来看，契约双方应该是相互独立、意志自由、地位平等的。契约主体有选择是否签订契约的自由和选择契约方的自由，契约制定是双方自愿协调的结果，而不是一方强加于另一方的结果。但是，契约自由总是和责任联系在一起的。契约的制定应符合道德的规范，体现利益的平衡与互惠的观念。这包含着两个方面的内容，一方面，契约主体双方能够通过信息公开与平等合作建立良好的契约关系，而非一方对另一方的欺瞒、压迫和控制；另一方面，契约主体在制定契约时应关注其他利益相关者的利益以及社会的整体利益，避免合谋等不良行为的产生。从契约履行来看，契约双方对契约的履行既是契约主体自律的结果，也需要社会的共同监督。因此，建构社会管理主体间的契约伦理，既要为契约主体树立正确的伦理观，提供伦理的决策方案，也要健全社会共同的监督机制，避免逃避责任、损害公共利益等行为的发生。

10.2　道德哲学下自利经济人向道德经济人的转变

立足于个体观，本书第5章从人性论基础和契约人的形成机理对社会管理主体的道德哲学与伦理选择进行了分析，得出自利本性是造成其伦理失范行为的根本原因，构建了自利经济人与道德经济人在利益和法律、道德的相互作用下转变的互动机制。在市场经济下，社会管理的重要目标是实现自利经济人向道德经济人的转变，而这一目标的实现取决于道德、法律能否作为社会规则得到公众的认可并发挥有效的约束作用。

10.2.1　自利向道德转变的价值基础

在具体的社会政治和历史环境中，为了避免对经济利益的无限扩张和肆意追逐，确立道德、法律的稳固根基和价值基础是我们必须要面对的问题。为此，本节将介绍高献忠、何明升（2009）的观点，并在此基础之上提出对社会管理契约伦理在道德、法律制度层面上的建设策略。

高献忠、何明升（2009）提出，“社会秩序不仅是社会存在的基础，更是和谐社会的价值追求”。他们将契约人在社会生活中形成的规则体系作为社会秩序的表现方式，包括正式规则和非正式规则。其中，正式规则又可称为外部规则，“靠政治行动由上而下强加于社会，主要包括政府的各项规章制度，含宪法、法律、行政法规、组织内部规章等”，目标在于维护社会整体秩序，防止社会失范行为。非正式规则又称内部规则，“群体内随经验而演化的规则，是在交往过程中社会成员自生自发形成的、用于指导人类行动的抽象规则的总和，含价值信念、伦理规范、道德观念、风俗习惯、意识形态等”，旨在维护个人或团体的利益。社会成员在这两种规则的指导下行动并形成各种关系，同时构成行动的秩序，因而“社会秩序最终是规则的秩序和行动的秩序的有机统一”①，如图 10 - 2 所示。

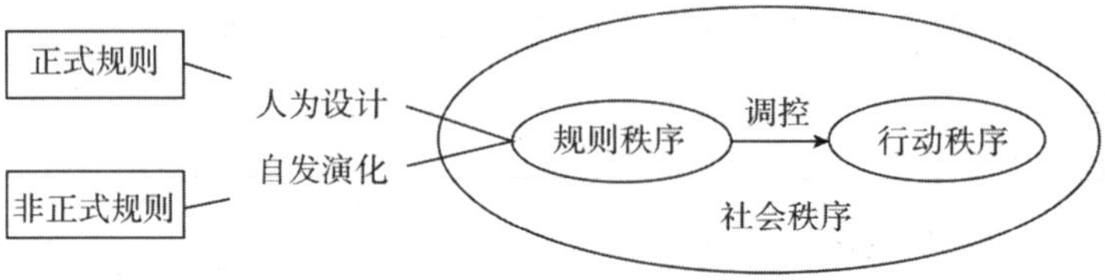

图 10 - 2　社会秩序建构

由此观之，道德作为非正式规则、法律作为正式规则是社会成员维护社会秩序、构造利己环境的必然产物，是理性人有限理性、渐进理性的必然选择。这是道德、法律存在的合法性根基。但规则存在未必能被遵循，道德、法律要想发挥秩序功能必须要得到社会成员的一致同意和维护，而这关键在于与社会成员的共享价值达成一致，从根本上维护其切身利益。

“所谓规则就是关于一定条件下行为合法性的普遍共享的观念，它是在组织内—外、个体—群体之间的社会互动中被创造和被发现的”②。高献忠、何明升教授进一步将规则定义为社会成员之间共享的价值性知识的集合，并对共享价值、社会规则和社会秩序之间的关系做了解释，“共享价值是社会秩序的主要内核。社会规则是价值内核的依托，价值内核渗透于非正式规则、正式规则中，作为统摄性的因素发挥其功能，决定着非正式规则、正式规则的价值属性和内容的演变”③。因而，道德、法律作为社会规则必须要符合社会秩序的共享价值内核，否则将无法得到社会成员的认可和遵循而被淘汰，失去其秩序功能意义。

由此观之，在社会管理过程中，社会管理主体关于道德、法律的制定必然要体现普世性、共享性的精神内核，这些价值共识包括：

（1）基础内核——以人为本、尊重生命。“世界不会满足人，人决心以

① 高献忠，何明升．基于“契约人假设”的社会秩序生成机理系统分析［J］．理论探讨，2009（1）：178—180.

② 高献忠，何明升．基于“契约人假设”的社会秩序生成机理系统分析［J］．理论探讨，2009（1）：178—180.

③ 高献忠，何明升．基于“契约人假设”的社会秩序生成机理系统分析［J］．理论探讨，2009（1）：178—180.

自己的行动来改变世界”[①]。人是自觉的、能动的社会动物，在劳动的过程中认识世界、改造世界，通过实践活动来推动社会和自身的发展。因而，在社会生活中，一切价值从根本上来说都是人的价值，坚持以人为本是维护人的尊严和价值的必然要求，而“生命权是人权其他内容的基础与出发点”[②]。因此，道德、法律的制定必须要体现保障人权的最高要求——尊重生命。

（2）道德内核——自由、平等、公正。自由是相对的，个人可以按照自己的意志进行自主选择和行动，但要在法律允许的范围内进行。因而，法律、道德为社会成员营造的应是“有自由空间的秩序”[③]，确保有序的自由；“现代平等权已经从道德形态演进为权利形态，成为宪法上的一项基本人权，其本质是对每一个个体的平等人格的尊重”[④]。道德规则及法律体系要切实保障不同社会管理主体及客体的平等参与和平等享有，只有这样，才能不断激发社会发展的活力，统筹利用社会管理资源；公平正义是国家和社会进步发展的重要标志。在社会管理过程中，“对于协同主体而言，公平正义观主要体现在对于社会各阶层基本权利与义务的恰当分配”[⑤]。在道德、法律体制建设上，协同主体要把公正当作不可逾越的道德界线，对社会成员的权利和义务做出合理的分配，保障法律面前人人平等。

（3）价值内核——社会利益。在社会管理过程中，管理主体、客体及其利益需求日趋多元化，公共领域和私人领域的界限日趋模糊，由之带来的利益冲突和矛盾也越来越复杂，只重视公共利益或集体利益要求舍己为公的主张已经不能适应时代发展的要求，正视个人利益或其他利益的合理性是新时期社会管理的必然要求。陈庆云教授（2005）认为社会利益可以具体划分为三类，包括“具有社会分享性的公共利益、具有组织分享性的共同利益和具有私人独享性的个人利益”[⑥]，其中公共利益是核心。社会管理的目标是要实现“社会比较利益的最大化”，即在保障公共利益为核心的前提下，比较权衡三种利益的所占比重和相互关系，努力达到利益间的

---

① 中央编译局．列宁全集（第55卷）[M]．北京：人民出版社，1990：183.

② 甘绍平．以人为本的生命价值理念 [J]．中国人民大学学报，2005（3）：69－75.

③ 陈永蓉，李江红．论契约式社会管理的法律价值 [J]．现代商贸工业，2015（4）：167－170.

④ 韩钢．平等权的存在形态及其内涵 [J]．齐鲁学刊，2010（2）：84－90.

⑤ 刘卫平．论我国社会管理体系中协同主体的道德构成 [J]．伦理学研究，2014（5）：116－121.

⑥ 陈庆云，刘小康，曾军荣．论公共管理中的社会利益 [J]．中国行政管理，2005（5）：32－35.

和谐均衡。实现社会利益的最大化，为道德、法律体系的建立提供了新的价值内核。

(4) 目标内核——善治（德治）。在中国历史上，早在孔子时期就提出了“为政以德”的思想传统，“子欲善而民善矣。君子之德风，小人之德草，草上之风，必偃”。孔子告诫为政者治国驭民要以德，良好的道德品质具有感化民众的力量。在现代社会中，德治除了对社会管理者提出了更高的道德要求外，还增添了为人民服务、满足人民需求的政治意涵。社会管理协同主体一方面要培养廉洁、公正、负责任的道德情操，一方面也要确立天下为公的道德理想。道德、法制体系建设作为协同主体的社会管理行为要深入贯彻并不断强化德治理念。

10.2.2 共享价值内核的道德与法律建设

道德、法律作为社会规则，要实现其秩序功能的有效发挥仅仅对其内容本身做出要求是不够的，刚性的外部政治强制力作为保障机制来确保其贯彻和实施也是必不可少的（见图 10-3），这对政府的工作提出了更高的要求。

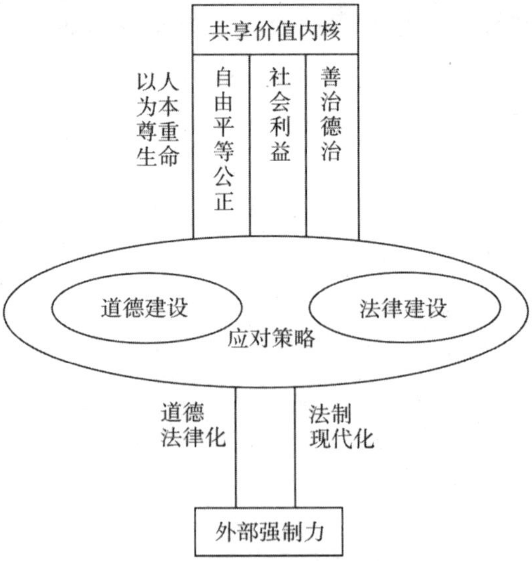

图 10-3 道德、法律的实现机制

(1) 在道德建设上，推动道德法律化。吴汉东教授提出在当前道德教育不足、道德行为失范的社会情况下，“道德建设应当做到教育与管理有机结合，强化道德行为的训练，规范人们的道德行为，实现这一目的的重要途径是适当引入硬约束机制”[1]。硬性约束就是要运用国家政治权力和社会力量来加强社会精神文明建设，通过加强道德法律化的进程来加强社会公众对道德规范的重视，进而促进社会整体道德水平的提高。“法律是道德建设的权力支柱”[2]，法律的惩治对社会成员有警示作用，以法律规范的形式对某些道德要求做出确认，有助于道德规范的普及和社会公众道德意识的觉醒，从而使道德真正发挥维护社会秩序的功能。

（2）在法律建设上，推动法制现代化。“加强法律建设是我国社会经济发展水平和阶段性特征的集中反映，是维护社会管理科学化的重要保障，是促进社会管理科学化的重要内容”[3]。在社会发展新时期，法制现代化就是要走依法治国的道路。一方面要完善立法，坚持民主、科学立法，构建有中国特色的社会主义法律体系，进而弘扬法治精神，营造知法、守法的社会氛围；另一方面要完善执法，加强公职人员执法队伍建设，保障法律得以严格、文明实施，从而维护社会公平正义与和谐统一。

道德、法律的确立，在内容上要体现社会公众普遍接受的共享性价值内核，在实施过程中需要刚性的政治强制力作为保障机制。只有这样，在经济利益与道德、法律的博弈中，社会成员才能做到在道德、法律允许的范围内最大限度地追求经济利益，才能更多地完成自利经济人向道德经济人的转变，虚伪契约人向忠诚契约人的转变，社会管理的目标才能实现。

10.3 博弈视角下约定契约与心理契约的合作

本书第6章中具体论述了在社会管理主体对于“社会管理成本”的推诿与“社会管理回报”的竞争中，约定契约博弈与心理契约博弈的重要意义，以及信息不对称、契约不完善、主体不道德等竞争伦理罅隙与主体道德缺陷等非伦理因素的促进机制。从经济学意义上分析，社会管理主体的决策者作为理性经济人不可能完全摆脱经济诱惑，因此必须在经济效益与管理责任中寻找均衡点，实现社会管理主体之间和谐共生的契约关系和社

① 吴汉东．法律的道德化与道德的法律化——关于法制建设和道德建设协调发展的哲学思考［J］．法商研究，1998（2）：3－8.

② 吴汉东．法律的道德化与道德的法律化——关于法制建设和道德建设协调发展的哲学思考［J］．法商研究，1998（2）：3－8.

③ 张月明．以法律建设促进社会管理科学化［J］．人民论坛，2011（14）：88－89.

会效益的最大化。

10.3.1 约定契约责任的实现

根据本书第6章的分析，无论是地方政府还是其他社会管理主体，决定其是否选择遵守约定契约的关键在于“社会管理成本（C_1，C_2）”与“违背契约惩罚（M，N，K）”之间的比较，社会管理成本高于违背契约惩罚则选择背叛约定契约，而违背契约惩罚高于社会管理成本，则选择遵守约定契约。而在现实生活中，其一，由于契约无法做到完备，可能导致契约失效或存在法律漏洞，致使契约双方无法继续执行契约，或使得其中一方处于不公正条件之下；其二，由于法律成本高昂，许多社会管理纠纷并不会诉诸法律程序而采取其他解决方式，使约定契约的违约惩罚使用率下降，部分违约惩罚形同虚设；其三，由于中央政府无法对地方政府涉及的所有管理契约与管理行为进行实时监督，而社会管理契约中又缺乏第三方监督力量的保驾护航，致使管理技术弱、惩罚概率小。因此社会管理主体背叛约定契约现象屡见不鲜，根据以上提及的现实困境，笔者提出以下应对策略以提升约定契约的实现可能。

第一，降低社会管理成本（C_1，C_2）。社会管理成本简单来说就是指政府、企业、社会组织等社会管理主体为管理社会、经济事务所付出的代价[①]。根据第6章的博弈分析可以发现，社会管理主体履行社会管理责任的成本越高时，其选择背叛契约的可能性就越高。因此，降低社会管理成本是社会管理主体间约定契约得以实现的内在条件。实现社会管理成本的优化，首先需要确立包括政府在内的社会各个环节的社会管理责任，以法律形式建立社会管理流程优化的保障机制，明确每一主体应当承担的责任以及需要实现的效率，同时大力推行政府与企业、社会组织、基层民主的有效合作，以合作实现共同治理，以专业提高管理效率。其次要建设规范且创新的服务型政府，政府作为社会管理的领导力量，对其成本开支的优化是降低社会管理成本的关键。而目前我国地方政府部门存在理念陈旧化、办事低效化、程序复杂化、作风官僚化、管理政绩化等严重问题，从社会管理角度分析，规范与创新是目前建设服务型政府的重中之重[②]。

---

① 李兴智．现行体制下社会管理成本提升对CPI的影响研究［J］．金融纵横，2011（10）：3—7.

② 叶青．我国社会管理成本优化项目研究［J］．管理观察，2009（17）：214—215.

第二，强化社会监督与惩罚。对于社会管理主体的惩罚包含两部分，由法律部门执行的法定惩罚与由社会大众执行的道德惩罚，其中前者往往表现为直接的经济损失。博弈分析充分揭示了惩罚制度对社会管理主体的约束作用，惩罚金额（M，N，K）在很大程度上决定了社会管理主体的契约选择，是社会管理主体间约定契约得以实现的外在制约。现阶段，我国社会监督首先需要加强公民的政治参与意识、培养公民的政治参与热情；其次要提升政府行为透明度，建立完善的政务公开条例与财产申报制度；再者要健全社会监督机制，包括明确社会监督的法律地位，为人民群众尤其是底层民众提供民意表达的畅通渠道，制定配套的法律保护；此外还要对社团、利益集团、新闻媒体的监督进行强化或是规范，防止群体的监督虚位与过分干涉。[①] 在强化社会管理监督的同时，还须适当加大执法力度和处罚力度，使违约的惩罚金额高于其执行契约的管理成本（博弈分析指出，在惩罚金额高于管理成本时，管理主体倾向于选择遵守契约），使社会管理主体能够充分意识到违约的严重性。

第三，完善地方政府绩效评估机制。自党的十一届三中全会确立我国“经济建设”的战略中心地位后，时至今日，GDP 及其增长率等经济指标在实际上仍然是衡量地方政府政绩的主要刚性指标[②]。地方政府绩效评价中对于“经济目标”的强调导致其履行社会管理责任自觉性与责任感严重不足。20 世纪 60 年代，美国会计总署率先建立了以经济性（Economy）、效率性（Efficiency）与效果性（Effectiveness）为主体的“3E”评估方法[③]，后由于被质疑过度经济性而缺乏公平性，又加入公平（Equity）指标，形成“4E”绩效评估法，这被认为是目前分析绩效较好的出发点[④]。在“4E”绩效评估法指导下，完善地方政府绩效评估机制首先要考虑政府组织的效率，是否能使资源得到有效配置；其次要考虑政府组织的行政成本及其经济性，是否能够为社会提供足量高质的公共服务与公共产品，其

---

① 陆亚娜．我国社会监督存在的问题及其原因分析［J］．江苏社会科学，2007（2）：129－134.

② 范柏乃，朱华．我国地方政府绩效评价体系的构建和实际测度［J］．政治学研究，2005（1）：86－97.

③ 财政部财政科学研究所《绩效预算》课题组．美国政府绩效评价体系［M］．北京：经济管理出版社，2004：25.

④ 于军．英国地方行政改革研究［M］．北京：国家行政学院出版社，1999：183.

公共服务是否能够涉及社会各个领域，如教育、文化、科技、卫生、环境保护、基础设施建设等，不同社会领域又涉及了不同的衡量指标；最后还要考虑政府管理行为是否达到了社会公众的预期，令社会公众在多大程度上感到满意[①]。“4E”绩效评估法实际上体现出了社会管理对于“效率”与“公平”的兼顾，地方政府绩效评估机制中，不仅需要检验地方政府对社会资源配置的有效性，同时还要关注其社会管理行为是否实现了社会公众在机会、规则、过程乃至结果的公正与平等。

10.3.2 心理契约伦理的坚持

相较约定契约而言，心理契约存在更强的主观性、个体性和不确定性，契约双方对于心理契约的遵守或背叛，很大程度上取决于主体决策者的个人伦理道德以及对方遵守或背叛心理契约伦理的概率。Rousseua与Tiojrimala（1999）通过实证研究发现心理契约可由三大维度构成：交易维度、关系维度与团队成员维度[②]，三者共同影响着社会管理主体对心理契约的执行状况，本章试从这三大角度切入寻找坚持心理契约伦理的有效策略。

（1）交易维度：提升管理主体责任意识。交易维度强调社会管理主体对相互义务的理解与感知，从而能够自觉地承担相应的社会管理支出、履行约定的社会契约责任。首先，广泛开展社会管理宣传，有利于提升社会管理主体决策者对于社会管理的认知水平，使之充分认识到社会管理是实现社会和谐的大势所趋以及落实科学发展的必然要求；其次，积极组织社会管理培训，一方面能够提升社会管理的科学性与效率性，另一方面则能够帮助管理决策者树立长期发展的眼光，防止其为了眼前的经济收益背叛心理契约；最后，严格执行社会管理监督，加强对于社会管理的监督强度与惩罚力度，例如在党内建立问责制度[③]，通过刺激侧面提升管理决策者对于社会管理的重视程度，助其贯彻落实社会效益与经济效益并重的基本理念，将社会管理责任落实到社会主体发展的各个环节。

---

① 吴建南，杨宇谦，阎波．政府绩效评价：指标设计与模式构建［J］．西安交通大学学报（社会科学版），2007（5）：79－85.

② Rousseau D M，Tijoriwala S. It takes a good reason to change a psychological contract［J］. Society for Industrial Organizational Psychology，San Diego，1996.

③ 王一星．中国共产党党内问责制研究［D］．北京：中共中央党校，2009.

（2）关系维度：推动管理信息公开透明。关系维度强调社会管理主体之间的相互信任与相互期望，以及他们对于未来长期稳定合作关系的发展与追求。根据博弈分析发现，双方信息不对称一方面为契约主体创造了背叛契约的可乘之机（对方无法时刻监督自己的实际行为），使得契约双方由于不能够准确判断彼此的实际行为而无法实现完全信任与充满期望；另一方面则导致了契约执行成本的增加（契约双方需要更多时间了解对方）。针对信息不对称问题，在契约形成前需要建立完善的社会征信体系，所谓征信体系主要是指“在相关部门的推动和组织下，按照一定的数据采集标准，对信用主体的信用信息进行采集、加工、核实和更新，以实现信用信息在体系内互联互通的一种信用管理运行机制①，针对企业、社会组织、社会公众建立征信体系，能够在契约形成之前产生基本的互相了解，减少逆向选择产生的可能性。在契约形成后，首先社会管理主体信息披露机制还需要得到进一步完善，目前我国对政府、企业、社会组织等在信息公开方面并未形成完善的法律机制，很大程度上依靠主体自觉，社会管理信息对全社会的公开应当成为对社会主体的法律要求；其次社会管理主体之间的信息交流不能仅指望信息公开，更多应当依靠管理主体间自觉主动的信息沟通与交流，社会管理主体达成的契约不仅是经济上的合作，也是两者在关系上的深化，通过主体之间定期举办研讨会、构建讨论社区等方式，实现契约关系的进一步发展。

（3）团队成员维度：加强人际关系沟通交流。团队成员维度强调社会管理主体在实际上构成了一个社会管理市场，而社会管理主体中的个人与集体则构成了为这个管理市场提供智力、劳力支持的社区，社区中的人与人之间应当形成友好关系与良性互动。社会管理主体可以通过举办跨主体的情感联谊活动、管理技能培训、荣誉表彰大会等形式，为个体提供更多沟通交流和相互了解的机会与渠道。

由此，针对社会管理主体在“约定契约博弈”与“心理契约博弈”过程之中可能出现背叛契约的内因与诱因，本节共提出了六项针对性的应对措施，涉及政策、法律、经济、文化、伦理等各个层面（见图10－4），共同构成了契约博弈视角下社会契约伦理的建构路径。在契约博弈视角下，

---

① 吴晶妹．未来中国征信：三大数据体系［J］．征信，2013（1）：4—12.

只有实现社会管理主体对“约定契约责任”与“心理契约伦理”的双重遵守，才能够形成社会管理主体间和谐共生型的契约关系，使之共同致力于社会管理发展与社会整体进步。

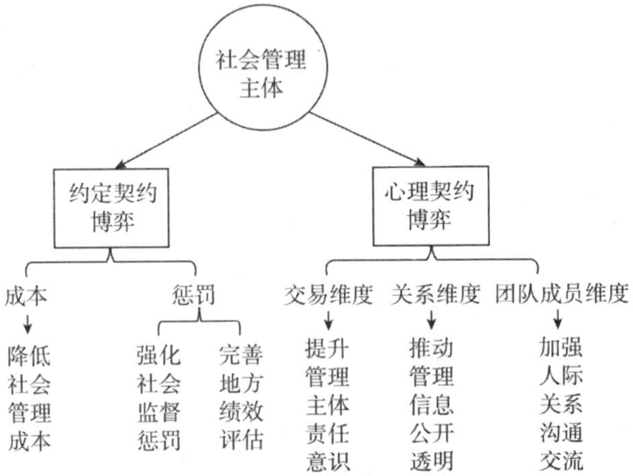

图 10－4　契约博弈视角下社会契约伦理建构

10.4　社会网络下信誉评价和关系强度的约束

社会网络治理强调在社会网络结构下，各社会管理主体间开展相互分工协作的一种治理形式（周义程，2013）[①]，而作为信任建构过程的社会契约在其中占据着重要比重。根据前文的分析，关系契约中的信誉评价和关系强度对社会管理主体间的契约伦理决策有着重要的影响，契约伦理是社会管理主体在订立、执行以及毁约中所表现出来的伦理性质和执行契约中所需要的实践精神，而当且仅当管理主体具备一定的伦理品质基础时，契约才可能得以订立与履行。因此，网络治理中，社会管理主体间的契约伦理建构可以沿着以建设主体诚信伦理为主、以规避不良人情关系为辅的路线，实现行政程序的完善和社会的善治。

10.4.1　建设主体诚信伦理

诚信是契约伦理的一个基本品质，也是交换的有效性和合作的成功性得以实现的根本保证，要求契约的双方或者多方共同遵守。从道德上理解

① 周义程．网络治理中作为信任建构过程的社会契约［J］．学海，2013（4）：164—169.

诚信，其核心含义就是人们恪守诺言、无虚假、不欺诈。在社会管理主体的交往活动中，契约的订立意味着契约双方保留了对对方有利的利益要求而去掉了可能不利于对方的利益要求，为了使这种保留具有有效性，交易双方需要以口头或者文字的形式加以转化，从而形成具有可预期性的契约，而契约能否实现以及实现到何种程度则完全取决于各主体的诚信程度。因此，培养社会管理主体的诚信品质、遏制不诚信的行为是建构契约伦理的必要途径。诚信品质的培养需要内外结合，“内”指的是纯道德意义上诚信意识的形成和自律，“外”则指制度的完善与约束。

社会管理主体的诚信建设首先需要正确的价值观引导，价值观是个人道德人格的重要组成部分。对于社会管理主体的成员来说，政府公职人员、社会组织成员、企业员工、公众个人的诚信道德教育至关重要。在新媒体环境下，可以借助互联网、移动终端作为诚信宣传的工具，扩大诚信教育的宣传阵地，使得诚信观念深入人心。其次，要树立诚信典型和模范，特别是政府机关及其工作人员更应该带头讲诚实守信用，为广大社会群体和个人树立楷模。在传统社会，受儒家价值观和伦理道德的影响，诚信建立在血缘、地缘关系的基础上，人们对亲人、族人更为信任，对外群体人员则表现出排斥和不信任的心理。所以维持社会诚信的是因习惯而形成的道德规范和社会舆论的监督。正如费孝通（1998）所说的，“乡土社会的信用并不是对契约的重视，而是发生于一种行为的规矩熟悉到不假思索时的可靠性”①。但是，这种德性的诚信伦理通过荣誉感、良心的自律机制来控制和约束人的行为，其在传统的熟人社会是有效的，但在社会关系网络不断扩大的当代社会，特别是在市场经济条件下，其作用范围是有限的。因此，置于契约社会的诚信伦理需要冲破地缘、血缘、人缘等社会关系的限制，建立平等、广泛、公正的外在规范。

建设诚信制度的目的在于形成强有力的契约约束机制，在这方面，欧美市场经济发育比较完善的国家信用登记制度和网络系统值得我们借鉴学习。在这些国家，任何个体不论在任何领域做任何事都会被记录在整个国家的信用网络系统中，因此不良的信誉记录会使个人在下一次寻找合作和交易时变得非常困难，从而可能失去更多的获利机会。这种制度安排极大

① 费孝通．乡土中国［M］．北京：北京大学出版社，1998：10.

地约束了人们在契约中不守信的行为，以维护市场和社会秩序。所以，在社会管理主体间的契约伦理建构中，应该把各主体的信用记录而非关系强度作为考察的重点。可通过国家机构或商业信用评估机构进行重大失信行为登记、公示，也可与媒体联合，定期对社会上或者行业内的不守信的个人和组织进行曝光，使其意识到失信对未来发展的危害性。2015 年 3 月的全国人大十二届三次会议上，通过了建立全国统一的社会信用代码的决议，规范信用评级，完善失信记录。此外，加强法治建设也至关重要，对违反契约的非伦理行为进行惩罚是约束契约主体机会主义倾向的强制力。法律是通过界定人们的利益、权限和责任及总裁和惩罚机制的设立，来实现诚信的供给①。在立法方面，虽然目前我国《合同法》《反不正当竞争法》《消费者权益保护法》等法律都规定了关于诚信的原则，但是对失信行为却没有明确的惩罚标准或者惩罚标准太低，未能起到威慑作用；在执法方面，提升执法程序的透明度，使契约各方都有平等的机会公开表达是关键。总之，建构社会管理主体间的契约伦理首先要提升各主体的诚信水平，这不仅需要内在的道德驱动，还需要法律和制度的强制约束。

10.4.2 规避不良人情关系

"关系"一词在中国的社会文化中具有感情、人情、面子等丰富的行为内涵，边燕杰（2006）将之定义为"行动者之间特殊主义的、带有感情色彩的、具有人情交换功能的社会纽带"②。为此，西方研究者在他们的文献中经常用汉语拼音"guanxi"来特别指代中国情境下的关系。关系以血缘、家族为最初的纽带，并通过人情交换和互惠向非亲缘、陌生的人扩散。这种"人情"关系体现在关系文化中即是人们有义务向关系人提供人情帮助，并以未来的回报为期待。从社会网络的角度来说，这种关系具有强连带性、功能复用性、频发义务性③，人们往往只与他社交网络中的特定成员进行人情交换④。正因为这种特殊的人情互惠机制，关系经常会成

---

① 吴学军．建立诚信机制问题探析［J］．经济师，2003（12）：69—70.

② Bian Y. Guanxi [M] // Beckert J, Zafirovski M. International Encyclopedia of Economic Sociology. New York: Routledge, 2006: 312—314.

③ 边燕杰，张磊．论关系文化与关系社会资本［J］．人文杂志，2013（1）：107—113.

④ Wang C L. Guanxi, vs. relationship marketing: Exploring underlying differences [J]. I ndustrial Marketing Management, 2007, 36 (1): 81—86.

为滋生腐败的摇篮，造成契约关系中的非伦理现象。在社会管理主体的契约关系中主要表现为掌握着资源分配权力的主体与掌握着金钱的主体之间的权钱交易。而要治理这种契约非伦理行为，必须从教育、制度、监督三个方面来进行遏制。其中，教育是基础，制度是保证，监督是关键。

首先，反腐宣传教育和正确的舆论引导对于增强社会反腐倡廉意识、形成良好的文化氛围具有积极的作用。在众多的宣传途径中，网络以其传播速度快、覆盖面广的优势逐渐成为反腐宣传教育的新平台。在宣传过程中，不仅要突出对国家公职人员贪污受贿的惩戒，还应突出对作为施惠方的普通社会个人或组织的惩处，并对不良关系中牵线搭桥的中间人做出特别的惩罚，以达到全面的警示作用。而且，在宣传教育中，切忌重视大案而忽视小案，应该做到零容忍。

其次，要弱化契约中的强关系导向，在进行资源分配时，存在关系的直接利益相关者与资源支配者应该采取规避的政策，尽量采取第三方进行平等公正的评判，增加关系运作的透明度，以将不良关系的影响降低到最小。此外，关系腐败需要法律法规等制度约束。正确的伦理价值导向是建构社会结构、建立社会制度的基本要求，而契约伦理制度应充分体现契约社会的自由、平等、合意等伦理价值。在资源分配和信息共享方面，建立严格的审批制度、落实责任制度，并以法律作为根本约束，政府才能做到在公共资源的分配上减少不良关系的影响。

最后，应该加强不良人情关系交换的社会监督，其中，应对关系密切的利益相关个体和组织进行重点监督。社会监督的最佳方式便是举报和奖励机制，举报不良关系交易行为并予以一定的奖励是赋予其他相关竞争者获得平等机会的权利。在社会网络中，以己为中心的关系网络是有限的，因此希望获得资源的请托者往往会寻找一位或多位合适的中间人与资源支配者搭上关系，构成一个“请托者—中间人—资源支配者”的关系链，其中中间人就扮演着腐败的桥梁，并在长期的交往互动中与资源支配者建立起稳定的利益关系。这种网络中不良关系的“桥”节点也是需要重点监督的对象。

10.5 本章小结

本章以前文所述的微观道德哲学、中观经济博弈和宏观社会互动三个层面的契约伦理决策内在机制分析为基础，并结合对话理论，从战略架构和策略规划两方面系统构建了社会管理主体间的契约伦理。在战略层面，首先对契约伦理建构的思想源流和现实诉求进行了论述，并在此基础上提出了契约伦理建构的价值原则和基本要求。然后以对话理论为蓝本从工具理性与价值理性的统一出发，提出了契约伦理的建构主体、建构实质以及建构层次。在策略层面，首先从微观道德哲学的角度分析了自利经济人向道德经济人转变的价值基础，并基于该共享价值从道德和法律两方面提供了建议，然后从中观经济博弈的角度提出了约定契约责任与心理契约伦理相结合的策略，最后从宏观社会网络的视角提出以建设主体诚信伦理为主、以规避不良人情关系为辅的约束机制。通过哲学伦理建构、经济伦理建构、社会伦理建构，实现社会管理效率的提升和社会管理主体间合作关系的长远发展。

结论与展望

“契约”有着自己的社会基础、经济基础、政治基础和文化基础，当然也有着自身的伦理基础，而任何社会的政治、经济、文化和伦理都具有统一性，因此，审视契约伦理问题需要一个全面的视角。本书从伦理视角以探讨社会管理主体之间的契约关系，并非要剥离伦理与政治、经济、文化之间的内在联系，实际上恰好相反：契约是社会历史发展的产物，其是一种以精神契约为核心所扩张而成的社会性关系理念，并成为人们行动的基本准则和社会管理主体处理社会关系的基本原则。这种原则可以概括为：①过程透明。契约伦理强调主体间的关系和行为是透明的，即人们处于信息基本对称的情境下。②开放体系。契约伦理是人们在长期沟通和契合过程当中形成的真实意愿的表达，所以其体系开放且具有巨大的包容性。③公共理性。契约伦理以人类社会的公共理性为基础，具有广泛的社会性和普遍性，是基于个体和团体间沟通与共识而形成的。④关系结构。契约伦理不仅是一种经济交换规则，还是一种结构性社会关系，一种全面的、整体的、稳定关系结构中的契约。因此，社会管理主体间的契约伦理体现了人的主体意识，并在不断发展中发挥出了传统私德伦理所不具备的优越性。

根据对社会管理与契约伦理的概念界定，以及对伦理理论、公共伦理理论、社会管理理论、道德哲学、博弈理论、社会网络理论、关系契约理论、对话理论等相关理论的梳理和综述，本书试图探讨社会管理主体间契约伦理的社会现状、社会影响、具体类型、表现形式、形成机理等，并通过典型实践的分析，深入了解社会管理实践中的契约伦理问题。为了展开社会管理主体间契约伦理的研究，首先需解决几大关键性问题：为什么要对社会管理主体间的契约伦理问题展开研究，其理论与实践意义何在？社会管理主体间契约伦理的具体内涵与困境表现是什么？社会管理主体间违背契约伦理行为的现状及其给社会造成了什么样的不良影响？社会管理主体间契约伦理的类型有哪些，具体有哪些表现形式？社会管理主体间契约伦理失范问题产生的原因是什么？社会管理主体间契约伦理在具体实践中的运用状况如何？如何有效应对社会管理主体间契约伦理问题？本书遵循“理论分析－案例分析－理论总结”的研究思路，采用规范分析和实证研究相结合的方法对上述问题展开深入探究，所得主要结论如下。

第一，社会转型与当代中国的契约伦理困惑。纵观市场经济下的社会契约执行现状，不难发现普遍存在的伦理失范现象。政府、企业、社会组织、社会公众作为社会管理过程中的重要主体，其对于社会契约的遵守和执行直接关系到社会的运转。但目前学界对于社会管理主体间契约伦理的研究仍然较为缺乏。因此，无论出于社会实践的需要，还是出于理论研究的空白，对于社会管理主体间契约伦理的相关研究是当务之急，有助于促进伦理理论、公共管理理论、社会契约理论、社会责任理论、利益相关者理论等相关理论的发展，更利于建构与社会发展相适应的社会契约伦理机制，推动社会健康和可持续发展。

第二，契约伦理的价值。契约伦理是在西方传统契约精神中发展出来的一种伦理道德，也是最符合当代社会的伦理类型。首先，契约伦理表现为人们在关系互动中订立、执行契约的过程中所需要坚持的伦理基础，是市场经济正常运作的重要保证。其次，它肯定了市场经济中人的求利之心，因为正是在利益的驱使下人们才会签订契约，所以契约伦理也是一种世俗伦理。再次，契约伦理具有巨大的包容性和发展性，现代社会中的公德性伦理、世俗性伦理和制度性伦理等伦理类型都可以在契约伦理层面来理解，而且它也包容了西方传统的契约理念和儒家的伦理思想，处于不断发展与吸纳之中。

第三，契约伦理的类型划分。社会管理主体之间基于各自的利益立场在相互合作中形成契约关系，主体的多元化使得社会管理的科学性、有效性得以实现，但也使得各个主体之间由于利益失衡而导致的矛盾增多甚至激化。根据社会管理主体在契约关系中对社会责任和个体利益的不同倾向，本书将契约伦理划分为四种类型——责任利益双赢型、主体利益偏向型、责任利益共损型以及社会责任偏向型。

第四，违背契约伦理的影响。契约伦理的价值论基础表现为以自由合意为本质、以信用伦理为前提、以事实价值为判断、以认同责任为决策。在不同的社会管理主体之间，违背契约伦理呈现出不同的正效应与负效应。在政府与企业之间，伦理遵从是双方和谐共生的基础，而伦理失范则是损害市场机制的元凶；在政府与社会组织之间，道德勃兴是社会稳定的必要条件，而道德萎缩则是违背社会公利的根源；在政府与社会公众之间，责任明晰是公众自主参与的前提，而权力模糊则是社会动荡不安的始因。

第五，社会管理主体间契约伦理问题的成因。基于微观的道德哲学、中观的经济博弈和宏观的社会互动，本书分别从道德哲学、经济学和社会学三个角度对社会管理主体间契约伦理问题的产生进行了原因分析。首先，从微观角度出发，通过对人性本质的解读可以得出，利己主义和利他主义是构成人性的两个相反相成方面的双重人性论结论；此外，结合对社会管理主体自身所面临的权利困境、角色困境和利益困境的分析可以看出，自利本性是造成社会管理主体伦理失范行为的内部根本原因，而道德教育和法制建设是影响社会管理主体伦理抉择的外部制度因素，它们综合形塑了社会管理主体自身的道德哲学与伦理选择。其次，从中观角度出发，社会管理主体之间基于共同利益实现契约伦理，而"逆向选择"与"道德风险"是违背契约伦理的两种形成机制。政府、企业等社会管理主体在社会管理市场竞争中面临着"约定契约"与"心理契约"的双重选择，根据社会管理主体在两类契约博弈中的不同选择，可以构建契约关系矩阵，并将社会管理主体间的契约博弈关系划分成为四大类别：和谐共生型、情感依赖型、破碎瓦解型与任务敷衍型。最后，从宏观角度出发，政府是社会管理主体中最主要的契约主体，通过公共服务购买、政府与社会资本合作模式、税收契约三种典型的契约形式分析社会管理主体间的契约关系及伦理选择，可以得出道德是最基本的准则，正式契约的惩罚机制是根本保障，而结合中国的具体情境，关系契约中的关系强度和信誉评价则是社会网络背景下的两大重要因素。

第六，社会管理主体间契约伦理的实践形态。本书选取了当下学界内和社会上都比较重视的两种典型社会管理实践形式——多数暴政下的网络舆情、混沌情境下的危机管理，分别对其内在所涉及的契约机制进行了深入分析。网络暴政问题反映出了社会矛盾的激化和社会管理的失序问题，而混沌情境中的危机管理涉及了社会管理主体间的利益诉求和契约关系，这两种契约实践模式虽不能涵盖社会管理主体间契约伦理的全部内容，但从不同的视角为本书的研究提供了现实参考。

第七，社会管理主体间契约伦理的战略与策略建构。在战略层面，以对话理论为蓝本，从工具理性与价值理性的统一出发，多元的社会管理主体是契约伦理的建构主体，对话关系是建构实质，并主导了微观、中观、宏观“三位一体”的建构层次。在策略层面，从微观道德哲学的角度看，在道德建设上应推动道德法律化，而在法律建设上需推动法制现代化；从中观经济博弈的角度看，要坚持约定契约责任与心理契约伦理相结合的策略；从宏观社会网络的角度看，应注重以建设主体诚信伦理为主、以规避不良人情关系为辅的约束机制。

通过上述结论，本书基本构建起了社会管理主体间契约伦理的研究图谱，但也仅仅是对该主题的初步探索，尚留有一定的研究空间。通过文献研究法和案例分析法，我们对当前社会中存在一些契约伦理失范现象做出了解释，虽已具备一定的理论深度，但仍有待进一步探索和挖掘。下面列出几个方向以供后续学者深入研究。

第一，关于契约伦理的规范定义问题。目前我国已有一些学者如强昌文、晏辉、朱书刚等人，都对契约伦理的内涵进行了界定，但尚未形成统一的概念。本书基于以往的研究，并结合社会管理及其主体的概念内涵，对契约伦理进行了针对性的界定，其可推广性与权威性尚待验证。

第二，关于社会管理主体间契约关系的动态研究。本书将社会管理主体划分为政府、企业、社会组织与社会公众四大主体，但其实各主体间并非完全分立，而是存在角色交叉，例如社会公众也可能是企业或社会组织中的成员。这些主体间存在着不同形式的契约关系，且任意两主体间都存在不止一种契约关系，这些契约关系都是处于不断变化的动态之中。本书仅从静态角度考虑了多元主体间的契约伦理，对其动态特征及演进过程的研究有待后续学者以进一步探讨。

第三，社会管理中契约伦理现状和成因的案例选取与数据分析。本书的现状部分和成因部分对社会管理中契约伦理问题进行了简要的分析，但所涉案例较少，且缺乏调研数据的佐证，大部分来自文献研究。主要原因在于大部分非伦理问题都是暗箱操作，公众获知的渠道有限，且此类问题在正式场合往往避而不谈，因此难以进行系统的分析。

第四，关于契约伦理更加丰富的研究视角。本书仅从微观的道德哲学、中观的经济博弈和宏观的社会网络三个视角对契约伦理问题进行了成因分析，但这仅仅是众多研究视角中的一部分，其他如行政管理、法律规制、心理认知等视角都对契约伦理问题的形成有一定的影响。因此，完善此部分的成因探究及后续的策略建构需要更为广泛的研究视角和学科背景。

参考文献

[1] Akcrlof G A. The Market for "Lemons": Qualitative uncertainly and the market mechanism [J]. Quarterly Journal of Economics, 1970, 84 (3): 488—500.

[2] Argyris C. Understanding Organizational Behavior [M]. London: Tavistock Publications, 1960.

[3] Boin A. Lessons from crisis research [J]. International Studies Review, 2004, 6 (1): 165—194.

[4] Arrow K J. Uncertainty and the welfare economics of medical care [J]. The American economic review, 1963, 53 (5): 941—973.

[5] 李丹，彭如良．孔德的社会秩序理论对我国社会建设的启示 [J]. 法制与社会，2008 (11): 270—271.

[6] Bagozzi R P. Reflections on relationship marketing in consumer markets [J]. Journal of the Academy of Marketing Science, 1995, 23 (4): 272—277.

[7] Barber B. The logic and limits of trust [M]. New Brunswick, NJ: Rutgers University Press, 1983.

[8] 陈磊．"风险社会"理论与"社会建设"[J]. 南京社会科学，2005 (2): 43—48.

[9] Bian Y. Guanxi [M] //Beckert J, Zafirovski M. (Eds.). International Encyclopedia of Economic Sociology. New York: Routledge, 2006: 312—314.

[10] Camillus J C，铃木泰雄．Strategy as a wicked problem [J]. Harvard Business Review, 2009, 34 (86): 60—66.

[11] Coleman J. Foundations of social choice theory [M]. Cambridge, MA: Harvard University Press, 1990.

[12] 张卫．当代西方社会冲突理论的形成及发展 [J]. 世界经济与政治论坛，2007 (5): 117—121.

[13] 高丙中．社会合作与中国公民社会的有机团结 [J]. 中国社会科学，2006 (3): 110—123.

[14] Durkheim E. The Division of Labour in Society [M]. Macmillan

Education UK，1984.
[15] 周长城．社会管理［M］．北京：中国人民大学出版社，2016.
[16] Granovetter M. The strenght of weak ties [J]. American Journal of Sociology，1973，78 (6)：1360—1380.
[17] Granovetter M. Economic action and social structure：The problem of embeddedness [J]. American journal of sociology，1985：481—510.
[18] Granovetter M. Economic institutions as social constructions：a framework for analysis [J]. Acta sociologica，1992，35 (1)：3—11.
[19] Guest E D. Is the psychological contract worth taking seriously? [J]. Journal of Organizational Behavior，1998，19：649—664.
[20] Hayek F A. Law，Legslation and Liberty：The Mirage of Social Justice [M]. Chicago：University of Chicago Press，1976.
[21] Herriot P，Pemberton C. New Deals. The Revolution in Managerial Careers [M]. Chichester：John Wiley & Sons，1995.
[22] Kingma B R. Public good theories of the non—profit sector：Weisbrod revisited [J]. VOLUNTAS：International Journal of Voluntary and Nonprofit Organizations，1997，8 (2)：135—148.
[23] Klijn E H，Teisman G R. Institutional and strategic barriers to public—private partnership：An analysis of Dutch cases [J]. Public money and Management，2003，23 (3)：137—146.
[24] Kotter J P. The psychological contract：managing the joining—up process [J]. California management review，1973，15：91—99.
[25] Levinson H，Price C R，Manden K J，et al. Men，management and mental health [M]. Cambridge：Harvard University Press，1962.
[26] Lewicki R J，Bunker B B. Developing and maintaining trust in work relationships [M] //Kramer RM，Tyler TR. (Eds.). Trust in organizations：Frontiers of theory and research，1996.
[27] Lewis J D，Weigert A. Trust as a social reality [J]. Social forces，1985，63 (4)：967—985.
[28] Linder S H. Coming to terms with the public—private partnership a grammar of multiple meanings [J]. American behavioral scientist，1999，43 (1)：35—51.
[29] Luhmann N. Trust and power [M]. Chichesrer：John Willey & Sons Ltd，1979.

[30] Poster M. Cyber democracy：The internet and the public sphere [M] // David Holmes. Virtual Politics：Identity & Community in Cyberspace. London：Sage Publication，1997：212—228.

[31] Macneil I R. Relational contract theory：challenges and queries [J]. Northwestern University Law Review，1999，94 (3)：877—907.

[32] Mcallister D J. Affect— and cognition—based trust as foundations for interpersonal cooperation in organizations [J]. Academy of Management Journal，1995，38 (1)：24—59.

[33] Morrison E W，Robinson S L. When employees feel betrayed：A model of how psychological contract violation develops [J] . Academy of management Review，1997，22 (1)：226—256.

[34] Nash J F. Equilibrium points in n-person games [J]. Proc. Nat. Acad. Sci. USA，1950，36 (1)：48—49.

[35] Nash J F. The bargaining problem [J]. Econometrica：Journal of the Econometric Society，1950：155—162.

[36] Nassar N. Sanctity of contracts revisited：A study in the theory and practice of long term international commercial transactions [M]. Kluwer Law Intl，1995.

[37] Pinto J K，Slevin D P，English B. Trust in projects：An empirical assessment of owner/contractor relationships [J]. International Journal of Project Management，2009，27 (6)：638—648.

[38] Rawls J. A Theory of Justice [M]. Cambridge，Mass：Harvard university press，1971.

[39] Robinson S L，Kraatz M S，Rousseau D M. Changing obligations and the psychological contract：A longitudinal study [J]. Academy of M anagement Journal，1994，37：137—152.

[40] Ross E A. Social control [J]. The American Journal of Sociology，1896，1 (5)：513—535.

[41] Rothschild M，Stiglitz J. Equilibrium in competitive insurance markets：An essay on the economics of imperfect information [M] // Foundations of Insurance Economics. Springer Netherlands 1976：355—375.

[42] Rousseau D M. New hire perspectives of their own and their employer's obligations：A study of psychological contracts [J]. Journal of Organizational Behavior，1990，11：389— 401.

[43] Rousseau D M, McLean Parks J. The contracts of individuals and organizations [J]. Research in organizational behavior, 1993, 15: 1—43.

[44] Rousseau D M, Tijoriwala S. It takes a good reason to change a psychological contract [J] . Society for Industrial Organizational Psychology, San Diego, 1996.

[45] Schein E H. Organizational Psychology [M]. NewJersey: Prentiee Hall, 1980.

[46] Schmookler J. Invention and Economic Growth [M]. Cambridge: Harvard University Press, 1966.

[47] Simmel G. Conflict and the web of group affiliations [M]. Simon and Schuster, 2010.

[48] Smith D A, Lohrke F T. Entrepreneurial network development: Trusting in the process [J]. Journal of Business Research, 2008, 61 (4): 315—322.

[49] Spence M, Zeckhauser R. Insurance, information, and individual action [J] . The American economic review, 1971, 61 (2): 380—387.

[50] The European Commission. Guidance for successful PPP [M] . 2003.

[51] United Nations Institute for Raining and Research. PPP—For sustainable development [M] . 2000.

[52] Van Slyke D M. Agent or stewards: using theory to understand the government - nonprofit social service contracting relationship [J] . Journal of Public Administration Research & Theory, 2007, 17 (2): 157—187.

[53] Wang C L. Guanxi, vs. relationship marketing: exploring underlying differences [J] . Industrial Marketing Management, 2007, 36 (1): 81—86.

[54] Williams R. Keywords: a vocabulary of culture and society [J] . Science and Society, 1977, 3 (2): 20.

[55] World Bank. Public private partnership reference guide: version 2. 0 [EB/OL] . http: //documents. worldbank. org/curated/en/600511468336720455/Public—private—partnerships—reference—guide—version—2—0.

[56] R. J. 斯蒂尔曼 . 公共行政学 [M]. 潘世强，等译 . 北京：中国社会科学出版社，1988.

[57] 埃莉诺·奥斯特罗姆 . 公共事物的治理之道 [M]. 余逊达，陈旭东 ，

译．上海：上海三联书店，2000.
[58] 安世遨．对话管理：管理历史发展的必然趋势 [J]．科技进步与对策，2010，27 (11)：131—134.
[59] 敖四．契约伦理视阈中的企业效率意义 [J]．河北理工大学学报（社会科学版），2010，10 (2)：27—29.
[60] 奥斯特赖奇．新斯多噶主义和早期近代国家 [M] //沈汉．西方社会结构的演变．珠海：珠海出版社，1998.
[61] 边燕杰，张磊．论关系文化与关系社会资本 [J]．人文杂志，2013 (1)：107—113.
[62] 财政部财政科学研究所《绩效预算》课题组．美国政府绩效评价体系 [M]．北京：经济管理出版社，2004.
[63] 蔡昌．论税收契约的运行机制 [J]．财会学习，2014 (11)：45—50.
[64] 蔡禾．从利益诉求的视角看社会管理创新 [J]．社会学研究，2012 (4)：10—16.
[65] 陈改玲．我国公共危机管理中多元主体良性互动研究 [D]．西安：陕西师范大学，2009.
[66] 陈宏辉．企业的利益相关者理论与实证研究 [D]．杭州：浙江大学，2003.
[67] 陈庆云，刘小康，曾军荣．论公共管理中的社会利益 [J]．中国行政管理，2005 (5)：32—35.
[68] 陈伟宏．市场经济条件下政府行为非伦理性的表现及其评价 [A] //第19次中韩伦理学国际学术研讨会暨第五次全国经济伦理学学术研讨会论文集．2011.
[69] 陈秀萍．契约的伦理内核——西方契约精神的伦理解析 [J]．哲学研究，2006 (8)：47—53.
[70] 陈岩．混沌理论对走出公共危机决策困境的启示 [J]．行政论坛，2009，16 (6)：57—59.
[71] 陈永蓉，李江红．论契约式社会管理的法律价值 [J]．现代商贸工业，2015 (4)：167—170.
[72] 陈郁．企业制度与市场组织 [M]．上海：上海三联书店，1996.
[73] 成伯清．“风险社会”视角下的社会问题 [J]．南京大学学报（哲学·人文科学·社会科学版），2007 (2)：129—135.
[74] 崔凯．政府在危机管理中的角色与定位分析 [J]．管理现代化，2010 (1)：43—45.
[75] 崔晓明，姚凯．危机管理：混沌情境中的契约建构——2013年危机管理成败的证据 [J]．经济理论与经济管理，2014 (11)：72—81.

[76] 崔宜明．契约关系与诚信 [J]. 学术月刊，2004 (2)：15—21.
[77] 丹尼尔·沙勒夫．隐私不保的年代 [M]. 林铮顗，译. 南京：江苏人民出版社，2011.
[78] 第 38 次中国互联网络发展状况统计报告 [EB/OL]. http://www.cnnic.net.cn/hlwfzyj/hlwxzbg/hlwtjbg/201608/t20160803_54392.htm.
[79] 丁元竹．中国社会管理的理论建构 [J]. 学术月刊，2008 (2)：26—36.
[80] 窦炎国．法律正义与道德正义 [J]. 伦理学研究，2008 (1)：57—62.
[81] 杜骏飞．网络群体事件的类型辨析 [J]. 国际新闻界，2009：76—80.
[82] 樊帅，田志龙．企业与非政府组织的关系：态度与策略 [J]. 商业研究，2006 (24)：6—10.
[83] 范柏乃，朱华．我国地方政府绩效评价体系的构建和实际测度 [J]. 政治学研究，2005 (1)：86—97.
[84] 范逢春．罗尔斯社会正义理论对康德主义契约论的超越与重建 [J]. 广西民族大学学报（哲学社会科学版），2002 (s1)：23—25.
[85] 方建国．不完全竞争、契约与伦理学 [M]. 北京：经济科学出版社，2012.
[86] 斐迪南·滕尼斯．共同体与社会 [M]. 林荣远，译. 北京：北京大学出版社，2010.
[87] 费孝通．乡土中国 [M]. 北京：北京大学出版社，1998.
[88] 弗格森．文明社会史论 [M]. 林木椿，王绍祥，译．沈阳：辽宁教育出版社，2010.
[89] 甘葆露．伦理学概论 [M]. 北京：高等教育出版社，1994.
[90] 甘绍平．伦理学的当代建构 [M]. 北京：中国发展出版社，2015.
[91] 甘绍平．以人为本的生命价值理念 [J]. 中国人民大学学报，2005 (3)：69—75.
[92] 高鸿业．西方经济学 [M]．北京：中国人民大学出版社，2004.
[93] 高力．公共伦理学 [M]. 北京：高等教育出版社，2012.
[94] 高瑞鹏．亚当·斯密人性论的解析 [J]. 东岳论丛，2010，31 (8)：90—92.
[95] 高献忠，何明升．基于“契约人假设”的社会秩序生成机理系统分析 [J]. 理论探讨，2009，(1)：178—180.
[96] 葛力．十八世纪法国哲学 [M]. 北京：商务印书馆，1957.
[97] 龚群．社会伦理十讲 [M]．北京：中国人民大学出版社，2007.
[98] 顾建键，马西恒．转型中的社会治理：和谐社会构建与城市社会发展研究 [M]. 上海：上海交通大学出版社，2006.

[99] 管洪博．食品侵权损害多元化救济机制研究［D］．长春：吉林大学，2013.
[100] 郭其云，董希琳，等．基于利益相关者分析模型的危机管理研究［J］．消防科学与技术，2014，33（4）：438—440.
[101] 郭长军．契约伦理是市场经济秩序的伦理基础［J］．集团经济研究，2006（12X）：286.
[102] 韩昌跃．利己利他双重人性论［J］．山东行政学院山东省经济管理干部学院学报，2009（5）：103—106.
[103] 韩东屏．厘清伦理学的对象与定义［J］．伦理学研究，2011：9—14.
[104] 韩钢．平等权的存在形态及其内涵［J］．齐鲁学刊，2010（2）：84—90.
[105] 韩升．伦理与道德之辨正［J］．伦理学研究，2006（1）：90—92.
[106] 韩晓捷．西方近代社会契约理论研究［D］．天津：南开大学，2012.
[107] 郝伟亚，王盈盈，丁慧平．城市轨道交通 PPP 模式核心要点研究——北京地铁 M 号线案例分析［J］．土木工程学报，2012（10）：175—180.
[108] 何怀宏．伦理学是什么［M］．北京：北京大学出版社，2002.
[109] 何怀宏．契约伦理与社会正义［M］．北京：中国人民大学出版社，1993.
[110] 何增科．中国社会管理体制改革研究［M］．北京：法律出版社，2013.
[111] 赫尔曼·哈肯．协同学——大自然构成的奥秘［M］．凌复华，译．上海：上海译文出版社，2005.
[112] 胡百精．风险社会、对话主义与重建现代性："非典"以来中国公共关系发展的语境与路径［J］．国际新闻界，2013（5）：6—15.
[113] 黄光国．面子：中国人的权力游戏［M］．北京：中国人民大学出版社，2004.
[114] 黄耀霞．公众参与与创新社会管理［J］．法制与社会，2011（19）：183—184.
[115] 霍布斯．法律要义：自然法与民约法［M］．张书友，译．北京：中国法制出版社，2010.
[116] 贾康，孙洁．公私伙伴关系（PPP）的概念，起源，特征与功能［J］．财政研究，2009，10（2）：2—10.
[117] 简·莱恩．新公共管理［M］．赵成根，等译．北京：中国青年出版社，2004.
[118] 姜方炳．"网络暴力"：概念、根源及其应对——基于风险社会的分

析视角［J］. 浙江学刊，2011（6）：181－187.
［119］姜晓萍．国家治理现代化进程中的社会治理体制创新［J］. 中国行政管理，2014（2）：24－28.
［120］解读《2016年全球风险报告》：今年全球会有哪些风险［EB/OL］.（2016－10－05）. http：//www.qugood.com/article/4609.html.
［121］柯武刚，史漫飞．制度经济学［M］. 韩朝华，译．北京：商务印书馆，2008.
［122］科塞．社会学导论［M］. 杨心恒，译．天津：南开大学出版社，1990.
［123］勒庞．乌合之众：大众心理研究［M］. 冯克利，译．北京：中央编译出版社，2014.
［124］李程伟．社会管理体制创新：公共管理学视角的解读［J］. 中国行政管理，2005（5）：39－41.
［125］李丰团，索建宏．基于契约理论的企业社会责任解析［A］// 中国会计学会教育分会．中国会计学会2011学术年会论文集．中国会计学会教育分会，2011：8.
［126］李汉卿．协同治理理论探析［J］. 理论月刊，2014（1）：138－142.
［127］李惠斌，杨雪冬．社会资本与社会发展［M］. 北京：社会科学文献出版社，2000.
［128］李建华，朱伟干．论我国非政府组织发展的伦理使命［J］. 马克思主义与现实（双月刊），2011（1）：172－179.
［129］李慷．关于上海市探索政府购买服务的调查与思考［J］. 中国民政，2001（6）：23－25.
［130］李明伍．公共性的一般类型及其若干传统模型［J］. 社会学研究，1997（4）：110－118.
［131］李萍．作为社会管理主体的行政及其伦理取向［J］. 学海，2010（1）：49－54.
［132］李士梅．信誉的经济学分析［M］. 北京：经济科学出版社，2005.
［133］李兴智．现行体制下社会管理成本提升对CPI的影响研究［J］. 金融纵横，2011（10）：3－7.
［134］李银珠．西方新公共管理理论的契约框架：借鉴与启示［J］. 当代财经，2005（12）：60－65.
［135］林军．企业社会责任的社会契约理论解析［J］. 岭南学刊，2004（4）：71－75.
［136］林奇富．近代社会契约论的历史与逻辑［M］. 上海：光明日报出版社，2010.

[137] 刘刚．危机管理［M］．北京：中国经济出版社，2004.
[138] 刘丽伟．福利国家论析——以政治哲学为视角［J］．学术交流，2009（12）：54—57.
[139] 刘仁军．交易成本、社会资本与企业网络——关系契约理论及应用［D］．武汉：华中科技大学，2004.
[140] 刘卫平．论我国社会管理体系中协同主体的道德构成［J］．伦理学研究，2014（5）：116—121.
[141] 刘云英．论公共危机管理中的信息沟通机制［J］．行政管理，2011（7）：91—92.
[142] 刘长喜．利益相关者、社会契约与企业社会责任［D］．上海：复旦大学，2005.
[143] 刘志坚．企业性质与企业的契约责任［J］．学术界，2007（3）：219—223.
[144] 龙兴海．论道德与市场经济秩序［J］．道德与文明，2000（6）：30—34.
[145] 卢汉龙．新中国社会管理体制研究［M］．上海：上海人民出版社，2015.
[146] 卢梭．社会契约论［M］．何兆武，译．北京：商务印书馆，2003.
[147] 陆文荣．社会管理：作为实践和概念［J］．社会科学管理与评论，2011（2）：17—25.
[148] 陆学艺．当代中国社会结构［M］．北京：社会科学文献出版社，2010.
[149] 陆亚娜．我国社会监督存在的问题及其原因分析［J］．江苏社会科学，2007（2）：129—134.
[150] 路易丝·麦克尼·福柯［M］．贾湜，译．哈尔滨：黑龙江人民出版社，1999.
[151] 罗宾斯．过去和现在的政治经济学：对经济政策中主要理论的考察［M］．北京：商务印书馆，1997.
[152] 罗伯特·希斯．危机管理［M］．王成，等译．北京：中信出版社，2001.
[153] 罗家德，叶勇助．中国人的信任游戏［M］．北京：社会科学文献出版社，2007.
[154] 洛克．政府论：下篇［M］．叶启芳，瞿菊农，译．北京：商务印书馆，1983.
[155] 洛克．政府论：下篇［M］．叶启芳，瞿菊农，译．北京：商务印书馆，1997.

[156] 洛克．政府论：下篇［M］．叶启芳，瞿菊农，译．北京：商务印书馆，2000.
[157] 马尔科夫．社会管理学［M］．俞仲文，译．上海：同济大学出版社，1988.
[158] 马克思，恩格斯．马克思恩格斯全集：第46卷（上）［M］．北京：人民出版社，1990.
[159] 马克思，恩格斯．马克思恩格斯选集（第1卷）［M］．北京：人民出版社，1995.
[160] 马克思，恩格斯．马克思恩格斯选集（第4卷）［M］．北京：人民出版社，1972.
[161] 马克斯·舍勒．价值的颠覆［M］．罗悌伦，译．北京：生活·读书·新知三联书店，1997.
[162] 马坤．社会主义契约伦理视野下的公民意识［D］．太原：山西大学，2006.
[163] 马志刚，刘健生．新加坡的社会管理［M］．北京：群众出版社，1993.
[164] 迈克尔·莱斯诺夫．社会契约论［M］．刘训练，李丽红，张红梅，译．南京：江苏人民出版社，2005.
[165] 麦克尼尔．新社会契约论［M］．雷喜宁，潘勤，译．北京：中国政法大学出版社，1994.
[166] 米尔顿·弗里德曼，罗斯·弗里德曼．自由选择［M］．胡骑，席学媛，安强，译．北京：商务印书馆，1982.
[167] 民革浙江省委会．“加强和创新社会管理”专题研讨会［C］．2012—08—04.
[168] 铭鼎人咨询．【案例】国内外九个PPP项目失败案例及评价［EB/OL］．（2015—09—18）．http：//huanbao.bjx.com.cn/news/20150918/664971.shtml.
[169] 聂辉华，蒋敏杰．政企合谋与矿难：来自中国省级面板数据的证据［J］．经济研究，2011（6）：146—156.
[170] 庞元正．论统筹兼顾［J］．学术探索，2009（6）：31—40.
[171] 彭海东，尹稚．政府的价值取向与行为动机分析——我国地方政府与城市规划制定［J］．城市规划，2008，32（4）：41—48.
[172] 亓霞，柯永建，王守清．基于案例的中国PPP项目的主要风险因素分析［J］．中国软科学，2009（5）：107—113.
[173] 强昌文．契约伦理与权利：一种理想性的诠释［M］．济南：山东人

民出版社，2007.
[174] 强昌文．契约伦理与权利［M］．济南：山东人民出版社，2007.
[175] 强昌文．契约伦理中西境遇与权利差异［J］．政法论坛：中国政法大学学报，2006，24（6）：44—57.
[176] 全永波．公共危机视野下的公众权利保障机制构建［J］．辽宁师范大学学报（社会科学版），2010，33（3）：21—25.
[177] 任剑涛．公共与公共性：一个概念辨析［J］．马克思主义与现实，2011（6）：58—65.
[178] 塞缪尔·亨廷顿．第三波——20世纪后期民主化的浪潮［M］．刘军宁，译．上海：上海三联书店，1998.
[179] 桑巴特．现代资本主义［M］．李季，译．北京：商务印书馆，1962.
[180] 沙金．论公民自治权与国家权力的衡平：社会契约论视角［J］．东南学术，2012（2）：183.
[181] 沈毅．"差序格局"的不同阐释与再定位——"义""利"混合之"人情"实践［J］．开放时代，2007（4）：107—117.
[182] 斯宾诺莎．神学政治论［M］．温锡增，译．北京：商务印书馆，1997.
[183] 斯宾塞．群学肄言［M］．严复，译．北京：商务印书馆，1982.
[184] 苏明，贾西津，孙洁，等．中国政府购买公共服务研究［J］．财政研究，2010（1）：9—17.
[185] 孙彩红．政府责任缺失的理论阐释［J］．学术论坛，2005（1）：40—41.
[186] 孙聪，沈强．网络暴政的社会学分析［J］．学理论，2011（4）：61—62.
[187] 孙德厚．试论社会管理创新中的企业社会责任［J］．行政与法，2012（8）：37—41.
[188] 孙多勇，鲁洋．危机管理的理论发展与现实问题［J］．江西社会科学，2004（4）：138—143.
[189] 孙元欣，于茂荐．关系契约理论研究述评［J］．学术交流，2010（8）：117—123.
[190] 唐凯麟．伦理学［M］．北京：高等教育出版社，2001.
[191] 唐铁汉．西方社会建设的基本理论及其演变［J］．新视野，2006（1）：30—33.
[192] 田秀云，白臣．当代社会责任伦理［M］．北京：人民出版社，2008.
[193] 涂光晋，陈曦．"非典"十年来中国政府危机特点的变化与反思

[J]. 国际新闻界，2013，35 (5)：16—25.
[194] 万俊人. 现代公共管理伦理导论 [M]. 北京：人民出版社，2005.
[195] 汪大海. 社会管理 [M]. 北京：中国人民大学出版社，2013.
[196] 王彩云，郑超. 价值理性和工具理性及其方法论意义——基于马克斯·韦伯的理性二分法 [J]. 济南大学学报（社会科学版），2014，24 (2)：48—53.
[197] 王成国. 社会管理的理论与实践 [M]. 北京：高等教育出版社，2015.
[198] 王海明. 利他主义与利己主义辨析 [J]. 河南师范大学学报（哲学社会科学版），2001，28 (1)：19—26.
[199] 王浩斌，王飞南. 制度正义：社会主义和谐社会的契约伦理精神 [J]. 大连大学学报，2007，27 (4)：91—94.
[200] 王乐夫，陈干全. 公共性：公共管理研究的基础与核心 [J]. 社会科学，2003 (4)：67—74.
[201] 王露璐，朱亮. 契约伦理：历史源流与现实价值 [J]. 江苏大学学报（社会科学版），2009，11 (6)：8—11.
[202] 王茂涛. 政府危机管理 [M]. 合肥：合肥大学出版社，2005.
[203] 王名. 中国 NGO 的发展现状及其政策分析 [J]. 公共管理评论，2007 (00)：132—150.
[204] 王浦劬，萨拉蒙. 政府向社会组织购买公共服务研究：中国与全球经验分析 [M]. 北京：北京大学出版社，2010.
[205] 王天玺，方建文，邹川宁. 构建和谐社会理论研究与执政方略（下册）[M]. 北京：中国言实出版社，2006.
[206] 王岩. 契约理念：历史与现实的反思——兼论全球化时代的契约文明 [J]. 哲学研究，2004 (4)：79—85.
[207] 王焱. 自由主义与当代世界 [M]. 北京：生活·读书·新知三联书店，2000.
[208] 王一星. 中国共产党党内问责制研究 [D]. 北京：中共中央党校，2009.
[209] 王勇. 试论社会管理的客体构成 [J]. 中国商界，2009 (11)：353—355.
[210] 王之君，闫其鹏. 企业如何把握 PPP 模式发展机遇及典型案例分析 [C] // 2015 年度中国总会计师优秀论文选，2015.
[211] 吴德胜，李维安. 非正式契约与正式契约交互关系研究——基于随机匹配博弈的分析 [J]. 管理科学学报，2011，13 (12)：76—85.

[212] 吴汉东．法律的道德化与道德的法律化——关于法制建设和道德建设协调发展的哲学思考 [J]．法商研究，1998 (2)：3—8.

[213] 吴建南，杨宇谦，阎波．政府绩效评价：指标设计与模式构建 [J]．西安交通大学学报（社会科学版），2007 (5)：79—85.

[214] 吴晶妹．未来中国征信：三大数据体系 [J]．征信，2013 (1)：4—12.

[215] 吴学军．建立诚信机制问题探析 [J]．经济师，2003 (12)：69—70.

[216] 吴志军．生态工业园企业合作非正式契约的博弈分析 [J]．经济管理，2007 (4)：92—96.

[217] 夏保成，王碧，迟菲．危机沟通的目标分析 [J]．灾害学，2016，31 (2)：145—151.

[218] 夏绪梅，李萍．企业非伦理行为的三维度解析 [A] // Proceedings of International Conference on Engineering and Business Management (EBM2010)．2010.

[219] 夏志强．公共危机治理多元主体的功能耦合机制探析 [J]．中国行政管理，2009 (5)：122—125.

[220] 肖乐群．伦理学视域中的自由与责任探析 [J]．中山大学学报论丛，2007，27 (8)：211—214.

[221] 谢金林，杨维东．网络舆论危机下政府形象管理研究 [M]．北京：人民出版社，2015.

[222] 谢来位．法治社会是契约社会 [J]．冶金企业文化，2015 (3)：53.

[223] 谢远学．中国公众参与社会管理路径研究 [D]．武汉：华中科技大学，2014.

[224] 新华网．十八大报告（全文）[EB/OL]．(2012—11—19)．http://www.baidu.com/link? url = Sn0cKKoHrrCKPU7fzRSZntpQCM — Dm5HusXuCx2S _ O10 — CR1nF8srM8 _ CnsWp9t04dhU53xjfF8oEWosv _ EOrEK.

[225] 休·拉福莱特．伦理学理论 [M]．龚群，等 译．北京：中国人民大学出版社，2008.

[226] 薛澜，张强，钟开斌．危机管理——转型期中国面临的挑战 [M]．北京：清华大学出版社，2003.

[227] 薛澜，张强，等．危机管理 [M]．北京：清华大学出版社，2003.

[228] 薛雨，刁森．识解水平视角下行政伦理问题的研究 [J]．办公室业务，2016 (6)：12—14.

[229] 晏辉．契约伦理及其实现 [J]．道德与文明，2002 (6)：30—33.

[230] 晏辉．市场经济的伦理基础［M］．太原：山西教育出版社，1999.
[231] 燕继荣．变化中的中国政府治理［J］．经济社会体制比较，2011（6）：135—139.
[232] 杨采琴．论公众参与社会管理的困境［J］．求索，2012（1）：73—75.
[233] 杨冠琼．危机事件的特征、类别与政府危机管理［J］．新视野，2003（6）：45—46.
[234] 杨国枢．中国人的心理与行为：本土化研究［M］．北京：中国人民大学出版社，2004.
[235] 叶青．我国社会管理成本优化项目研究［J］．管理观察，2009（17）：214—215.
[236] 伊特韦尔．新帕尔格雷夫经济学大辞典［M］．北京：经济科学出版社，1992.
[237] 殷俊．从舆论喧嚣到理性回归［M］．成都：四川大学出版社，2009.
[238] 应松年．社会管理创新引论［J］．法学论坛，2010，25（6）：5—9.
[239] 于海．西方社会思想史［M］．上海：复旦大学出版社，1993.
[240] 于洪生．现阶段我国“官本位”现象的调查与分析［J］．领导科学，2013（2）：11—15.
[241] 于军．英国地方行政改革研究［M］．北京：国家行政学院出版社，1999.
[242] 虞维华．政府购买公共服务对非营利组织的冲击分析［J］．中共南京市委党校学报，2006（4）：46—51.
[243] 郁建兴，任泽涛．当代中国社会建设中的协同治理——一个分析框架［J］．学术月刊，2012，44（8）：23—31.
[244] 袁祖社．市场经济、“法治社会”与中国特色契约文化建设［J］．北京师范大学学报（人文社会科学版），2012（2）：134—140.
[245] 詹姆斯·科尔曼．社会理论的基础（上）［M］．邓方，译．北京：社会科学文献出版社，1992.
[246] 张成福．公共危机管理：全面整合的模式与中国的战略选择［J］．中国行政管理，2003（7）：5—10.
[247] 张春华．网络舆情社会学的阐释［M］．北京：社会科学文献出版社，2012.
[248] 张二芳．社会主义公正原则探析［J］．马克思主义研究，2010（2）：65—71.
[249] 张凤阳．契约伦理与诚信缺失［J］．南京大学学报（哲学·人文科

学·社会科学)，2002，39（6）：33－39.
[250] 张康之．公共行政道德化的双重向度［J］．北京行政学院学报，2001（2）：4－8.
[251] 张康之．社会治理中的价值［J］．国家行政学院学报，2003（5）：20－23.
[252] 张立荣，冷向明．协同治理与我国公共危机管理模式创新——基于协同理论的视角［J］．华中师范大学学报（人文社会科学版），2008，47（2）：11－19.
[253] 张美中．税收契约理论研究［M］．北京：中国财政经济出版社，2007.
[254] 张瑞孺．“网络暴力”行为主体特质的法理分析［J］．求索，2010（12）：140－142.
[255] 张淑华．网络民意与公共决策：权利和权力的对话［M］．上海：复旦大学出版社，2016.
[256] 张维迎．法律制度的信誉基础［J］．经济研究，2002（1）：3－13.
[257] 张文礼．合作共强：公共服务领域政府与社会组织关系的中国经验［J］．中国行政管理，2013（6）：9－13.
[258] 张艳．关系契约理论对意思自治的价值超越［J］．现代法学，2014，36（2）：73－79.
[259] 张月明．以法律建设促进社会管理科学化［J］．人民论坛，2011（14）：88－89.
[260] 张治库．现代社会关系视阈下人的发展研究［M］．北京：光明日报出版社，2010.
[261] 章海山．企业竞争伦理机制的探析［J］．中山大学学报社会科学版，2001，41（2）：1－7.
[262] 赵春龙．我国服务型政府建设的伦理困境及出路［J］．天津市经理学院学报，2014（2）：8－9.
[263] 赵淑岩．网络暴力现象及其引导和调控研究［D］．长春：东北师范大学，2009.
[264] 郑杭生．社会学视野中的社会建设与社会管理［J］．中国人民大学学报，2006，20（2）：1－10.
[265] 郑杭生．中国人民大学中国社会发展研究报告2006［M］．北京：中国人民大学出版社，2006.
[266] 郑少华，竹青．动态社会契约论——一种经济法的社会理论之解说［J］．华东政法大学学报，2004（2）：51－62.

[267] 郑涛．转型期我国面临的公共危机及政府对策［J］．城市与减灾，2006（1）：11－13．
[268] 中国财政部．关于推广运用政府和社会资本合作模式有关问题的通知［EB/OL］．财金［2014］76号．2014－09－23．
[269] 中国大百科全书《社会学》编辑委员会．中国大百科全书·社会学卷［M］．北京：中国大百科全书出版社，1991．
[270] 中国现代国际关系研究所．国际危机管理概论［M］．北京：时事出版社，2003．
[271] 中国政府网．关于联合公布第三批政府和社会资本合作示范项目加快推动示范项目建设的通知［EB/OL］．（2016－10－13）．http：//www. gov. cn/xinwen/2016－10/13/content _ 5118643. htm.
[272] 中商产业研究院．2016年世界经济贸易形势情况分析［EB/OL］．（2016 － 05 － 20）．http：//www. askci. com/news/finance/20160520/14473118462. shtml.
[273] 中央编译局．列宁全集（第55卷）［M］．北京：人民出版社，1990．
[274] 周国文．社会契约中的公民伦理——卢梭《社会契约论》中的公民伦理思想［J］．重庆社会科学，2006（3）：35－39．
[275] 周玲．中国草根非政府组织的合法性危机与治理困境及应对策略探析［J］．重庆大学学报（社会科学版），2009（2）：97－103．
[276] 周义程．网络治理中作为信任建构过程的社会契约［J］．学海，2013（4）：164－169．
[277] 周云波．寻租理论与我国体制转轨过程中的非法寻租问题［J］．南开经济研究，2004（3）：70－74．
[278] 周长城．社会管理［M］．北京：中国人民大学出版社，2016．
[279] 朱书刚．论契约社会与契约伦理在西方的生成和在当代中国的建构［J］．马克思主义与现实，2004（6）：48－52．
[280] 诸凤娟．为人民服务：从政治伦理到道德规范［J］．中国特色社会主义研究，2011（4）：65－68．
[281] 克利福德·G．克里斯蒂安，马克·法科勒，金·B．罗特佐尔，等．媒介公正——道德伦理问题真的不证自明吗［M］．蔡文美，等译．北京：华夏出版社，2004．

后　记

作者近几年的研究兴趣主要集中在社会管理领域，先后在《中国行政管理》《中国社会工作》《人民论坛》《经济与管理》《新闻大学》《电子政务》等刊物发表学术论文近20篇，2012年作者申报的教育部人文社会科学青年项目《契约伦理互动下社会管理体制的优化与创新研究》获准立项，本书即为该项目的研究成果。2013年作者申报的国家社科青年项目《社会管理主体间契约伦理行为的互动机理及治理对策研究》也获准立项，项目的部分成果也体现在本书中。这两个项目互为补充，一个重点研究社会管理体制，一个重点研究社会管理主体的互动，这些均为本人对社会管理领域的研究尝试。

参加本书相关专题研究的有华中科技大学新闻学院的李华君副教授，管理学院的戴鑫副教授，文华学院的陈静老师，公共管理学院的吴剑平、张红方、李月、王守文等博士，新闻学院的张婉宁、窦聪颖、曾留馨、李胜兰、庆雪萌、吴献、宋梦宇、赵照、肖宁等硕士。滕姗姗副教授负责全书的总体策划、写作大纲的制定、编写相关专题，并负责全书的定稿。尤其需要感谢张婉宁、窦聪颖等同学，在专题撰写和统稿过程中做了卓有成效的工作。

本书的写作得到了相关专家学者的大力支持，华中科技大学公共管理学院徐晓林教授、徐顽强教授，华中科技大学经济学院徐长生教授为本书的撰写提出了宝贵的修改意见。文华学院程红副院长、经济管理学部主任李振文教授、科技处肖丽霞博士和龚媛老师也在本书的写作过程中给予了热情的帮助和支持。

课题组对教育部人文社科司提供的资助表示衷心的感谢，对知识产权出版社的大力支持以及诸敏刚社长和李瑾女士的热情帮助和辛勤劳动表示衷心的感谢。

本书还参考了国内外有关社会管理方面的大量研究成果，在此一并表示衷心感谢。鉴于作者的水平有限，真诚地希望各位专家和读者予以批评指正。

滕姗姗

2017年1月于武汉